原东北抗日联军第三路军三支队支队长王明贵（左）与参谋长王
钧（右）抗战胜利后在齐齐哈尔市合影

1986年9月，王明贵（前排左二）、王钧（前排左三）重走抗联
路回访克山与陪同人员合影

黑龙江省老促会会长于万岭（左三）和副秘书长陈治中（左四）
在齐齐哈尔市老促会副会长王天才的陪同下，到克山县革命老区
北联镇新兴村考察工作，同地方领导在田间合影（左一）

县委书记刘国文（左三）向客商介绍克山马铃薯产品

县人大常委会主任韩伟国（左二）深入西城镇英民村
贫困户家中进行走访慰问

县委副书记、县长陈宝柱（中）深入老区马铃薯基地
指导产业发展工作

县政协主席房圣涛（左三）深入到工地视察安全生产工作

2019年"八一"期间，县委副书记韩大勇(左三)深入克山
武警中队慰问武警官兵

毛泽东主席嫡孙毛新宇（左二）携全家到
克山毛岸青纪念馆祭奠先烈

2006年冬，县老促会会长鹿兴海走访慰问曙光乡全富村
当年抗日救国会会员张淑清老人

今日克山县城一角

爱民湖畔

北联镇新兴村新农村建设

享誉全国的新兴村现代农业农机专业合作社收获马铃薯

克山马铃薯生长期间景象

马铃薯收获景象

马铃薯收获景象

甜玉米丰收景象

克山县爱国主义教育基地

毛岸青纪念馆和人民英雄纪念碑

双拥模范县

全国双拥工作领导小组
中华人民共和国民政部
中国人民解放军总政治部
二〇一二年一月

克山县连续四届被评为"全国双拥模范县"

革命烈士墓园

革命烈士墓园

克山县革命老区发展史

克山县老区建设促进会　编

黑龙江教育出版社

图书在版编目（CIP）数据

克山县革命老区发展史 / 克山县老区建设促进会编
. -- 哈尔滨 ： 黑龙江教育出版社，2021.5
ISBN 978-7-5709-2217-8

Ⅰ．①克… Ⅱ．①克… Ⅲ．①克山县—地方史 Ⅳ.
①K293.54

中国版本图书馆CIP数据核字(2021)第078451号

顾　　　问　　于万岭
丛 书 主 编　　杜吉明
副 　主 　编　　白亚光　　张利国　　李树明　　李　勃

克山县革命老区发展史
Keshanxian Geming Laoqu Fazhanshi

克山县老区建设促进会　编

责 任 编 辑　　高　璐
封 面 设 计　　朱建明
责 任 校 对　　杨　彬
出 版 发 行　　黑龙江教育出版社
地　　　址　　哈尔滨市道里区群力第六大道1305号
印　　　刷　　哈尔滨博奇印刷有限公司
开　　　本　　787毫米×1092毫米　1/16
印　　　张　　20.75
字　　　数　　250千
版　　　次　　2021年5月第1版
印　　　次　　2021年5月第1次印刷
书　　　号　　ISBN 978-7-5709-2217-8　　　定　　价　　48.00元

黑龙江教育出版社网址：www.hljep.com.cn
如需订购图书，请与我社发行中心联系。联系电话：0451-82533097　82534665
如有印装质量问题，影响阅读，请与我公司联系调换。联系电话：0451-51789011
如发现盗版图书，请向我社举报。举报电话：0451-82533087

—————— 《克山县革命老区发展史》 ——————
编纂委员会

主　　任　韩大勇
副 主 任　徐春波　鹿兴海
委　　员　（按姓氏笔画为序）
　　　　　田文波　李秀全　杨庆林
　　　　　陈海江　苑俊岭　盖一方

—————— 《克山县革命老区发展史》 ——————
编辑部

主　　编　鹿兴海
副 主 编　田文波
执行编辑　周宝玉
编　　辑　马　力
责任校对　魏　东

总　序

在举国欢庆新中国成立70周年前夕，中国老区建设促进会王健会长请我为《全国革命老区县发展史》丛书作序，作为一名在老区战斗过并得到老区人民生死相助的老兵，回首往事，心潮澎湃，感慨万千，深感义不容辞，欣然应允。

中国革命老区，是以毛泽东为代表的中国共产党人在领导人民推翻帝国主义、封建主义和官僚资本主义三座大山，争取民族独立和人民解放伟大斗争中建立的革命根据地，在这片红色的土地上，诞生了无数可歌可泣的革命英雄儿女，为后人树起了一座不朽的丰碑。她是新中国的摇篮，是党和军队的根。

在艰苦卓绝的战争年代，老区人民把自己的命运与中华民族的命运紧紧地联系在一起，与中国共产党和人民军队的命运紧紧地联系在一起，他们生死相依，患难与共。我曾亲历过战争年代，并得到过老区红哥红嫂的救助，切身感受到发生在身边的一幕幕撼天动地的革命故事，在那极其艰难的条件下，老区人民倾其所有、破家支前，不怕艰难困苦，不怕流血牺牲。"最后一碗米送去做军粮，最后一尺布送去做军装，最后一件老棉袄盖在担架上，最后一个亲骨肉送去上战场"，这是当时伟大的老区人民为建立新中国做出巨大牺牲的真实写照，它将永远镌刻在中国共产党、中国人民解放军、中华人民共和国的历史丰碑上。他们的光辉业绩永载史册，他们的革命精神必将影响一代又一代的革命新人，造就一代又一代的民族脊梁。

在社会主义革命和建设时期，革命老区和老区人民响应党的号召，面对落后的面貌、脆弱的经济、恶劣的生态环境，他们本色不变，精神不丢，自力更生，艰苦奋斗，干一行爱一行。始终坚持"革命理想高于天"，自觉做共产主义远大理想的坚定信仰者和忠实实践者，勇于向恶劣的自然环境和贫穷落后宣战，他们在各条战线上为国建功立业，用平凡的双手创造了一个又一个不平凡的奇迹，彰显了老区人的崇高精神和人格力量。

在改革开放的伟大进程中，老区人民解放思想，勇于创新，发奋图强，攻坚克难，老区的经济社会建设取得了辉煌成就。特别是在改变中国的面貌、中华民族的面貌、中国人民的面貌、中国共产党的面貌的伟大实践中发挥了至关重要的作用。老区人民既是改革开放的参与者，也是改革开放的推动者。

艰苦练意志，危难见精神。老区人民在近百年的革命战争、社会主义建设和改革开放的伟大实践中，孕育形成了伟大的老区精神：爱党信党、坚定不移的理想信念；舍生忘死、无私奉献的博大胸怀；不屈不挠、敢于胜利的英雄气概；自强不息、艰苦奋斗的顽强斗志；求真务实、开拓创新的科学态度；鱼水情深、生死相依的光荣传统。这是党和人民宝贵的精神财富、丰厚的政治资源，是凝心聚力、振奋民族精神的重要法宝，也是社会主义核心价值观的重要内容。

中国老区建设促进会怀着强烈的政治责任感和历史使命感，组织全国各地老促会人员克服困难，尽心竭力编纂《全国革命老区县发展史》丛书，记录老区的光辉历史和辉煌成就，传承红色基因，弘扬老区精神，是功在当代，利及千秋的一件大事。手捧这部丛书的部分书稿，读着书中的故事，倍感亲切，深感这部丛书具有资政、育人、存史的社会功能，有着重要的时代和历史价值。它是不忘初心、牢记使命的源头活水，是赞颂共产党、讴歌老区人民的一部精品力作，是弘扬老区精神、传承红色记忆的丰厚载体，是一项继承优秀传统文化、弘扬革命文化、发展社会主义先进文化，坚定"四个自信"的宏大文化工程。它必将成为一种文化品牌，为各界人士了解老区宣传老区支持老区提供一部有价值的研究史料。希望读者朋友们能从中了解并牢记这些为党和民族的利益不断奉献的老区人民，从中得到教益，汲取人生奋斗的精神动力。

新时代赋予新使命，新起点开启新征程。让我们更加紧密地团结在以习近平同志为核心的党中央周围，坚持以习近平新时代中国特色社会主义思想为指导，增强"四个意识"，坚定"四个自信"，做到"两个维护"，弘扬老区精神，铭记苦难辉煌。为实现"两个一百年"奋斗目标，实现中华民族伟大复兴的中国梦做出新的更大的贡献！

迟浩田

2019 年 4 月 11 日

编写说明

2017年6月，中国老区建设促进会组织全国各地老促会启动编纂《全国革命老区县发展史》丛书，按照"建立中国共产党、成立中华人民共和国、推进改革开放和中国特色社会主义事业"三大里程碑的历史脉络，系统书写革命老区百年历史，深入挖掘革命老区红色文化资源，这对于充实丰富中国革命史籍宝库、在新时代传承红色基因、弘扬革命精神、强固根本，对于激励人们在新的历史条件下夺取中国特色社会主义伟大胜利，实现中华民族伟大复兴的中国梦具有重要意义。

丛书编纂以习近平新时代中国特色社会主义思想为指导，以《中国共产党历史》《中国共产党的九十年》等重要文献为基本依据，以党的领导为核心，以老区人民为主体，以老区发展为主线，体现历史进程特征，突出时代发展特色，坚持辩证唯物主义和历史唯物主义相统一、历史真实性与内容可读性相统一的原则，书写革命老区从站起来、富起来到强起来的光辉革命史、不懈奋斗史、辉煌成就史，把老区人民的伟大贡献、伟大创造、伟大成就、伟大精神充分展示出来，形成一部具有厚重历史特征和鲜明时代特色的精品力作。这是一部培根铸魂、守正创新，既为历史立言，又为时代服务，字里行间流淌着红色血脉、催生着革命激情的传世之作。丛书的编纂出版将成为讴歌党讴歌人民讴歌时代、传播红色文化、为革命老区和老区人民树碑立传的重要载体。丛书按照编年体与纪事本末体相结合、以编年体为主的编写体例确定框架结构；运用时经事纬、点面结合的方式记述史实；坚持人事结合、以事带人的原则处理人与事的关系；采取夹叙夹议、叙论结合以叙为主的方法展开内容。做到史料与史论、历史与现实、政治与学术统一，文献性、学术性、知识性相兼容。

　　为编纂好《全国革命老区县发展史》丛书，打造红色文化品牌，中国老区建设促进会认真组织积极协调，提出政治立场鲜明、史料真实准确、思想论述深刻、历史维度厚重、时代特色突出、编写体例规范、篇目布局合理、审读把关严格、出版制作精良的编纂出版总要求，力求达到革命史籍精品的精神高度、思想深度、知识广度、语言力度，增强丛书的权威性和社会影响力。各省（区、市）、市（州、盟）、县（市、区、旗）老促会的同志，以强烈的使命感、责任感和紧迫感，勇于担当，积极作为，认真实施，组织由老促会成员、专家学者等参加的十余万人编纂队伍。编纂工作主体责任在县，省、市组织协调、有力指导、审读把关。各方面人员以高度负责的精神和科学严谨的态度，满腔热情地投入工作，为丛书编纂出版做出了重要贡献。丛书编纂工作还得到了党和国家有关部委、地方各级党委政府及有关部门的大力支持和积极参与，社会各界也给予了热情帮助。中共中央政治局原委员、中央军委原副主席、原国务委员兼国防部长迟浩田上将，对老区人民怀有深厚感情，对革命老区建设发展十分关注，欣然为《全国革命老区县发展史》丛书作总序。

丛书由总册和1 599 部分册（每个革命老区县编纂1部分册）组成，共1 600 册。鉴于丛书所记述的史实内容多、时间跨度长和编纂时间紧，不妥之处，敬请批评指正。

中国老区建设促进会

目 录

序 言

遵照习近平总书记关于"发扬红色资源优势，深入进行党史、军史、老区革命史优良传统教育，把红色基因一代代传下去"的指示精神，由克山县老区建设促进会组织编纂的《克山县革命老区发展史》在万众期待中出版了。

该书以习近平新时代中国特色社会主义思想为指导，坚持实事求是原则，对东北抗日战争时期、解放战争时期、社会主义革命和建设时期的史料做了大量征集、调研、考证和整理，形成了一本史料丰富翔实、结构科学严谨、观点鲜明、论述客观的"红色教科书"，具有较强的史鉴功能和资政作用，是一本了解克山革命老区发展历程的红色"家谱"，更是为新中国成立70周年献上的一份精彩著作，对于全县人民回忆过去、把握现在、开创未来具有重要的现实意义和深远的历史影响。

克山县是革命老区，具有光荣的革命传统和优良的革命精神。自1931年"九一八"事变东北三省沦陷后，克山人民为反抗日本帝国主义侵略，配合东北抗日义勇军对侵略者进行了英勇的斗争，在克山大地燃起抗日烽火。特别是东北抗日联军在克山境内开展抗日游击战时期，相继展开多次袭击北兴镇、夜袭克山县城的战斗，并取得重大战果。抗日战争胜利后，党中央先后派来了两批干部，建立了中共克山县工委和人民民主政府，从此克山人民获得解放。随之组建了地方武装——县大队，相继开展了剿匪斗争和"土改"运动。在解放战争时期，克山人民为捍卫新生政权，保卫翻身胜利果实，动员青壮年踊跃参军参战，集中一切人力、物力、财力支援前线，为东北及全国解放战争的胜利做出了重大贡献。在社会主义革命和建设时期。本县的农业合作社起步早，走在东北地区的前列，农业机械化是省内的先进典型，全国的示范县之一。这些光辉业绩受到党和国家领导的高度重视。时任中央政治局常委、国务院副总理赵紫阳和时任总书记胡耀邦分别1980年7月和1982年8月亲临克山视察，听取汇报，作重要指示。特别是改革开放和进入习近平新时代中国特色社会主义思想时期以来，克山人民传承和发扬了党的光荣传统及老抗联、老八路的优良作风，无私奉献出辛勤汗水和聪明才智，使克山面貌发生了巨大变化。如今，克山县已成为全国生态示范县、全国双拥模范县、国家现代农业示范区、农村改革试验区、国家农业机械化示范县、中国马铃薯种薯之乡和国家重点商品粮基地。

当前，克山正处于全面建设小康社会的关键时期和深化改革开放、加快振兴发展的攻坚阶段。在新的历史时期，全县上下要认真学习克山革命老区发展史，深入了解革命老区光辉历程，继承发扬老区人民为民族独立、人民解放英勇奋斗、无私奉献的崇高精神，不忘初心、牢记使命，为决胜全面建成小康社会、实现克山全面振兴、全方位振兴做出新的更大的贡献！

中共克山县委书记 刘国文
2019年9月

凡　例

一、本书由序言、序编、第一、第二、第三、第四、第五、第六、第七编、附录、编后语组成，全书结构为编、章、节、目四个层面。以编年体为主，兼顾纪事本末体，以叙为主，叙议结合。

二、本书以马列主义、毛泽东思想、邓小平理论、"三个代表"重要思想、科学发展观和习近平新时代中国特色社会主义思想为指导，以中共十八大以来的路线、方针、政策为准绳，实事求是地记述了在东北抗日战争、解放战争、基本完成社会主义改造时期、全面建设社会主义时期、改革开放时期和走进新时代时期等各方面的历史。

三、本书记事时间，从1931年"九一八"事变到2018年。为追本溯源，简介了克山县的自然地理及历史沿革，重点比较详尽地记载了马占山在克山的抗日活动；日伪统治克山的残暴罪行；东北抗日联军和东北抗日义勇军在克山英勇斗争；爱国民众反满抗日的史实，给读者以宏观的时代背景。激励人们牢记历史，发扬党的光荣传统，积极投身到社会主义现代化建设中来。

四、本书历史纪年，一律采用公元纪年。

五、政区、地名和组织机关名称均系当时称谓。

六、对历史的同一事件不同说法，一般采用公认的和可信度高的予以记载。

七、本书的历史资料来源，一是取自《克山县有关党史资料》《克山县志》《克山县革命老区斗争史》及省、市有关部门和文史部门出版发行的书刊等相关资料，征集到近期党政机关、企事业等部门提供的资料及有关照片。二是多经缜密考证后载入本书。

序　编

自然地理与历史沿革

一、自然地理

克山县位于小兴安岭西南麓，松嫩平原腹地，地理坐标在东经125°10′57″至126°8′18″，北纬47°50′51″至48°33′47″之间。隶属黑龙江省齐齐哈尔市，在齐齐哈尔市东北方。县境东至克东县，界长54公里；南邻拜泉县，界长34.6公里；西与依安县接壤，界长62.9公里；北隔讷谟尔河与讷河市境相望，界长128.2公里；东北同五大连池市毗邻，界长50.5公里。

县域东西横跨57′21″，南北纵越42′56″，县界周长330.2公里。境内南北最长距离79.9公里，东西最宽距离67.7公里，幅员总面积3 186.24平方公里（合4 779 357亩，为1990年航测数）。县域面积占齐齐哈尔市辖区总面积的7.2%，占黑龙江省总面积的7‰。县域面积包括国营克山农场、5个驻军农场。2016年，对全县土地进行复查，县属土地总面积为3 186平方公里。

境地貌较为复杂，大致有以下几种类型，即丘陵状山前倾斜平原、缓岗（岗阜）状山前倾斜平原、波状山前倾斜平原、堆积地形：一级阶地，高、低漫滩及截锥状火山丘等。境域整体趋势东北部地势较高，丘陵起伏，西南部地势较低，漫川漫岗，从东北向西南倾斜2～6度之间，最高点（乌裕尔河与鳌龙沟的汇合点）198.7米，两地相差183米，全境平均海拔236.9米。

境内主要有5条河流，讷谟尔河、乌裕尔河、润津河、鳌龙沟、泰西河（宽沟子）。这些河流均属嫩江水系，除泰西河发源于县内西城镇和西河镇外，其余均为过境河流。讷谟尔河位于克山和讷河交界处，乌裕尔河位于县境南部，发源于小兴安岭西南麓山前台地的沼泽湿地中，属嫩江水系一级支流，境内流长30公里，流域面积585平方公里。润津河位于县境南部，发源于拜泉和克东两县的丘陵地区，属嫩江水系二级支流，境内流长38公里，流域面积193平方公里。鳌龙沟位于县境中部，发源于五大连池市北部的察勒哈玛图山，与古城镇日新村汇于乌裕尔河，境内流长55公里，流域面积782平方公里。泰西河位于县境西部，境内流长24公里，流域面积330平方公里。境内还有泉眼314个，季节性流水沟80条，水泡子185个。

地处中高纬度，欧亚大陆东岸，具有大陆性季风气候特点，寒暑变化明显，温差悬殊。春季多风少雨，蒸发量大，气候变化剧烈且回升快；夏季热量充足，降水集中；秋季降温快，天清气爽降水少；冬季漫长严寒，少雪干燥。年平均气温1℃，最高气温38℃，最低气温零下42℃。全年日照平均为2 703.2小时，5—9月日照占全年的50.3%。多年平均降水量为497.8毫米，春季降水占全年的11%，夏季占67.4%，秋季占17.3%，冬季占4.3%。多年平均无霜期121天，最长达144天。

县境土壤共有6个土类，14个亚类，22个土属，45个土种。黑土是境内主要土壤，占土地面积的72.4%。黑土在全县各地均有分布，其面积在各乡镇中均属首位。黑土结构良好，疏松多孔，含有大量的有机质及丰富的氮、磷、钾等成分，加之水、肥、气、热等条件适中，有利于大豆、玉米、马铃薯、甜菜、亚麻等多种农作物生长。

二、历史沿革

克山原称"三站"，亦称察霍镇（今克山县城），于民国4年（1915年）正式建县。

立县前，历史渊长。早在2万年前的旧石器时代晚期，克山就有了人类活动。这里的先民们从事猎取和采集，其社会已进入母系氏族公社时期。在距今6 000年的新石器时代，先民于此地从事渔猎生产。距今3 000年的新石器时代晚期，从事渔猎生产，并已懂得锄耕、养猪、养狗，社会也由比较发达的母系氏族公社逐步过渡到父系氏族公社阶段。

当中原地区相继建立奴隶制的商、周王朝时，生活在这一地区的秽貊（亦称秽貉）种族，即与中原华夏各部族政治集团建立从属关系，向中原王朝进贡，遣使朝贺。这个时期，秽貊种族虽处于氏族社会阶段，其经济形态已完成了从畜牧兼渔猎向农牧生产的转化，社会进入青铜器文化时代。由于中原华夏族的影响，加快了这一地区经济和文化的发展，秽貊种族活动从畜牧兼渔猎转变为农牧。

春秋战国时期，此地属燕的辖境范围，秦灭燕后归秦。两汉时期，此地仍属秽貉生息之地，为玄菟郡所辖。后经历史变迁，秽貉种族一支后裔北夫余兴起，主要活动在乌裕尔河流域，克山处其活动的中心地区。夫余建国后，仍属玄菟郡管辖。

魏晋、南北朝时期，在黑龙江省古代各族急遽融合过程中，克山这个地方为豆莫娄（亦称达莫娄、寇漫汗即是北夫余后裔）

族和室韦的主要活动地区。

隋朝,克山地在室韦部辖治之内。唐代为了加强对室韦地区的统治,在当地设立室韦都督府,以"平卢军节度使镇抚室韦、鞑靼",克山地为其所辖治,隶属河北道。

辽、北宋时期,克山地为室韦王府辖境,隶属东京道。

辽、金时,克山地隶属上京会宁府。海陵王完颜亮时,"建五京,置十四总管府。是为十九路",克山一带为蒲峪路治所近畿之地。

元朝时期,1214年成吉思汗分封东方诸王时,松嫩平原一带划归其幼弟铁木哥斡赤斤分封领地。元世祖忽必烈至元四年(1267年)到元贞年间隶属辽阳行省开元路;至元二十四年(1287年),斡赤斤玄孙乃颜叛乱兵败被杀后,其所袭之地纳入辽阳行省辖地。并设蒲峪路屯田万户府,克山地划为该府所辖。

大德年间(1297年)以后水达达路从开元路分置,克山地隶属辽阳行省水达达路管辖。

明初,这一地区为奴儿干都指挥使司下设的福余卫所辖。到永乐四年(1406年)和永乐五年,先后增设苏温河卫、纳木河卫,克山境内南部为苏温河卫所辖,克山北部为纳木河卫所辖。

清初,为鄂伦春、索伦(今鄂温克)、达呼尔(今达斡尔)等游牧民族的狩猎区。清康熙年间,克山为黑龙江将军所辖之齐齐哈尔副都统管辖之地;同时,境内的游牧民族又归布特哈总管巡查。光绪三十二年(1906年),分置东、西布特哈,克山一带隶属东布特哈辖治。宣统元年(1909年)布海官道(布特哈至海伦)修竣后,在今克山镇处设第三站。宣统二年(1910年)设讷河直隶厅,隶属黑龙江行省讷河直隶厅。

民国时期1913年,讷河直隶厅改为县。克山隶属讷河县。为警察11区及4区、12区部分井地。1915年(民国4年)3月,经黑龙江巡按公署呈请设立讷东设置局，隶属黑龙江省龙江道。将讷河县东境、南境原警察区域第4、11、12区划为讷东设治局辖境，委任薛翘如为设治员。衙署初设二克山（今克东县城），因治所附近有双山并峙，俗称克尔克图山（喀尔喀勒图山），简称二克山。因山命名，遂于3月21日改称克山设治局。8月2日，改设克山县。9月，县衙迁移"三站"（亦称察霍镇，今克山县城）。

1932年6月7日，日军侵占克山县，仍延续民国初期隶属关系。1934年12月1日开始实行新省制，将东北地区分割为14个省，克山县划归龙江省。1947年2月4日，黑龙江省与嫩江省合并。成立黑龙江、嫩江联合省（简称黑嫩省），克山县隶属黑嫩省第一专区所辖。9月16日，重新划分黑龙江、嫩江两省，仍隶属黑龙江省，1949年4月再次合并，归属新组建的黑龙江省。

新中国成立以后，1954年8月1日，松江省同黑龙江省合并为新的黑龙江省，克山县为省直属县。1955年1月31日，置嫩江专区，克山县隶属之。1960年5月12日，撤销嫩江专区，克山县划归齐齐哈尔市。1961年10月7日复划归嫩江专区。1968年，克山县隶属嫩江地区。1984年12月15日撤销嫩江地区，克山县划为齐齐哈尔市辖县。

2013年，克山县被齐齐哈尔市委、市政府确定为齐齐哈尔副中心，齐齐哈尔经济二级城市，同时纳入齐齐哈尔市规划局未来城市重点规划中心城区。

第一编 ★ 东三省沦陷 爱国军民抗战时期

　　1931年9月18日，一个关系中国命运，震动全国的大事件突然发生，根据不平等条约而驻扎在中国东北的日本关东军悍然向中国东北军驻地北大营和沈阳城发起进攻。国民党南京政府采取"为免除事件扩大起见，绝对抱不抵抗主义"的政策，使日军无所顾忌地用武力大规模进攻中国。从而，在仅仅4个多月之内，东北三省全部沦陷，广大人民群众陷入水深火热的亡国惨痛之中。

　　在这民族危机已到严重关头，黑龙江省政府代主席兼东北边防军驻黑龙江省副司令、军事总指挥马占山不顾国民党南京政府的不抵抗电令，于1931年11月4日拂晓，率部队在齐齐哈尔南大兴火车站不远的嫩江桥展开阻击战，给日军以沉重的打击。

　　11月27日，刚刚建立的中华苏维埃临时政府发表对外宣言，号召全国各族人民动员起来、武装起来，反对日军侵略者和国民党反动派统治。于是，中共满洲省委指示各地党组织，加强与爱国群众的抗日义勇军联系，并组织共产党领导下的抗日武装开展游击战打击日本侵略者。

　　1932年6月7日，日本侵略者悍然入侵克山县城，从而，克山落入日军魔掌之中。为反对日军侵略，爱国军队原克山县保安游击队总队长南廷芳、爱国军人吴天石所部，以及民间武装包括绿林人物"海中华""火龙"等，为保卫国家领土，维护中华民族尊严，纷纷起来配合驻扎在拜泉的马占山旧部朴炳珊、邓文的抗日部队，奋起抗击日本侵略者。这些抗日武装先后7次袭击了克山县城，光复泰安镇、捣毁池家店、古城、泰东等伪警察所。同时，枪杀汉奸、扒毁铁路、焚烧火车站，切断日军军事补给线，在克山大地上点燃起抗日烽火。

第一章　日本侵略者对克山进行残暴统治

日本侵略者对东北实施军事侵略的同时，还网罗了一批汉奸政客拼凑起地地道道的傀儡政权伪"满洲国"（简称伪满），把中国东北变成了货真价实的日本殖民地。日本关东军司令官兼驻满大使是伪满的最高统治者，决定着伪满的国防、治安、交通和伪官吏的任用等所有事务。东北各级行政机构，从上到下，一切皆由日本人控制。

一、日军广设军警宪特机构

日本占领克山县城以后，为镇压抗日军民，在境内广设军警宪特机构，进行极其残酷的法西斯统治。为防范人民反抗，立即下达戒严令，规定"城内行人由晚上5时至翌晨6时，一律禁止通行，如有故不遵，格杀勿论"。按照日军驻齐齐哈尔特务机关长林义秀、伪黑龙江省警务厅长川辰雄的指令，对旅店、医院、饭店、妓院、浴池、剧院进行登记。同时，密令对"反满洲国思想者、共产主义者、政治有异论者、唆使他人有煽动之虞者、常有粗暴过激言论使民心摇动者，不论政治、宗教、学术、技艺在屋内或屋外开会者"，进行所谓"要视察人"秘密监视、逮捕，并三天两头杀人。1932年6月13日，日军在克山杀死无辜居民2人。8月2日，日本侵略军在县城西郊修建军用机场，为"军事航空之用"，强占民地六百余亩。8月11日，护路日军在泰安镇西市场枪杀一名醉酒工人。10月30日，泰安镇县立女子初级小学校长郑淑贞在返校的路上，被日军飞机投弹炸死。11月3日，日军炮击159号屯（今古北乡永胜村），炸伤1人、马两匹，碾坊被炸毁。

沦陷时期，克山县境内除驻防地方军队外，还驻守日本守备队、宪兵队。1932年7月，地方警备第一大队驻扎境内，统带长官为中校大队长何宝铃，有士兵564人，分别驻守泰安、北兴、西城、通宽及县城，统带部设在少泉街（今六街）路北。伪军第4混成旅第7团驻守各镇，旅部设在旅部街（今南二道街西路南），旅长贾金铭，有士兵1 239人。县城西大营驻日军120人，长官大尉队长西村。日军少将旅团长平松英雄的司令部驻守在十字街东路南。在东大街路北的广信公司（原黑龙江挂车厂厂址）设立了日军警备司令部，以日军59联队长黑田重德大佐为警备司令，有士兵220人，并在会聚兴院内（现为天泽超市），设立了日军宪兵一中队。1932年至1934年，在克山设有管辖7个县（克山、克东、北安、拜泉、德都、讷河和绥化一部分）的日本宪兵分队，下设警务、司法、保安、情报四个系和一个人事股，共有成员15人（日本国籍10人、朝鲜国籍1人、中国国籍4人）。1934年3月，该机构迁到北安。驻北安日本宪兵分队和孙吴宪兵本部派密探长期驻在克山县城，进行法西斯特务活动。1935年，伪军混成第13旅司令部设在西大街，旅长李静，步兵17团驻在南二道街，团长杨廷举。日本侵略军独立守备队第18大队驻克山县城西大营，队长汤濑刚一，第10联队驻泰安镇，守备队驻北兴镇。1943年，日军警护分队驻防克山县城西门外。

日本侵略军在克山除对人民进行血腥镇压外，还采用"招抚软化"的一手，以分化瓦解抗日军民，对百姓强制推行愚民政策和愚民教育。这种精神上的摧残，使其成为他们任意宰割的顺民。1932年7月，伪黑龙江省协和会派人来克山，建立了克山县地方协和会组织，吸收一些汉奸和立场不坚定的地方士绅加入。他们通过各种场合开展欺骗宣传，企图掩盖其侵略者、刽子手的真面目。10月，伪黑龙江省宣抚第二班来克山，指导组织了由27人组成的伪克山治安维持委员会。日军步兵少佐吉田信三为委员长，伪军混成第4旅长贾金铭，伪克山县长陈毅为顾问，日军大尉西村章三、原田二郎、恩田忠录、伪步兵第7团长石兰斌、县参事官樱井正尚、日军宪兵曹长谷下有吉、伪公安局长程远赓、招抚员刘福春等为委员。该委员会成立后，组织人力在克山城乡清查户口，推行保甲制度，调查收缴民间枪支，招抚劝降抗日人员。为此，四处张贴布告："凡已回家安业，乡邻证明确为良民者，概免追究。咸与自新……此次通令后，不知复悔者，一经发觉或被告发即予依法论罪不贷。"

二、实行"十家连坐法"

1933年，日伪政权实行"十家连坐法"，以加强对中国人的政治、思想统治。规定居民每10户为1牌，选出牌长1人。如果牌里有人被列为"扰乱治安"或"通匪"嫌疑，牌里的所有人都负有连带责任。日本侵略者妄图以此办法，隔断人民群众同抗日武装的联系，把人民群众严密地控制在日军统治之下。同时规定"时局诏书奉戴日"活动，强令各单位和农村一律举行仪式，恭读"诏书"，制定《国民生活训》，公布《国民手账法》，规定"15岁以上者必须领取《国民手账》"，以加强对东北人民的控制。同时，还派出特务人员暗中掌握人民的思想动态，百姓要出劳工、出荷粮，稍有不慎就被以反满抗日罪名投进监狱。凡是被抓去的嫌疑分子，都被施以法西斯酷刑。因此警务科特务股被称为人间"活地狱"。

三、进行鸦片交易，毒害民众

1933年，日伪政府成立鸦片专卖署，推行鸦片交易，达到"以战养战"的目的。名为"禁毒"与"专卖"，实际上是纵容与扩散，造成烟毒泛滥，以此危害中国人的身心，使之成为丧失民族意识和劳动能力的废人。据载，1935年，克山有嗜烟者666人，其中男649人，女17人。翌年，发放吸食鸦片证，人数竟达到2 246人，一年之内竟增长了2.37倍。到1943年，吸食鸦片者达6 000人，是1935年的10倍。据敌伪档案记载，县城内有大烟馆4处，每年冬季冻死在县城香甫街小土地庙里的吸毒者达30余人。

四、抓劳工服劳役

为加快对中国资源的掠夺及军事上的需要，1939年，伪满洲国民生部公布"劳动者紧急救劳规则"法令，规定"凡是25岁到35岁的男子，必须服劳役"，进一步加深了对中国劳动人民的奴役。1940年3月，古北双龙泉屯（今古北乡龙泉村）仅有120户，当年就摊派4次劳工，并强行抓去41名青壮年，占全屯劳动力的20%。北兴村一名刘姓女青年，新婚不久，丈夫就被抓到黑河当劳工，从此再也没有回来。太平洋战争后，日本人抓劳工十分频繁。每当接到上边要劳工的命令时，县公署动员股协同警察署全部出动，不分昼夜到各村强行拉夫，有钱的地主、富农可出钱幸免，被抓的多是穷人。这些劳工过着令人难以想象的非人生活，因严冬和饥饿及惨遭毒打而死者时有发生。即或有侥幸生还的，因修筑的工事怕泄露机密，往往会被惨无人道的日本侵略者全部处决。1943年10月，伪警务科出动军警，到火车站、旅店、大车店抓了300多人，装到闷罐车运到山里。1944年，克山县出劳工近3 000人，被送到孙吴、黑河修筑防御工事。劳工的生活犹如牛马，吃的是发霉的玉米面、橡子粉，从事着繁重的体力劳动，睡在破席棚中，病死、饿死、冻死人的事时常发生。

五、实行粮谷出荷与配给

日本侵略者在经济上对东北人民进行疯狂的掠夺。1932年8月5日的《满洲经济方策案》及以后的《满洲国经济建设纲要》，主要强调日本侵略者的"产业统治"，人们生活和工作的一切都由日本株式会社经营管理，就连屠宰猪羊和日常生活用品也都在统治之列，中国的民族工商业遭到扼杀。1937年后，伪满洲国开始实施第一个"产业开发五年规划"，对东北所有的土地都用飞机照相并登记造册。日本侵略军把我东北3省视为对外侵略的粮谷兵站基地，实行"粮谷出荷"和"粮谷配给"。1937年（伪康德四年），日本侵略者对粮食进行控制，取缔私人经营，实行"粮谷出荷"。1940年（伪康德七年），伪满中央政府制定《粮谷出荷法》，不管年景好坏，农民都按契约缴纳"出荷粮"。1941年，伪政权规定，主要生活必需物资按公布的《战时紧急经济方策要纲》，实行统制经济政策，并强迫中国人民不准食用大米、白面，发现食用者及私卖粮食就以经济犯论处。同时以预交款的形式强制性掠夺中国粮食。每百公斤粮先付给1元钱，与农民签订"出荷"契约。1943年改为特配棉布、棉纱、强制摊派。秋后，粮食搜苛工作班下乡催粮，每到一处，百姓丢魂丧胆，哭声一片。同时实行"粮谷配给"，重体力工人每月15.5公斤，一般市民每月12公斤，小孩7公斤。据1943年（伪康德十年）记载，全县"出荷粮"为90 453吨，第二年增加到12万吨。当时收缴的"出荷粮"主要运往日本。据统计，全县"粮谷出荷"大豆34 889吨，送往日本国34 165吨，占98%，油料苏子几乎100%送往日本。日伪统治者通过强行压缩城镇居民粮食消费的残忍手段，以保证侵略战争所需大量粮食。

自1932年9月1日起，日本国内开始启动向中国东北地区移民动员。10月1日，日本关东军《关于向满洲移民纲要》出笼，向中国东北地区强行派遣日本武装移民。截止到1936年，已往克山县泰安镇迁住10户武装移民。1940年，日本侵略者先后往克山县进行两批武装移民，在中国农民的土地上建立多个开拓团，霸占了乌裕尔河流域的大量良田，使许多农民家破人亡，以此来满足侵略扩张对粮食等物资及兵员的需要，引起广大农民的愤慨。开拓团团长、副团长及翻译官整日骑马挎枪，手持望远镜，耀武扬威地指挥生产。所有耕作的苦力都是中国人。

六、征编"勤劳奉仕"

1940年，伪满公布了《国兵法》，募兵制改为征兵制。凡19岁的男青年都要当兵3年。他们入伍后，要受到严格的训练和法西斯制度的管教。当时流行的"当上了国兵就掉进了火坑"，就是这种生活的真实写照。1942年，日本侵略者对中国人民实行了更为残酷的"勤劳奉仕"制度。凡是年满20至23岁的青年男子，不被征为国兵者都编入"勤劳奉仕"队，服役3年，"勤劳奉仕"的劳役包括修筑军事工事，修筑公路、铁路，修建水利工程及造林和土地开发等。每年6个月的劳役，平时进行军事训练。1941年至1943年，克山日伪当局集中全县的"勤劳奉仕"队员千余人，开发了从润津河处到古城西段的万亩水田。在皮鞭和棍棒的催逼下，奉仕队员每天要干14至16小时，扛垡头、挑土篮等重活。当年，"咱们是国兵不合格，木杠压断脖"的顺口溜，在广大中国民众中广为流传。

此外，日本陆军参谋部陆军化学研究所——齐齐哈尔研究所（关东军化学部516部队）研制的毒气迫击炮弹，首先由位于齐齐哈尔北大营的满洲416部队（关东军迫击炮第三联队）使用，曾向克山等地的中国居民施放，以观察使用效果。

　　日本帝国主义在不断加强政治压迫、经济掠夺的同时，还不断在思想、文化上进行残酷的殖民统治。它通过各种手段宣扬"日满一体""天皇至上"，鼓吹"日满亲善""五族协和"，建立"王道乐土"。在学校，每天都要升伪满国旗，向日本裕仁天皇"遥拜"，还强迫学生学习主课日语，并肆意篡改中国历史和地理，进行彻头彻尾的奴化教育，妄图使东北人民忘掉自己的祖国，忘掉自己的历史文化，甘受日本侵略者的奴役。那时，凡是对日本法西斯暴行表示出稍有不满者，一律被视为反满抗日的"政治犯""思想犯"，轻者关监坐牢，重者处以死刑。

第二章 东北抗日义勇军开展 反侵略斗争

一、马占山反正抗日 再掀抗日高潮

马占山江桥抗战败退到达海伦后，由于抗日斗争遇到暂时困难，在赵仲仁等一伙汉奸、卖国贼的怂恿下，抗战态度日渐消沉，最终接受了日军的投降条件，参加了以张景惠为委员长的伪东北行政委员会。1932年2月18日，他们以伪东北行政委员会的名义发表了"独立宣言"，妄称独立。28日，马占山重返齐齐哈尔，任伪黑龙江省省长。3月8日，他赴长春迎接满清逊帝溥仪，于次日参加了日本侵略者一手炮制的所谓伪"满洲国"（1934年3月1日改称伪"满洲帝国"）的"建国式"，并当了伪满洲国的军政部长。马占山这一行径激怒了克山民众，从而，商号借此拒不向东北军驻克山部队供给物资，抗日后援会等群众组织也自动解散。马占山部属将领苑崇谷、金奎璧、徐宝珍等人不辞而别，克拜防线解体。

在国难当头、民族危亡之际，克山人民坚决不做亡国奴，有组织地或自发地成立了抗日救亡团体，涌现出了一批誓死保家卫国的仁人志士。1932年3月26日，黑龙江省东北民众抗日救国会常务委员尹肇恩，在克山邀请10余名绅士，筹建临时东北民众救国会，联合"大刀会""红枪会"等组织共同抗日。

4月，马占山率部到黑河再举义旗，宣布抗日，不久，宣布组建黑龙江抗日救国军。克山军民再掀抗日高潮。5月，日军由旅团长平松英雄少将率领，在飞机配合下，从齐齐哈尔沿齐克路向克山一线大举进犯。驻守克山的马占山部暂编第3旅1团，为避敌锋芒，奉命退守拜泉。时为克山县保安游击队总队长的南廷芳，以黑龙江省"民众救国义勇军"第二军上校司令的职衔，指挥克山、德都、克东三县官兵，会同东北军邓文部队及爱国绿林武装"平东洋""海中华""火龙"等近5 000名骑兵，多次击溃日军的猖狂进攻，缴获各种武器弹药及给养等战利品。

5月19日，马占山旧部柴鸿猷率部向克山进攻，与日军激战一天多，击毙日军数百人。日军不甘心失败，于6月6日派飞机在克山县城上空盘旋侦察，并在东门外投弹炸死赶集农民谢德纯。翌日，经过充分准备的日军平杜少佐，率200余名官兵，在鳌龙沟下车，自西门外向克山县城展开猛攻。南廷芳率部奋力抵抗，无奈众寡悬殊，县城沦于敌手。

二、爱国武装痛击日军

6月14日，南廷芳和吴天石会同"海中华""火龙"等绿林武装数千人，返攻克山县城。该部击溃日本守备队，毙敌数十人，占领伪克山县公署，捣毁监狱，释放"犯人"60余人，焚毁档案，焚烧"广信当铺"。同时攻击了日军旅团部等军事机构，与日军展开巷战，击毙日军数十人，然后主动撤出县城。此战，缴获大洋5 700元、枪97支、子弹125 435发和一些衣物，取得了反攻克山县城的重大胜利。两天后的16日，南廷芳部徐海亭（徐子鹤）所属的第一连（该部当时伪降日军）在少校连长唐志贤率领下来到北兴镇，以为胞弟完婚前来贺喜为由，宴请伪北兴镇保卫团刘团总、伪公安局三分局局长聂景洪及商界经理等当地士绅。席间，唐志贤突然拔出手枪，将其全部拿获，缴获伪公安分局和北兴商会手枪4支、长枪22支、子弹4 231发。

日军为了打通齐齐哈尔至海伦的交通要道，从1932年6月7日开始，依据齐齐哈尔建设事务所所长铃木的命令，开始了从克山县城西部鳌龙沟向东续修齐克路泰安至克山段和海克线（海伦至克山）的修建工程。施工中不断遭到抗日保安游击队的袭扰，工程进展缓慢，直到10月初，泰安至克山段才试运通车。6月末，马占山将其所属抗日军队重新整编为3个军，由邓文、吴松林、李海清分任一、二、三军军长。其中，邓文所部黑龙江抗日救国义勇军第一军在克山一带的游击活动最多，给日军的打击也最沉重。

自7月开始，日本侵略者不断地从克山派遣大批日伪军在拜泉、克东、庆城（今庆安）、泰安（今依安）、北兴、古城等地进攻抗日部队，屠杀抗日军民。其中，平松旅团主力由克山出发，配合平贺旅团追击马占山部队。7月28日，这两个日军旅团在庆城罗圈店南森林附近伏击了马占山部队。马占山仅率卫队四五十人向东奔入大山，其少将参议韩述彭在突围时壮烈殉国。

7月，日军向驻防讷河县（今讷河市）的徐宝珍旅发动大举进攻。徐宝珍旅退出县城后，与徐海亭骑兵及由黑河开来的义勇军，沿齐克路向齐齐哈尔推进。为防止义勇军反攻齐齐哈尔，齐克路的日军大部调回齐齐哈尔。邓文军长乘机率所部2 000余人及大刀会、红枪会的1 000余人，9日开始从拜泉反攻克山县城。日军以平松支队主力扼守克山县城及齐克路的鳌龙沟。我军以邓文所部主力攻打克山县城，大刀会、红枪会攻击鳌龙沟。9日上午，战斗打响后，日军拼命抵抗，攻击受阻，直到傍晚邓军之一旅才攻至距县城3里的崔家店。面对日军轻重机枪的凶猛火力，义勇军不得不于晚间7时向克山东北方向撤退，转而攻打北兴。

7月4日，抗日武装400余人攻破西城镇，激战1小时，缴获枪5支。7月6日抗日武装400余人攻破通宽镇（今依安县上游乡建明村），激战1小时，缴获枪5支。同日中午12时，抗日武装（包括一些绿林武装）700余人攻破莽鼐宫（今属双河镇），占据一天半，缴获伪警察11支枪。

东北军张、李两团在克山县境内也与日军多次激战，取得了一定的战果。1932年9月13日，东北军八旅四团170多人在李团长的率领下，袭击池家店（今双河镇助心村）伪警察三分所，击毙伪所长李有林，缴获了一批枪弹、警服和文档资料。10月19日晨7时，东北军骑兵四团团长张惠卿率所部500余人，拆扒铁路，切断电话线，攻击泰东火车站和伪克山公安局二分局二分所（驻泰东镇），缴获了一批枪支弹药和警服，焚毁了文件，并在该地据守了10日，使齐齐哈尔和克山之间的铁路运输和通讯联络中断。张团长还于21日率领300余人，攻占了设在古城的伪克山公安局一分局三分所。25日，与由克山县城赶去的日军交战几小时后撤回泰东。10月28日下午1时，与来自克山县城救援的日军激战后，张团撤向泰安镇。

三、东北军举起反满抗日大旗

1932年10月14日，东北军第三混成旅旅长朴炳珊和爱国志士李铭新在拜泉举起了反满抗日大旗。10月15日凌晨，为占领齐克路，由东向西直捣齐齐哈尔，朴炳珊先命李允生率队开往克山。当日晨8时，朴炳珊戎装莅临校场，举行了有各军事将领和地方法团首脑参加的誓师大会。全军将士臂戴心形白地、红边的袖章，上书"父率子、兄携弟、誓死报国"10个墨色大字，肃立校场。朴炳珊发表了慷慨激昂的拯民救国演说，激发了与会军民的爱国热情。随后，朴炳珊躬赴前线，夫人刘素容也跨马提枪随军出征。首先袭退了来自克山的防守日军，击毙了日军掩护部队长宇田川。10月18日，先头部队张忠卿团长率500余人掐断了克山至泰安间的电话，烧毁了泰东的铁路桥梁，使得向泰安方向运行的列车在泰东零公里处脱轨颠覆。朴军立即向30余名日军射击，击毙岩濑、膺本两名"满铁"社员，击伤司机手阿部，接着，在托立屯把伪公安局二分局二分所警察全部缴械。当时驻防克山一带的黑龙江省警备司令朴炳珊的暂编第一旅，于10月21日攻占泰安镇，活捉伪克山公安局二分局局长薛昌信，缴获步枪46支、子弹3 000余发、军服多件及其他军用物资。该旅成立了政务处，委任该旅军法处长康润田任公安局长，三次堂审薛昌信的卖国行径，并处决了日本泰安镇警备队长霜田和罪大恶极的汉奸、特务18名。10月24日，由于泰安镇西大营的日军被马占山部队围困，驻扎在省城齐齐哈尔的日军总部由总队长宓户功男中佐率领骑兵第十八联队的300多名日军赶去支援。马占山抗日部队得到消息后，命令朴炳珊部队在大泉子村和小泉子村附近设下了埋伏。以后，部队西进到小泉子附近，占据齐克路东起鳌龙沟两侧的所有村屯，击毙铁路沿线的站长中山、兴元和利光3个日本人。日本增援部队在西新屯处遇到朴炳珊部队顽强阻击，在上千名中国抗日军民的围攻下，一直到25日下午4时，才有一部分日军逃到了依克明安旗贝子府凭借炮楼顽抗，一直激战至28日才逃回省城。

在这之后，朴炳珊部与日军激战后撤出泰安。10月30日，朴炳珊率该旅收复克山县城。在日军平松旅团长指挥的并配有飞机、坦克的日伪军反扑下，旋即退出，接着，直奔齐齐哈尔，途中在克山西南八贝子府被一团日军骑兵阻击，无法前行。因此，朴炳珊一面围攻贝子府，一面攻占讷河，又向克东进军。当日，日军从泰安镇西大营（今依安县依安镇西城外3公里处的棉织厂）出动，丧心病狂地用重炮轰击附近村屯和泰安街基，惨无人道地投掷无数硫黄弹，更有多架飞机轮番轰炸，使周围村屯陷入一片火海，农舍化为灰烬。来自克山的增援日军，从鳌龙沟向西凶猛夹击。义勇军虽奋力抵抗，因腹背受敌，多日鏖战伤亡过重，加之重炮陷进乌裕尔河滩不能发挥作用，为保存实力，深夜撤出泰安，经通宽镇向讷河转移。在向讷河撤退途中，途经通宽镇时，抓获伪克山县公安局第五分局局长周作霖，并缴获部分枪支和物资，最终，于11月4日进入讷河镇。此时，留守拜泉的黑龙江抗日军副司令刘宏萱叛变，扣留前方急需的3 000套棉服装，并暗中勾结日军参谋下芝少佐，预谋日军由克山、明水、海伦来犯时做内应。

11月5日，日酋平松派出高波骑兵联队，从克山南下攻打驻守拜泉的朴炳珊和邓文的抗日部队。11月18日，当高波骑兵联队从克山行至乾元镇（又称癞马沟，今拜泉县兴农镇）时，遭到早已埋伏在大别框子屯（今拜泉县守林村）的朴、邓两部的顽强阻击，当即就有20余人毙命。平松急派黑田联队增援高波骑兵联队，并配备飞机，于11月20日向拜泉投弹百余发。朴炳珊部队在与黑田、高波两个联队展开激烈巷战并给其以巨大杀伤后，撤出拜泉县城。

四、爱国绿林武装袭扰日军

1932年秋，活跃在克山境内的各支绿林武装也对日军展开了广泛的袭扰战斗，使得日伪当局坐卧不宁。在1932年至1933年间，抗日绿林武装多次对城镇内的伪警察机构发起袭击。仅伪克山县公安局一分局四分所，在两年间就被攻占了4次。具体情形如下：1932年7月5日，一支千余人的绿林武装队伍攻破西城镇，抢去伪警察分局11支枪和若干子弹，绑架伪警察分局长金石科达7天之久。7月17日，报号"二哥"、"压五营"、"平东洋"（匪首刘汉）、"保国"等名号的绿林武装700余人，攻破莽鼐镇（今属双河镇滨河村），抢去伪警察10余支枪。同月，以"双和""中央好""火龙"等名号的绿林武装，先后两次攻占了位于县城内的伪克山县公安局一分局四分所。8月12日，匪首"老掌柜"率300余名绿林武装，围攻位于今向华乡联放村的第四区一分所，切断电话，抢去子弹和衣物等物品。1933年7月22日，伪克山县公安局一分局四分所被"双龙"股匪攻占，掠去弹药、衣物等物。三天后，这个分所又被"中央好""火龙"等名号的绿林武装300余人攻占。

抗战初期，活跃在克山大地上的各种爱国武装力量，采用各种方式，给日本侵略者以沉重打击。在抗日高潮时期，几度使其惊慌失措。1933年6月出版的《克山地方事情》一书记载："从大同元年（1932年）6月起到年末，南廷芳、邓文、'压东洋'的队伍7次攻打克山县城"。当时负责鳌龙沟至北安段铁路续建任务的南满铁路日本职员高山安吉曾撰文《和马占山部队遭遇记——在克山附近》，其中描述："11月初的一天夜里12时30分，有七八百马占山残党部队攻打克山县城，大炮轰鸣，枪弹乱射，火舌喷出，情景非常可怕，平松部队、城崎测量队均投入战斗，双方均有伤亡。马占山部队攻击目标不仅是部队，还有日本人的住宅和商店。日本人开设的东亚土木建筑所的3个日本人当夜被打死。早4时许，马占山的部队才撤出克山县城。第二天午夜，马占山所属部队又袭击了县城，战斗非常激烈。这段时间，克山县城处于十分紧张状态，一到夜幕降临的时候，平松部队长就下达戒严令，嘱咐我们绝对不许外出，以防不测。""当时齐克铁路区间，频繁遭到马占山残党的袭击，数十处铁路被破坏，电线被切断，驿舍被烧毁。泰安火车站亦同样受到袭击，中山、星原、利光三位站长被打死。我和庄司君从南满坐飞机回来，12月28日，途经泰安镇上空，见到车站驿舍被烧，红光冲天，黑烟滚滚，光景十分凄惨……由于铁路常被切断，克山遂陷于孤立状态……我们担任续建铁路的满铁社员和铁道部队的宿营车夜间常受到袭击。我们长时间处在非常危险的状态……保护我们施工的日军队长宇田川也在遭受袭击时战死……我们这些修铁路的非武装人员，一入夜就惶恐不安，不能入睡，身心极度疲劳。"据敌伪档案记载："其后每天出发都修理列车，可是沿线潜伏着匪贼，早晨修理好，晚间被破坏，修理作业转向讨伐匪贼。"

第三章 克山大地燃起抗日烽火

一、农民自卫团夜袭敌兵营

日军占领克山后，烧杀抢掠，无恶不作。他们广设军警宪特机构，强行建立伪政权，对广大人民群众实行了一系列的残暴统治，激起了广大民众的强烈反抗。克山县不愿做亡国奴的四乡农民，纷纷自发组织自卫团（当时群众称为"大排队"），抵抗日军的杀掠。县城沦陷的当夜（1932年6月7日）全县各乡邀集四五百人的队伍，推举郑家村月亮泡屯（今河北乡新启村）地主刘汉为首领，乘着夜间进攻县城。他们摸入日军和伪军的兵营，仓促应战的日伪军，被击毙十余人。自卫团未能夺回县城，于天亮前撤走。恼羞成怒的日军，在城内大肆捕杀居民，同时派一个小分队的兵力向城东"讨伐"，进攻自卫团。在进攻郑家窝堡时，在30人左右的自卫团中，有个叫魏老四的坚决主张抵抗，在张洪久家大院与日军交火。由于自卫团缺乏战斗经验，武器简陋，日军把太阳旗插在村外匍匐攻入院外场院，用机枪、步枪猛射，魏老四被日军击中头部，壮烈牺牲。同年秋，自卫团拆掉了克山至郭家的铁路，烧毁了铁路桥。

二、乡村庶民袭击日本兵

1943年农历八月十四，郑家堡屯群众南海山、路大虎两人进城买节日吃的东西，归途遇到一个班的日本兵，他俩被先头的两个尖兵截住盘查。这时，南海山身上带一支手枪已顶上火，尖兵发现他兜里有硬邦邦的东西，便问南海山："什么的干活？"南海山沉着地说："烟枪的有。"日本尖兵要搜身，南海山说我给拿。说着，便掏出手枪开火，当即就打死一个日本兵。这时，另一个日本兵惊呆了，路大虎也愣住了。南海山扯着路大虎的衣袖钻进路边的高粱地里去了。事情发生在一刹那间，当另一个日本兵明白过来眼前发生的事情，忙向青纱帐里盲目开枪时，南、路两人已跑得没有踪影了。后边的一班日本兵听见前边枪响，便胡乱开枪，把小郑家屯西头老曲头给打死了。接着，日本兵遂即包围了小郑家屯，将屯里男女老少统统赶到场院里，架起机枪，挨户搜查。这时，村民张洪九出面向日本兵说是马胡子干的，都跑了，与本屯老百姓无关系。日本兵见没有搜到武器与可疑的人，便抬着日军死尸走了。日后不久，在屯边竖起一根日兵战死的白木桩子，以后叫群众拔了。从此以后，日本指使伪县公署下命令在乡道两侧半里地内不允许农民种高棵庄稼，以防青纱帐里有人突袭。

三、青年救国军配合抗日部队游击作战

为了更直接地配合抗联部队的游击作战，不断壮大抗日队伍，1939年8月下旬，鉴于讷河五区和克山北兴村一带青年反满抗日的高涨情绪，中共讷河中心县委指派方冰玉、耿殿君以北兴村铁匠炉外柜为掩护，与高木林在此建立了地方武装——讷河抗日青年救国军（简称青年救国军）。青年救国军成立之初只有17名队员，后来发展到50多名队员；由1个中队、3个分队、9个小队组成，中队长孙长山，指导员谭福德。他们寓兵于农，以夜聚昼散的隐蔽方式为抗联部队侦察敌情，传送情报，锄奸反霸，站

岗放哨，充当向导，运送给养，夜袭敌营。开始没有枪支，后来经过战斗缴获才得以全部配备枪支。同年9月，在讷河五区托拉苏屯，中心县委与六军二师十二团将青年救国军改建为讷河人民抗日先锋队（简称抗日先锋队），刘景阳任队长，队员百余人，仍是3个分队、9个小队，随抗联六军二师十二团活动。

四、爱国学生痛打日本技士

1942年的7月间，克山伪国民高等学校毕业班正在忙着进行最后一堂园艺课考试。一天下午，天高气爽，气候宜人，坐落在学校东边的实习地里，同学们用汗水浇灌出来的大豆夹密、小麦金黄，呈现一派即将丰收的大好景象。学校为了保护同学们辛勤劳动的果实，每天都派两名同学去轮流护青。7月1日午后两点多钟，从学习实习地北边日本种马场院内跑出3匹高头大马，向学校实习地奔驰而来。这3匹脱缰的野马也像他们的主子一样，异常地横冲直撞，跑到麦地里撒欢、撂蹶，边跑边吃，眨眼间，把一片金浪滚滚麦田践踏得目不忍睹。面对这种情况，两名护青同学气得火冒三丈，一边撵马，一边说："走！找日本场部去，一定让他们包赔小麦地的全部损失。"可是当同学们找到场部时，那些狗仗人势的马夫们蛮不讲理，还拿着杈子、棒子把两名同学打了出来。是可忍，孰不可忍！这两名同学怀着满腔怒火，跑回学校向主管老师报告。有一名叫尤忠超的老师听了以后怒不可遏，默默地鼓动学生去报复。当时学生会的负责人史书林、郭保太、刘忠一等同学请示老师同意后，立即召开两个毕业班（一个农林班、另一个畜牧班）全体同学的紧急会议。他们把日本畜牧场种马践踏小麦田，马夫打骂同学的经过一说，真是仇在心中起，恨在胆边生，平日对日本侵略者积下的仇恨，像干柴烈火一样，顿时在同学们的心中燃烧起来！有的同学说："日本侵略者这样欺压我们，我们青年学生再也不能忍受下去了！"也有的同学说："对待他们就应该以牙还牙，以眼还眼，打到畜牧场去，叫他们尝尝我们青年学生的厉害。"大家一听要打日本侵略者，顿时群情大振，个个摩拳擦掌，人人跃跃欲试，平时埋在同学们心中的怒火，再也控制不住了。为了彻底打垮日本种马场的威风，由史书林同学把两个毕业班的同学划分六个战斗小组，除年小体弱的外，共出动80多人。在出发前，军事教官王太庚和几名老师都做了战前部署：一是不要让他们跑了一个，走漏消息后，县里知道你们要吃亏；二是去了之后别把人打坏打死，打坏打死后果不好处理。军事教官王太庚老师讲完以后，由史书林率领两个班的同学分兵两路向畜牧场院进发。走到畜牧场南下坎，同学们大喊一声，冲啊！顿时把一个小小的日本畜牧场包围得水泄不通。昔日仗着主子势力的几名马夫一看来势凶猛，早已吓得屁滚尿流，狼狈逃窜。然而尚有一部分同学越墙而入，见人就打，见东西就砸，把几名中国马夫打得喊爹叫娘，跪下求饶。这时，平日作威作福，神圣不可侵犯的畜牧场长——日本技士佐藤（在乡军人）吓得落魂失魄，企图从西北墙角下溜走。

正在这时，有一名同学大喊一声，日本人跑了！学生领头人史书林同学，像战场上的指挥官一样，机智果敢，马上命令第一战斗小组跑步前进，迅速地要把佐藤抓回来。说时迟，那时快！这个小组的10名同学像离了弦的箭一样，没跑出几十米就像老鹰抓小鸡一样把这个日本兵捉了回来，吓得他浑身发抖，一面磕头下拜，一面口里喊着"司马里甚，司马里甚"，意思是对不起！仇人见面分外眼红。此时此刻，谁还可怜日本兵的这副狼狈相呢！有一个叫关国良的同学，外号叫"关大楞"，长得像鲁智深那样身材高大，力大无比，他抢上一步，一个大嘴巴把那人打出好几步远，打得那人顺着嘴角流出鲜血。这时他躺在地下放赖不起来，一个同学上去一脚把他踢起来跪在那里，接着同学们把皮带从腰间解下来，蜂拥而上，劈头盖脸打得他抱头惨叫。有的同学边打边叫他跪着向南方磕头，意思是我们东北虽然被你们侵占了，但我们的祖国还在南方。还有的同学边打边让他叫爹，这个表面上气壮如牛，实际上胆小如鼠的日本兵，只得一边磕头一边用生硬的舌头，喊着极不流利的中国话"爹！爹！"打得他快要奄奄一息了，才算罢休。

五、农民怒打"开拓团"

1940年，日本侵略者为了加强对东北地区的经济掠夺，强行派遣武装"开拓团"，将克山县确定为殖民开拓重点县。是年，先后派往克山县两批日本移民900户。日本"开拓团"进入县内，强行廉价收买土地，大搞"农地造田"。日伪当局还强行征用勤劳奉仕队和普通劳工开发乌裕尔河、润津河和鳌龙沟3条河流，修成水田13 056亩。其中，1935年春由朝鲜族人与当地农民在三门张家（护心村二组）、大伙房东（众心村一组）开成的8 000余亩水田，被日本侵略者划为开拓区。1945年8月，日本战败投降，农民乘机燃起复仇的怒火，他们聚众起事，将"开拓团"包围，采取武力夺回自己的土地，他们用镰刀、长矛、木棍等器械打死日本"开拓团"成员30人、俘虏80余人，押送到莽鼐宫警察署。

第二编 ★ 抗日战争决战时期

第一章 中共讷河中心县委成立

一、地下党组建抗日救国会

1937年"七七"事变后,日伪军加紧了对东北抗联部队的军事"讨伐"和经济封锁,北满抗联三、六、九、十一军被迫分批进行了异常艰难的西征。1938年底,西征部队先后到达松嫩平原。中共北满临时省委于1939年1月28日在海伦县(今海伦市)召开了第九次常委会,讨论和确定了在松嫩平原建立抗日游击根据地的战略方针。

为了组建抗日救国会,发展中共党员,配合抗联部队游击作战,同年2月,中共北满临时省委执行委员会委员、北满抗联总政治部主任张寿篯(又名李兆麟),分别与抗联六军参谋长冯治纲和中共北满临时省委宣传部长冯仲云商量,决定组建中共北满临时省委特别支部。为此,张寿篯指示中共下江特委宣传部长方冰玉具体负责,抗联某部指导员老欧担任组织部长。随后,方冰玉与抗联战士高木林来到讷河县五区一带开展工作,老欧到嫩江县崔家坟站一带开展工作。

方冰玉和高木林到达讷河五区后,通过各种关系结识了赵连贵、周明禄等人,于3月在倭都台成立了第一个抗日救国会,由周明禄担任会长。抗日救国会是中共领导的一个基础广泛的群众抗日组织，以形式多样的斗争方式打击日伪的反动统治，激发人民群众的救国之心并使其投身于抗日洪流之中。方冰玉和高木林在讷谟尔河北的抗日救国组织相继成立后，又到河南的祥云村头站屯将刘纯、栾成海、吴仲祥等人发展成了抗日救国会员，这样，抗日救国会就如雨后春笋般地在讷河、克山两地发展起来了。他们大力宣传中共抗日救国的主张，发展抗日救国会员，广泛搜集日伪情报，铲除汉奸恶霸，为抗联部队筹集给养、搜集情报、充当向导、护理伤员、掩护转移。

为了加强中共地方党组织的实力，6月，中共北满省委抽调抗联六军二师政治部主任尹子奎、抗联六军二师十二团团长耿殿君、十二团二连指导员王恩荣到讷河县开展工作，与方冰玉等人共同筹建了中共讷河特支，以尹子奎为书记，领导讷河、克山、嫩江、甘南、洮南、布西等地中共地下工作与抗日斗争。由于他们的积极工作，抗日救国会组织在讷河县的倭都台、头站附近和克山县北兴村等地发展很快，扩大中共地方党组织有了一定的群众基础。8月，根据中共北满省委组织部长、中共嫩海地区代表团负责人张寿篯的指示，中共讷河特支改组为中共讷河中心县委，组织结构、办事机关、联络地点和工作范围不变。11月，正式任命尹子奎为县委书记，老欧为组织部长（未到职），方冰玉为宣传部长。中心县委成立后，委派方冰玉与高木林负责讷河县五区和克山县的地下工作。1940年初，为加强青年和妇女工作，中心县委任命高木林为青年工作部长、陈静山（朝鲜族，亦称女陈）为妇女工作部长。

二、党组织在克山的抗日活动

中共讷河中心县委成立后，积极领导武装斗争和进行组织建设。根据对敌斗争的需要，把一些村屯的头面人物组织起来担任

"白皮红心"的伪职，如天字十九号井伪甲长赵连贵、北兴村侯宝卿屯的爱国绅士侯宝卿等人。这些人表面为日伪统治者服务，暗中都是抗日救国会领导，利用特殊身份为抗联部队筹物筹粮、运送枪弹、搜集情报、掩护地下工作者等。赵连贵不仅将采购的粮食、布匹、鞋帽和鞍马等物资运送给抗联部队，而且还动员了12名青年农民参加抗联。后来，他又以赶车拉脚为掩护，住在克山县城福兴栈（刘汉店），充当中心县委的联络员，负责和抗联部队的情报联络工作。抗联三支队每到侯宝卿屯，侯宝卿都帮助安排食宿，积极主动地拿出一些粮食、衣物资助部队，并把自己的坐骑赠送给抗联首长。侯家屯的中医贾焕文经常给抗联战士治疗伤病，并几次去北兴村、克山县城等地为抗联购买药品和配制红伤药。

1939年7月，活动在县城电影院的抗联地下工作人员王德胜，由于在招待观众时脚部烫伤，到香圃街王家小店养伤，不幸被捕。伪克山县警务科特务股长中山五郎（日本人）对其施以酷刑，后送北安处决。

抗联六军二师十二团副官段新阳一行三人受命赴克山、依安、讷河等地联系抗联地下组织，解决抗联部队给养匮乏的困难，于1939年9月初到达克山。他们虽然躲过了敌人的沿途盘查，却不料两个随从弄了两匹马销售，被伪警察抓去，供出了段新阳的行踪。伪克山县警务科特务股翻译杨永江得到北兴、长发两个伪警察署的报告后，立即派史广清去西城伪警察署做帮凶。伪克山县警务科、伪西城警察署、伪池家店警察分所、伪西城自卫团的警察和团丁，在地主纪永珍、农民王喜福带领下，在西城村纪永珍屯（今西城镇群众村）外的高粱地里抓获了段新阳。在克山监狱，面对敌人的严刑拷打，段新阳大义凛然，严词拒绝了中山五郎、杨永江的威逼利诱，充分表现了中华儿女宁死不屈的英雄气概。

由于克山城乡群众抗日组织的发展，掀起了反满抗日的高潮，引起了敌人的警觉和恐惧。广大群众发动组织起来，参加抗联，参与抗日活动，一个个城镇和乡村被抗联占据，大批日伪军被抗联消灭。

在配合抗联部队攻克讷河县城后，为防止暴露和躲避日伪当局的搜捕，中心县委将在讷河县的秘密联络点转移到克山县境内活动。1939年10月，方冰玉按照中心县委机关的安排，在克山县城北市场，与林太、王海全合股开设三义和成衣铺，发展他们为抗日救国会员，成立抗日救国会，并将成衣铺作为秘密联络点，后为避免暴露而解散。从1940年春开始，高木林被方冰玉通过关系安插到县城平安电影院，充当照座工人，以此为掩护不断扩展中共活动领域，发展照座工人姜树凯、会计袁庆云、广告师张思明（又名张华光）3人为抗日救国会员。以姜树凯为平安电影院抗日救国会会长，重建了抗日救国会。这样，在当时克山县境内就有了北兴村、三义和成衣铺、平安电影院、泰安街（今依安县城）4处中共地下党的秘密联络点。秘密联络点之间实行单线联系，随着工作情况和人员变化而作调整。由于高木林工作出色，于1940年4月被方冰玉发展为中共候补党员，同年秋天转为正式党员。至此，自1939年8月至1940年4月，中心县委先后发展了刘纯、周明禄、孙长林、吴仲祥等人为中共候补党员，当时，克山县境内还有李健昆、李三东两名中心县委工作人员。1940年6月，方冰玉率肃反自卫队袭击讷河县伪保安村公所，缴获1台油印机，成立了抗日救国会印刷所，组织会员翻印了中共北满省委秘书处印发的《中国人民解放的道路》《告北满各界同胞书》等300余份抗日文件及大量传单、标语，由抗日救国会员和抗联部队分别散发到讷河、克山和泰安等地，甚至敌人的驻地附近。同时，抗日救国会内还成立了锄奸团，在一年间先后除掉了11名罪大恶极的汉奸特务，起到了震慑敌人、鼓舞人民群众抗日救国的积极作用。

1940年4月，东北抗日联军第三路军第三支队（简称抗联三支队）成立后，支队长王明贵、参谋长王钧等人决定攻打克山县城。

7月中旬，抗联三支队及抗日先锋队按约定时间来到了倭都台屯，在附近的青纱帐中隐蔽起来，并派人到屯里找到了方冰玉和高木林。方冰玉告诉王明贵等人，渡船已准备好了，并将克山县城的侦察任务交给高木林去完成。王明贵等与高木林约定，汇报的接头地点在头站栾成海家。经过一段紧张的秘密侦察工作，高木林、姜树凯等人将克山县城内外敌人的兵力部署、地形位置、防御设施以及我军进城路线画成草图，于7月下旬赶到头站，当面交给王明贵、王钧和方冰玉，并详细汇报了敌情。

8月上旬，方冰玉在倭都台会见了抗联三支队领导，共同研究并确定了深入发动群众、掀起龙北抗日斗争新高潮的策略。同时，中心县委组织抗日救国会员备好船只，在倭都台渡口，由抗日救国会员周明禄、孙长山、安志福等负责摆渡，当夜将抗联三支队一个大队运过讷谟尔河。第二天晚上，王明贵率剩余部队偷渡过河，与方冰玉、高木林在岸边握手告别。

按照约定时间，8月24日晚，高木林与王明贵、王钧接头。高木林向他们讲明了日伪要害部门的具体方位和情形，增强了部队攻打克山县城的信心。王明贵又向高木林提出："部队从出发点到克山县城大约180到200里路，所以部队保密走公路，用两夜时间到达克山。你立刻返回克山县城继续侦察，一是要弄清公路沿途的情况，行军将要经过的屯子和需要绕行的路线；二是在沿途选择两块高粱地作为部队白天的隐蔽地点；三是在克山县城附近选择一两处部队进城前的隐蔽地点，位置距县城不能近于5里，也不能远于10里；四是再找一个向导，你们俩一起为部队带路。"

高木林返回克山县城后，立即在平安电影院与抗日救国会员袁庆云取得联系，商定他俩与院内抗日救国会员张思明、姜树凯利用职业之便分头侦察。高木林利用自己年仅17岁的有利条件，专门与来看电影的伪军官子弟交朋友，和家住营区的伪军官子弟到营区吃喝玩乐。广告师张思明进入西大营给军官们画画，会计袁庆云到伪县公署各科、股去讨他们看电影的欠款或送电影票。这样，几个人神不知、鬼不觉地掌握了城内敌人城防工事及兵力部署，把最新敌情源源不断地送到王明贵手中。

就在中心县委紧锣密鼓地侦察克山敌情之际，1940年9月，中共北满省委常委、宣传部长、抗联三路军政委冯仲云来到这里传达"伯力会议"（1940年1月，亦称第一次伯力会议）精神并检查指导工作，在克山县北兴村西南高粱地里听取了尹子奎、方冰玉关于中心县委成立一年来的工作汇报，并向他们布置了具体的工作任务：把讷河、德都（今五大连池市）、嫩江作为重点工作区，大力发展中共党员。到布西县、甘南县、巴彦旗组织抗日救国会，10月中旬派人去巴彦旗搬运无线电台。要在抗日救国会中组织肃反队，破坏日伪谍报网，肃清抗日动摇分子，确保地下组织安全。

为了加强中共在克山县的领导力量，9月，方冰玉在北兴村建立了克北工作委员会，高木林任会长，会员魏秉臣（又名魏铭臣）、杨景山担任交通联络工作。该组织实质是一个中共地下党的秘密工作站，高木林负责县城与北兴村的联络，魏秉臣负责北兴村同讷河县城的联络。尤其是北兴村伪警察署的魏秉臣，借公开身份之便，不断地把从敌人内部得到的情报，秘密传递给中共地下党组织和抗联部队，使中共和抗联部队随时根据敌人的动向做出相应的对策。克北工作委员会成立后，组织救国会员，印发抗日传单，配合抗联部队作战，开展反奸除霸斗争。

三、日伪制造震惊东北的"一二·二〇"大逮捕事件

得知克山县城被袭破的消息，日本关东军和伪满国务院的头目们极为震惊，一时惶惶不可终日，急忙派出由伪国务院监察参事官和伪治安部警务司督察参事官组成的调查团，前来克山弄清情况。调查团到后，撤销了宋国程的伪克山县警务科长、日本人刚植的警务科副、林延长的伪克山警察署长的职务，留下伪治安部警务司特务科警正铃木介寿在克山督促破案。由于克山县城被抗联攻破，伪北安省警务厅特务科认为克山县内必有人与抗联联系，命令伪克山县警务科特务股对此详细调查。中山五郎、杨永江接到任务后，便派特务徐邦君、史广清伪装抗联深入北兴、刘大、长发等抗日游击区明察暗访，诱骗出50多名爱国村民的身份。10月份，在铃木介寿指挥下，北安日军宪兵队、伪北安省警务厅、伪克山县警务科派出大批军警宪特，大肆在克山城乡侦察搜捕中共地下党员、抗日救国会员和其他爱国群众，仅在北兴就抓走所谓嫌疑犯60多人。

克山之战后，高木林隐蔽在孙家村小油坊屯李春生家居住，李春生用自行车驮着高木林四处开展工作。后又回到倭都台，按照方冰玉的布置，到过克山西北部、讷河南部开辟了几个活动地区，在孙家村小油坊屯、孙家屯、张老道窝堡、北兴村、北兴村的侯宝卿屯、泰安街、曲秉村（今河南乡政府驻地）、西城村、长发村（今西建乡同生村）、刘大村、刘大柜（今曙光乡良种场）、郑家村、月亮泡等地秘密发展抗日救国会员，连同平安电影院、北兴村在内，共计40余人，建立了遍布城乡的抗日救国会组织。此时，整个讷河中心县委领导的抗日救国会员发展到百余人，选举周明禄为会长，刘纯、吴仲祥为副会长。

就在抗日形势不断高涨之际，10月25日，曾经担任过抗联与

中共地下党联络工作的抗联九支队秘书尚连生，在抗联攻打布西镇时叛逃，携带一支手枪，到徐占国伪警察分驻所投敌，向北安日军宪兵队大特务头子郝喜山（1950年被逮捕归案后枪决）密告了中共讷河中心县委和抗联部队的活动情况。中共克山地下组织开始暴露。

此时，中心县委地下工作者对于即将到来的危险全然不知。9月下旬，在北兴赵贵屯，抗联三支队王排长在取群众捐款的途中，被日本特务暗杀。为了获得这几百元活动经费，11月初，方冰玉让高木林到该屯王发家再次提取。在逗留了五六天后，于11月11日，高木林不幸在王发家被日伪宪兵、特务逮捕，押到伪克山县警务科，由日本人和杨永江严刑逼供。因高木林事先已将枪支藏匿起来，拒不承认指控，日伪当局见他是个小孩，既无证据，又不清楚高木林的真实身份，不再深究，准备取保释放。恰在此时，叛徒尚连生带北安日军宪兵队去讷河抓尹子奎路经克山，狱中的高木林被尚连生发现并告密。第二天，敌人再度毒打高木林，尚连生当面与其对质，高木林向敌人交代了中心县委主要负责人、机关、联络点和抗日救国会的一些情况。11月28日，尚连生带领日本宪兵将尹子奎和陈静山逮捕，尹子奎向敌人交代了中心县委的活动情况。12月8日，尚连生又带两名日伪特务到泰安街逮捕方冰玉。方冰玉在泰安街上被尚连生发现，当即被日本宪兵逮捕，押至北安日军宪兵队。至此，中共讷河中心县委及克山、讷河两地的抗日救国会组织完全暴露，遭受重大损失，被迫停止工作。伪治安部警务司电令铃木介寿继续留在克山破案，由他和北安日军宪兵队在克山督促抓捕，并派出了伪治安部警务司特务科负责共产党组织关系的大特务岗本前来克山协助审讯，将破案进展情况电告日伪最高当局。

12月中旬，日本关东军宪兵司令竹内宽和伪治安部警务司长谷口明三密令北安日军宪兵队长和田昌雄、伪北安省警务厅长大烟苏一，会同齐齐哈尔宪兵队、日军驻北安的横山部队，以12月20日为期，对克山、讷河两地的中共地下党员、抗日救国会员以及与抗联有过联系的群众进行一次突击大逮捕。和田昌雄和大烟苏一据此做了大逮捕实施计划，此次预捕45名，加上20日前已捕的8名，共计53名。并从北安日军宪兵队抽调33人，从伪北安省警务厅特务科抽调23人，从日军驻北安的横山部队抽调50人，共计106人组成"特别搜查班"，会同讷河伪警察队及克山等地的军警宪特实施大逮捕。12月19日，北安日军宪兵队中尉渥美向参加大逮捕的宪兵、特务们就"大逮捕的细节事项"作了布置。

12月20日黎明，在克山、讷河两地对中共地下党员和抗日群众实施大逮捕，制造了震惊东北的"一二·二〇"大逮捕事件。

此前，11月份，日伪在北兴于化东屯逮捕10余人，对于给抗联挖地势坑一事进行审讯，村民郭永祥被吓得患病而死。而在这次大逮捕中，在于得水屯将一个卖豆腐的也抓进去，在民权村还抓走22名妇女。被捕的人员，分别被送往北安日军宪兵司令部和齐齐哈尔日军宪兵司令部，遭受惨无人道的酷刑逼供。在北安日军宪兵司令部，方冰玉变节后被秘密处死。被逮捕的爱国群众，在敌人严刑拷打和威逼利诱下，有的被打得遍体鳞伤，死去活来，有的致残致死，有的长期关押，妻离子散。但他们坚贞不屈，拒不招供，表现出中国人民的大义凛然和不可欺侮的民族正气。1940年，柏俊清时年26岁，家住今曙光乡富国村。他的拜把兄弟赵守礼身着伪满军服到屯里找他，向他宣传抗日救国的道理。从此，柏俊清给抗联采买红伤药、雨衣、雨布和鞋。当年秋季，赵守礼还让他给高木林送过一次信。那年腊月二十七日的晚上，柏俊清被捕了，受尽了敌人严刑拷打，始终坚贞不屈，服刑至抗战胜利。柏俊清目睹了一名同时被捕的爱国群众，在北安日军宪兵司令部被打得死去活来，宁死不屈，拒不招供，由于口渴难忍，在敌人的刑讯室内无奈喝了半盆洗手水，当场炸肺而死。仅他所能记住的死者就有：四座房的昌士祥、李秀峰、栾力新、徐义武，车家窝堡的车凤祥、钱喜平，曹家粉坊的陈生。

北安和齐齐哈尔的日军宪兵队对被逮捕的中共地下党员、抗日救国会员和爱国群众进行残酷刑讯后，将案件移交给伪齐齐哈尔高等检察厅。1941年8月16日，伪齐齐哈尔高等法院治安厅对尹子奎等7人以违反《暂行惩治叛徒法》进行判决：判决尹子奎死刑，判处魏秉臣有期徒刑12年，判处高木林、刘世忠、杨景山有期徒刑10年，判处丁子刚、梁显廷有期徒刑8年，其他大部分人士均被哈尔滨、齐齐哈尔伪高等法院判处徒刑。许多人在狱中被活活折磨致死，苦熬下来的胡景礼、张宝云、张金贵三人，也于1945年六七月间被枪杀在泰康监狱。

中共讷河中心县委在其存在的短短一年多时间里，贯彻执行党的抗日民族统一战线政策，在克山县组建了抗日救国会和青年救国军（人民抗日先锋队），秘密发展党员，积极开展各种形式的对敌斗争，壮大了中共及其领导的抗日革命力量，成为宣传武装群众的抗日中坚，为抗联对日游击作战提供了基本保障，尤其是在1940年9月25日东北抗联第三、九支队攻克克山县城的战斗中，中共讷河中心县委的地下工作者作出了重要贡献。

四、中共冀东区党委等领导的克山地下组织活动

为加强对东北沦陷区抗日爱国斗争的领导，中共中央于1939年1月在延安成立了东北工作委员会（简称东工委），以王明为主任，李范五任秘书长。根据当时国际国内形势的发展和东三省斗争的需要，1942年2月，中共中央给中共晋察冀分局发出指示：补派工作人员到东北开展组织工作，在延安集中以韩光为首

的14名东北籍工作人员。他们抵达晋察冀边区后，成立了在中央局领导下的满洲工作委员会，然后逐步潜入东北开展工作。六七月间，中共中央又指示中共晋察冀分局和中共山东分局分别成立了专门机构，要求河北、山东两省，特别是接近东北的县委以上机关，要选派得力干部赴东北开展地下建党工作，在日伪机关、企事业部门等地方长期潜伏，广泛搜集情报。根据中共中央关于多线派遣、单线领导的方针，中共晋察冀分局下属的中共冀东区党委派遣党员干部来到克山从事地下抗日工作，重建了中共地下组织，再次点燃了抗日火种。

按照中共冀东区党委和冀东军分区司令员李运昌的指示，中共党员李西山（原名李秀池）到东北的新京、白城子、克山等地开辟点线工作。1942年秋，李西山来到克山，住在县城海盛街路东的外甥陈明显家（陈家豆腐坊），以针灸医生这个社会职业为掩护开展地下工作。

在此期间，李西山一面通过陈明显及其父陈润云了解日伪在克山的统治情况和物色抗日对象，一面深入群众进行抗日救国宣传。陈明显是李西山堂姐之子，时任东南街五分区区长（义务职，相当于现在的委主任），李西山通过他结识了香圃街松泉轩茶社的掌柜张和。陈明显和李西山常到松泉轩茶社喝茶，日久天长，与张和的关系逐渐密切起来。李西山了解到张和的父亲是赋闲在家的旧东北军人。张和是个性格直爽，不惧权势，素有爱国之心，讨厌日伪特务和伪警察的退役伪满军人。张和及其父也看到李西山稳重热诚，谈吐不凡。特别是李西山免费给张和父亲针灸治病，张和给介绍的几个患者，李西山也义务针灸治疗。及至后来，李西山每到茶社，张和就把李西山让到后屋，免费喝茶。于是，李西山便利用这个机会与张和父子闲聊家常，借机向张和父子进行抗日救国宣传。一个多月后，李西山把张和叫到县城东南角的花园，公开了自己的真实身份，向张和讲述中国复兴，不当亡国奴，中国共产党领导中国人民抗日，毛泽东、朱德是抗日领袖等革命道理，动员他参加抗日活动。当时，张和便向李西山表明心迹，决心跟随中国共产党抗日救国。

李西山在克山除和陈明显、张和秘密接触外，还利用他的胞姐家作为临时落脚点。李西山的姐夫李庆林在德兴东大车店吃劳金，收入微薄，生活困难。早在1938年，李西山刚刚在冀东地区参加革命时，李庆林的二女儿李淑梅虽然年仅10岁，就为从事抗日救亡工作的舅父李西山送信、送饭、提供情报。这次李西山到克山进行秘密抗日活动，已经14岁的李淑梅，更是满腔热忱地以走亲戚、上街买东西为掩护，积极奔走于陈明显家（陈豆腐坊）、张和家（松泉轩茶社）和李庆林家，主动地承担起李西山交通员的责任。这样，由李西山领导，由陈明显、张和、李淑梅参加的中共克山地工小组初步形成。

1943年春，李西山离开克山，赴外地开展抗日活动，工作关系也转由中共晋察冀分局社会部领导。

这时的世界反法西斯战争形势发生了根本性转折，到1944年，日本帝国主义已处于败局已定、垂死挣扎的局面，伪满政权颁布了《时局特别刑法》，罗织了50多种罪名，对中国人民进行疯狂的殖民统治。在此背景下，1944年下半年，李西山重返克山。首先，他乔扮成乞丐，趁人不备之际来到李庆林家。当时警察、特务时常到居民组盘查，为了避免在险象环生的环境下出现意外，李西山就连晚上睡觉时都和衣而卧。只是在夜深人静时，简略地向李庆林夫妇说明他这次回克山仍是继续了解日伪的军事部署和统治情况，在群众中进行世界反法西斯战争形势和中国共产党对东北抗战政策的宣传，并求他们提供帮助。李庆林夫妇对李西山的到来，既高兴又不安，非常担心李西山及自身的安全。

李西山安慰李庆林夫妇，日伪的反动统治是不会长久的，抗战胜利的日子不远了。

两个多月后，西南街九分区张文书发觉李西山形迹可疑，找到区长李瑞，咬定李西山是八路军密探、中共地下工作者。李西山为了躲过李瑞和张文书的追查，暂避在张和家，通过李淑梅与陈明显、薛家兄弟保持联系。后经多方周折，在陈、薛两家的协助下，得到了陈明显岳父薛兆丰从关内来克山的路护证（证明书），准备逃离虎穴。临走之前，李西山和陈明显谈了吸收陈明显入党的问题。之后，李西山以薛兆丰的名义离开克山，顺利脱险。

1945年春，中共党员方占鳌来克山接替李西山的工作。方占鳌原名方殿文，河北省滦县罗各庄人，民国早期由关内来到克山定居，后又返回原籍，并在抗日根据地参加中国共产党。李西山与方占鳌在冀东抗日根据地交接工作时，向方占鳌介绍了他在克山开展工作的情况。方占鳌于1945年正月到克山，和弟弟方殿弼住在一起，以做小买卖为掩护，开展地下抗日斗争。当时，方殿弼在县城五分区任事务员，方占鳌一面通过弟弟了解日伪在克山的情况，一面借做小买卖的机会，同中共克山地工小组建立联系。

4月，李西山从新京来克山和方占鳌接头，在了解了中共克山地工小组的这段工作情况后，在方家传达了上级的指示，并对抗战胜利前的工作做了安排。

1945年5月，法西斯德国战败投降，世界反法西斯同盟国取得了欧洲战场的伟大胜利，开始全面向日本法西斯反攻。7月26日，中、美、英三国发表《波茨坦公告》，敦促日本无条件投降。这年夏天，方占鳌在张和家召集陈明显、张和开会，同时吸收原松泉轩茶庄提壶的柜伙唐士英（别名唐维）参加，说明现在4人都接通了关系。方占鳌向他们讲了抗日战争即将胜利的新形势，指示他们抓紧工作，为中共接收克山做好准备。

1945年9月抗日战争胜利人民政权建立后，方占鳌将组织介绍信交给中国共产党克山县工作委员会（简称中共克山县工委或县工委）领导同志，并由县工委统一安排了他们的工作。方占鳌担任克山大众制粉厂（原义祥合火磨）经理，陈明显担任克山城关区区长，张和担任县保安大队警卫连长，唐士英担任县公安局副局长。他们积极投身到民主政权的建设之中。

中共冀东区党委派到克山的地下工作者，在日伪统治最为凶残的年代，为了中华民族的解放事业，不避艰险，不怕牺牲，忍辱负重，深入基层，长期隐蔽，大力搜集日伪情报，再次点燃革命火种。他们发展、联络爱国力量，努力扩大中共影响，为晋察冀边区及中共中央的战略决策提供了重要依据，为配合全国军民的抗战和苏联红军歼灭日本关东军发挥了重要作用，为抗战胜利后全面接收克山县政权及建党、建军、建政创造了有利条件。

第二章　东北抗日联军在克山对日作战

一、调虎离山巧取北兴镇

1939年1月12日，抗联六军参谋长冯治纲和六军二师十二团政治部主任王钧，率领军部教导队和十二团取得了德都县田家船口伏击战的胜利，揭开了黑嫩平原游击战争的序幕。5月11日，日本关东军在中蒙边境制造了反苏的诺门汗事件，黑嫩平原地区的日伪军主力大部调往蒙古国前线，抗联三路军各部趁机以小兴安岭为依托，开展平原游击战。8月1日，中共北满省委发出《告北满全党同志书》，分析了诺门汗事件后中国抗战的新形势和中共的任务，要求抗联部队广泛开展平原游击战争。八九月间，龙南部队乘青纱帐起之机，将骑兵队伍分成三路，进出青冈、明水、拜泉、克东、克山、通北等县，采取昼伏夜出、长途奔袭等战术，攻击日伪据点和交通设施，利用一切时机，宣传抗日救国主张。不但使广大群众积极支援抗联部队，而且一些农村伪保甲长和伪自卫团长积极向抗联靠拢或保持中立。

当年夏季，连日暴雨导致河水猛涨，隔断了抗联三路军一些部队的物资供给，在抗联的密营里，每名指战员一个月只分一碗小米炒成的糊米，余下全靠山野菜和野莓叶熬成的稀粥充饥。尽管抗联队伍缺乏给养，生活异常艰难，却到处洋溢着革命乐观主义精神，对抗战胜利抱着坚定的信念。

在那个艰苦卓绝的年代里，唯有打胜仗才能解决给养问题。为了得到给养，1939年七八月份，王钧率领六军二师十二团在讷河县境内，连续进行了三战三马架战斗。此间的7月底，王钧率部离开嫩江县，东进龙镇东山牧沟河，迎接从后方养病归来的冯治纲，于8月11日袭破讷河县九井子伪警察署。8月中旬，冯治纲、王钧经过仔细研究，决定攻打北兴镇。他们率80余人的队伍从龙门山出发，为了保密起见，决定在返回龙门山前的头三昼夜，不入村屯，不住民宅，昼伏（庄稼地）夜行（急行军），悄然接近北兴镇。

日军侵华罪证（日军在克山西门外兵营修建的测候所和碉堡）

北兴镇位于讷谟尔河南岸，地处克山、讷河、德都三县要冲，是抗联部队往返朝阳山的必经之路，也是日伪统治的重要巢穴，更是兵家必争之地。此时，由于抗联西征部队的到来和中共讷河中心县委（简称讷河中心县委或中心县委）的建立，北兴一带的抗日斗争也随之如火如荼地开展起来。日伪统治者面对讷谟尔河畔愈燃愈烈的抗日怒潮，犹如芒刺在背，如坐针毡。为了对付抗联部队，镇压反满抗日活动，1939年3月，他

们网罗一批土匪、兵痞、流氓组成装备精良的"讨伐"队驻扎于此。此外，敌人在镇内设有伪警察署、伪自卫团，并修筑了监狱和防御工事，还驻有一支百余人的日军部队，可谓戒备森严。攻打北兴是抗联六军二师十二团在克山县境内的第一场战斗，对于鼓舞东北抗战士气、打开克山抗战局面至关重要。因此，广大抗联指战员决心首战必胜。

这支抗联队伍8月19日开始夜行，至翌日黎明，进抵德都县吴乡老屯，可惜四周没有大片青纱帐可以隐蔽。为了避免暴露目标，衣服都被露水淋湿了的全体指战员，在冯治纲的命令下，躺在屯西北一片矮棵玉米地里隐蔽待命。20日下午二三点钟，一位妇女带着一个六七岁的小女孩，拎筐从屯子里走到地里摘豆角。不料，小女孩猛然发现了地里持枪的哨兵，吓得妇女扔下筐，领着小女孩惊慌失措地往屯子里跑。抗联指战员们的隐蔽目标突然暴露了，一旦消息扩散，驻守德都等地的日军就有可能立即围攻上来。王钧和冯治纲商量，不如先让部队进驻屯子，严密封锁消息，占据有利地形，万一敌人来了，或就地消灭，或天黑突围。冯治纲同意了王钧的意见，王钧立即向十二团指战员们下达命令：一连从玉米地往南跑步行军至屯子西南面实施包围，二连从屯后包围屯子东面，王钧率三连和教导队从屯子西头冲进屯子里。

就在这时，从吴乡老院里跑出3个日本人，每人牵着1匹大马，猛然见到抗联部队，顿时吓得连马也顾不上骑了，直奔南边地里，向收割麦子的人群跑去，边跑边甩掉皮靴。王钧见状，立即率领团部战士宋喜滨、小叶生等人急速追赶，最终在收割麦子的人群中将他们活捉，像抓小鸡似的提到吴乡老院里，绑在马圈柱子上。在王钧的发动下，前来围观的人群中走出两位妇女，抡起棍棒、扁担将他们一顿痛打。冯治纲力劝乡亲们留条性命，自有用途。之后，就地召开群众大会，宣传抗日救国道理。部队在屯里住了小半天，乡亲们主动烧菜做饭慰劳子弟兵，敌人竟然一无所知。经过审讯得知，这3个日本人是伪北安省公署指导官佐藤、中村和股长福田，这次是来北兴镇查看青苗的。如何处置他们，无论是带走，还是处决，敌人都会到处寻找，再说3匹大马也难隐藏。关键时刻，冯治纲觉得这一意外事件倒也提供了将敌人调虎离山的机会，思虑再三，终于想出了一个两全其美的办法。晚饭过后，夕阳西落，战士们把佐藤绑在1匹马上，冯治纲派两名战士，各骑1匹马，并带上佐藤，向龙门山方向狂奔而去。当晚11时，两名战士在李向阳屯的伪警察分所附近处死佐藤，扔下尸体，然后乘马奔向朝阳山，伪造了抗联部队就在龙门山一带的假象。

8月21日，龙门山伪警察署发现佐藤尸体。果然不出所料，日伪当局误以为这一带有抗联活动，急调北安、克山、德都、嫩江的日伪军"讨伐"队上千人进入龙门山"讨伐"。北兴的日伪军也分三路倾巢出动，北奔卧虎山，东奔焦得布山和龙门山而来，造成该地防务空虚。冯治纲参谋长得知敌人中计，为了掩人耳目，立即率领部队从屯里出发东行，伪造抗联部队进龙门山的假象，就连当地老乡也误以为抗联真的往东去了。但队伍东行不远又改道返回，西行至讷谟尔河上游北岸的一处打鱼房。在渔民出身的抗日救国会员陈柏山、吕友的帮助下，乘船沿讷谟尔河顺流而下他们处死中村和福田，将尸体抛进河里，进驻讷谟尔河南岸的陈祥地窝堡，22日晚6时进入北兴镇东九公里处的金家窝堡。这时，派出去的侦察员回来报告说，驻北兴的"讨伐"队进山"讨伐"去了，村内只有伪警察和自卫团，他们住在一个大院里，防守十分松懈。抗联队伍在此吃过晚饭，隐蔽在附近的高粱地里。当晚9时，冯治纲下达命令，部队要在1小时内赶到北兴镇。9时多，经过不到一个小时的急行军，抵达北兴镇附近。发现镇东北隅有1个汽车式的大灯光，伴有机器的轰鸣声。王钧派副官王万俊带领宋喜滨前去侦察，原来是1台拖拉机在打小麦。借助拖拉机的响声，部队背着月光，从北兴村东北角悄悄摸了进去，很远就望见了伪警察署瞭望架子上发出的灯光。大家神出鬼没地摸到瞭望架子背巷停下，宋喜滨机警地闪身摸到架子底下，扳紧旋梯往上爬，当接近架顶时，敌哨兵发现了他，急忙喝问是谁？宋喜滨灵机一动："瞎咋呼啥，要是抗联来了，不缴你的械才怪呢！"敌哨兵一听，好像是查岗的，就忙往远处观望。宋喜滨借机急速爬上梯顶，用手枪缴了敌哨兵的械。这时，已经赶到架下的王万俊，威逼敌哨兵打开伪警察署大门，一马当先地冲向值班室，不幸中弹倒地，为中华民族的解放流尽了最后一滴血。霎时，后面的指战员吼声震天，枪弹四射，一个冲锋，占领了伪警察署和伪自卫团团部，将伪警察署长、30多名伪警察和50多名伪军全部俘获。为了火葬王万俊，怒火心中烧的指战员们纵火焚毁了伪警察署。之后，打开仓库，换上伪军服，砸开监狱，释放全部难友。此战，缴获步枪80多支及若干弹药、布匹、衣物（包括一批粮食和伪军军服）。这些枪支，除了补充部队外，都藏在极北屯砖窑史振举家。

当地群众闻之奔走相告，纷纷箪食壶浆犒劳抗联部队，商会也自动捐款3 000元伪币。临近拂晓前，抗联部队直奔街北讷谟尔河渡口，乘抗日救国会员德都勒·巴嘎布（简称巴嘎布）老人的渡船，押解伪警察署陈署长，满载战利品，向讷谟尔河下游进发。待日军守备队赶来增援北兴时，抗联部队早已踪迹皆无。

二、在杜甲长屯开展阻击战

1939年9月初，王钧率领部队来到杜甲长屯。在杜甲长屯，杜甲长本人就是当地抗日救国会会长，因此我军在这里的活动也是相当顺利。敌人得到我军进驻杜甲长屯的消息后，很快调兵从南面的月亮屯方向扑来。在屯南面50米处的庄稼场院，王钧指挥部队利用四周小土楞子做掩体，居高临下，阻击伪军。当伪军距离我军阵地50米左右的时候，王钧按以往的战斗习惯，下令："打！"一排子弹呼啸而出，正端着枪往前冲的伪军，霎时间倒下30余人，吓破了胆的残敌落荒而逃。

此战是抗联部队在克山境内取得重大战果的阻击战，打得痛快淋漓，缴获三八式步枪32支、子弹2 500发。

战后，部队开进张老道窝堡（今曙光乡全富村，原双权村一、二、三组）休整，利用青纱帐活动，发动群众参与抗日救国斗争，受到当地抗日救国会和广大群众的热烈欢迎。

三、突袭刘大柜伪警察署

冯治纲从省委开会回来，王钧向他汇报了部队在克山休整的情况。冯治纲表扬了王钧的活动，与王钧、姜福荣谋划，共同指挥所部于1939年9月18日攻克讷河县城。战后第3天，部队分头行动，姜福荣率领三军五师八团奔赴龙镇东山里，冯治纲、王钧率领的六军二师十二团、军部教导队和抗日先锋队向北安以东进发。后来，冯治纲率领军部教导队转赴南北河上游，王钧则带领其他部队深入平原。

当月，王钧率部转战到刘大柜（今曙光乡良种场村）附近的一个屯子。在这里意外地得知，刘大柜伪警察署的多数伪警察随日军去"围剿"抗联去了，只有少数人留守看家。于是，王钧决定打他个冷不防，乘虚而入端掉敌人这个据点。

待夜深人静时，王钧率领战士们前去偷袭伪警察署。行进途中，捉到伪警察署的一个探子，逼其带路，十分顺利地打开了伪警察署大门。大门打开后，抗联指战员们迅速包围了伪警察宿舍，望着从天而降的抗联将士，伪警察署长及众伪警顿时目瞪口呆,不知所措。伪警察署长为求活命,当即投降求饶,呆若木鸡的20多名伪警察只得乖乖地做了俘虏。王钧当即将伪警察们集中在一起进行训话,讲清了国内、国际形势,申明了中国人应一致抗日的道理,列举了日本侵略者残害中国人民、掠夺中国财富的罪恶事实,教育他们不要助纣为虐,应迷途知返。然后,携带缴获的枪弹连夜返回朝阳山。

四、解救苦难劳工强攻西城镇

1939年10月,王钧所率的六军二师十二团和抗日先锋队连续取得唐火犁屯、火烧于屯等战斗的胜利。火烧于战斗后,王钧所部又与伪军孙强、王洪的骑兵部队在讷河三马架展开激战,大获全胜,缴获马匹甚多,完全变成了骑兵部队,转进速度大大加快。

为了摆脱敌人,战后第二天,王钧率领六军二师十二团百余人快速下山,南下奔向讷谟尔河。

渡过讷谟尔河后,王钧所部按照部署,顺路先后缴了讷南、官帽店、九井等地警察分驻所和伪自卫团的枪械,进入克山县徐成仁屯。当地男女老幼就像见到久别的亲人一样,围住部队嘘寒问暖,然后纷纷控诉日军抓劳工的滔天罪行,强烈要求抗联部队去解救他们。从群众的反映中了解到,克山全县被抓劳工二三万人,被强迫给日本开拓团挖稻田排水沟,有1万多人为西城镇挖护城壕。劳工们吃的是发霉的玉米面,住的是空房子和露天地里,挨饿受冻,挨打受骂,苦役繁重。干活时,一直腰就给一顿棒子,饥寒交迫加上劳累过度,使许多人病死在工地上。日伪统治者的残暴罪行,激起了广大群众的满腔怒火,甚至有的群众激愤地对王钧说:"王主任,你过去不是和我们讲过吗,你们是人民的军队,是人民的子弟兵,子弟兵就应该救救他们!"见此情景,为了解救民众苦难,王钧满口答应。随后率部向西城进发,路过车家窝堡（今发展乡德发村）时，在该村吃了一顿晚饭，村民田喜平组织大家捐款捐物（衣服），总计捐得伪币2 540元。

10月30日，王钧率十二团和军部教导队连夜开到距西城镇9公里的史家粉坊屯。正好赶上公开身份为伪甲长的抗日救国会长史振举从西城回来，一见面就气呼呼地对王钧说："我这才挨打偷着跑回来，你们快去打吧，我给带路。"吃过晚饭，趁着夜色，史振举从自家马圈里牵出1匹马，骑着马带路，部队仅用半个小时的时间，就疾驰行军赶到了西城镇。

西城镇伪警察署得知我军渡过讷谟尔河向南开来，惶惶不可终日，急调100多人的伪自卫团加强戒备。接近北门时，伪自卫团首先开枪。十二团机枪手猛烈还击，伪自卫团丁们抵挡不住，纷纷溃入伪警察署院内。抗联部队迅速冲入城内，骑马包围了伪警察署。躲在炮楼里的伪兴农合作社理事日本人西野勉，慌忙召集伪警察负隅顽抗，抗联部队集中火力猛攻炮楼，同时向敌人喊话："中国人不打中国人，你们缴枪投降，我们不杀害你们。"在强大的军事压力和耐心的政治攻势下，伪警察和伪自卫团丁纷纷把枪扔到伪警察署房后，全部举手投降。王钧安慰他们不要害怕，其中有人认出了王钧。团丁们告诉王钧，这里有2个日本人，但不见了，无论如何也找不到。部队开始放火焚烧伪警察署，这一烧不要紧，2个日本人从藏匿的黑天棚里狼狈不堪地跑了出来，被我军战士当场击毙。

西城之战，是抗联部队在克山境内仅有的一次迅猛攻坚战，壮大了抗日联军的声威。此战击毙日伪人员数人（其中有日本人西野勉），俘虏甚众，缴获步枪50余支、手枪60余支、现款10 000多元及其他一些军用物资，烧毁敌人汽车3辆，捣毁伪管烟所仓库，放走劳工万余人，破坏了日本开拓团的挖壕计划。抗联部队在这里向群众宣传抗日救国的主张，商界拿出许多毡袜、棉帽等物品慰劳抗联部队。

翌日早8点多钟，西城镇人山人海，热闹非凡，居民和劳工们都涌上街头欢迎抗联部队。王钧骑在1匹红马上，在人群中威风凛凛地给大家讲话："乡亲们，你们好，现在抗日联军把你们解放了，日本帝国主义压榨中国人民的血汗，抓劳工给他们挖稻田水壕，住冷棚子，有病的不给治疗，日本人的狗腿子警察强迫人民不让直腰地劳动，严重有病的也不让休息，棍棒不离身，逼死、累死很多人。乡亲们！只有大家团结起来，组织起来，打倒日本帝国主义，打倒汉奸卖国贼，推翻满洲国！"话音未落，人们振臂高呼：打倒日本帝国主义！推翻满洲国！

五、抗日名将王钧率部转战克山

打完北兴镇后，冯治纲接到张寿篯的来信，奉命去北满省委开会。送走冯治纲后，王钧率六军二师十二团、军部教导队和讷河人民抗日先锋队（简称抗日先锋队）活动于克山、德都、嫩江、讷河4县，主要是进一步发动群众，掀起抗日救国高潮，发展和巩固游击根据地。

王钧首先把活动目标放在克山县北部、西北部、东北部和德都县交界处，在中共地方党组织的配合下，率部渡过讷谟尔河，先后驻宿克山县徐成仁屯（今向华乡联放村）、黑地房子屯（今向华乡勤政村）、孙家屯（今发展乡革命村二、三组）、长发屯（今西建乡同生村）、史家粉坊、孙家村（今发展乡革命村）的小油坊屯（今属克山农场）、大蔺汀屯（位于孙家村小油坊屯东部）。所到之处，进行广泛的抗日救国宣传，教唱抗日歌曲，加强部队组织纪律教育，扩大抗联队伍，深受百姓爱戴，军民关系亲密无间。

尤其是小油坊屯的青年男女，充满爱国热情，学唱抗联歌曲，为抗联部队站岗放哨，当时就有4位青年参军抗日。年仅23岁的抗日救国会长李春生，不但积极为抗联部队安排住宿，还恳切要求参加抗联，王钧对他说："你不能上队，上队只起到一个战士的作用，你在地方当救国会长，带领这一批青年男女抗日作用该有多大力量。帮助部队筹粮、筹款、做衣服多好啊。"这一带的地主也多数是爱国的开明士绅，热心的李春生有时就把部队带到条件较好的刘家大院、丁子刚这样的地主家住宿。随后，抗联部队向东进驻大蔺汀屯。首先，王钧找来屯中头面人物谈话，然后召开群众大会，向大家讲明抗日救国、不当亡国奴的道理。由于我军纪律严明，秋毫无犯，故而群众满腔热忱地拥戴抗联部队。

经过此番休整，抗日救国运动在克山大地日益深入人心，部队的战斗力也得到极大提高。鉴于广大指战员纷纷要求主动出击与敌作战，王钧率部由此向东北方向挺进，顺手牵羊地缴了荣家窝棚（又作"荣家窝铺""荣家窝堡"，今北联镇联发村二、三组）伪警察分所的枪械，之后抵达尖山脚下小岗梁上的杜甲长屯。

为粉碎敌人围攻图谋，王钧率部在讷河五区接回耿殿君团长，再次深入克山境内开展游击战。当年冬季，部队利用骑兵的特点，在冰天雪地里昼伏夜行、纵横驰骋于学田地（今克山农场）、高英屯及今北联镇、西建乡、涌泉乡（今已并入向华乡）、刘大柜、黑地房子、大蔺汀等地，如入无人之境。这是抗联部队在克山境内持续时间最长、行进范围最广的一次军事征战，对于推动当地抗日斗争具有不可低估意义的战略挑战。

在此次军事活动的影响下，居敬堂屯（位于今西联乡境内）的一名王姓长工，在该屯和王玉屯一带暗中串联30多名农民准备起义，然后再去投奔抗联。但由于民族败类告密，这次行动以失败告终，王长工被杀害。

面对日伪统治者日益残酷的"大讨伐"，1939年11月19日，东北抗联第三路军总指挥张寿篯，根据敌我斗争的新形势，又一次召开龙北部队高级干部会议，对各支队活动区域重新划分，决定龙北指挥部由冯治纲任指挥，领导活动在海伦、讷河、德都、嫩江、龙门、克山一带的二、三支队。12月末，龙北指挥部正式成立，冯治纲正式任职。

11月下旬，六军二师十二团从克山插到格拉球山西，在帽儿山与三军五师八团（三军五师稽查处长赵敬夫随队行动）会师。12月上旬，由讷河五区西部越过冰封的讷谟尔河，抵达克山西部。在行军中，遇到伪克山县公署张秘书长拉地租的七套大马车，被抗联部队一下给卸掉，当夜驻扎在克山县西南部的悦来屯。次日晚间，五师八团充当前卫，但未能走出50华里，陈连长也掉队了。20日天明，六军二师十二团和三军五师八团在拜泉县蔡家屯和张信屯（今克东县乾丰乡上升村）宿营，遭到日伪联合"讨伐"队百余人的偷袭，六军二师十二团团长耿殿君与三军五师八团团长姜福荣、陈连长等13人壮烈牺牲。至下午2时，在王钧带队掩护下，突出重围。抗联第三军第三师政治部主任张敬夫致姜福荣的信件被日军掳获，内有"诸位于活动中如到达嫩、讷、德及克山县境时，应维护朝阳山一带之临时据点"。此后，六军二师十二团到通北东山，迎接冯治纲参谋长进军呼伦贝尔，三军五师八团则在赵敬夫率领下回到后方休整。

六、运用多种战术再打北兴镇

1940年1月，冯治纲率领二、三支队组成的120余人的骑兵队伍，向嫩江以西的阿荣旗、布西一带远征，开辟新的抗日游击区。中途在阿荣旗与敌遭遇，冯治纲不幸于任家窝棚（又作"任家窝堡")屯壮烈牺牲。28日，中共北满省委召开第十次常委会，进一步明确了平原游击运动的策略。3月初，王钧、王明贵各率骑兵大队一部分官兵回师朝阳山。在朝阳山西边河，王钧所部与王明贵的六军一师一团相遇，合兵一处。

1940年是东北抗日斗争极为困难的一年。为了克服险恶环境带来的重重困难，会师后的王明贵、王钧等人认为有必要在军事重镇北兴打击敌人，以此扭转被动局面。对于采取何种战术，抗联三路军第三支队支队长王明贵、政委赵敬夫认为，如果直接攻打北兴日伪"讨伐"队，将会引来讷河、克山、德都三县敌人的合击，使我军陷于四面受敌的不利态势。于是，王明贵、王钧先到讷谟尔河附近的哈利屯（今讷河市孔国乡兆麟村）找到巴嘎布，向他了解北兴守敌的兵力部署、防御设施等情况。王钧和巴嘎布一商量，决定借此诱敌上钩，采用多种战术打击敌人。根据三路军总指挥部的指示，经请示张寿篯总指挥批准，决定采取虚张声势、调虎离山、杀回马枪的诱敌上钩战术，将敌人的"讨伐"队引进山区伏歼，然后再乘虚而入直捣其老巢。

1940年4月5日，王明贵率抗联三支队150多人化装成日军骑兵部队，离开朝阳山抗日根据地，抵达距德都县城5公里的13号屯。进屯后，首先找来屯长购买两口猪，饱餐战饭。然后召开群众大会，宣传抗日联军的政治主张。待到拂晓时，王明贵向屯长交代："我们走后，你去德都报告，就说有百八十人的抗联队伍，在屯里大闹了一宿，天亮前往五大连池方向去了。"并叮嘱说："人只能少说，不能多报。"随后，三支队悄悄撤离，经过龙门山，跨过科洛河，来到朝阳山，顺沟走出几公里，迎面一道土岗横在两山之间，两山之上是稀疏的低矮柞树，于是就选择这山前土岗作为伏击阵地。第一大队大队长白福厚率部埋伏在土岗西侧，第二大队大队长徐宝和率部队埋伏在正面。

可是，左顾右盼，就是不见敌人的踪影。直到翌日拂晓，哨兵报告，有200多名敌人骑兵分两路进山了。王明贵用望远镜一看，果然是北兴"讨伐"队。敌人为什么姗姗来迟呢？原来是三支队走后，那个屯长怕日军追上抗联部队，拖了几个小时才去德都报告。北安日伪司令部接到报告后，命令北兴"讨伐"队尾随追击。巴嘎布按计划半夜里点火，敌人在北兴村看见大火，急忙倾巢出动扑到河边，结果一无所获。之后，北兴"讨伐"队经过半天准备，一进龙门山沿途探查，日落西山之际才发现抗联转向朝阳山的足迹，200余人兵分两路进入朝阳山进攻抗联。一路进入山沟搜索前进，大队人马则小心翼翼地从西边上山并沿山梁前进。当其进入抗联的伏击圈时，王明贵一声令下，七八挺机枪、100多支步枪一齐开火，接着又投了手榴弹，打得毫无防备的敌人人仰马翻，当场死伤40余人。这时，后面的敌人慌忙后退，爬上西山梁的敌人见此情形慌忙开枪策应，企图迂回进攻，均被我军击退。在激战中，三支队干部王海楼和一名战士壮烈牺牲。

为防止敌人从西山梁迂回包围及继续诱敌深入，抗联三支队撤出阵地，且战且走，北退4公里，翻过一座小山梁，重新选好设伏阵地。敌人进攻受挫后，恼羞成怒，重新组织兵力，再次向北反扑过来，三支队的指战员们利用有利地形，居高临下，机枪、步枪一阵猛打，迅速击溃了北兴讨伐队，使其伤亡近半，只能忙于抢救伤兵，再也无力进攻了。三支队乘势甩掉敌军，直奔西北，从近路迂回奔袭北兴村。途中，与王钧率领的部队会合，人数达到200余人。天黑时分，到达了讷谟尔河岸边的哈利屯，找到了巴嘎布，向他了解敌人在北兴的布防情况。夜静时分，在巴嘎布的引导下，从村东北角跳进又宽又深的环城壕，摸进村里，切断电话线。由王明贵率一部分指战员攻打伪警察署，由王钧率另一部分指战员抄袭"讨伐"队老窝。攻打"讨伐"队的部队恰巧遇到一个黑影，正一瘸一拐地接近，指战员们立即警觉地隐蔽起来，待其走到跟前，一个战士一把将他抓住，经过审问，得知此人是"讨伐"队中一个绰号叫"史瘸子"的小队长，"讨伐"队内只有少数人留守。"起来！"一个抗联战士用驳壳枪顶住史瘸子的脑袋，令他带路到"讨伐"队驻地。留守的"讨伐"队员们见史广清（史瘸子）被几个"皇军"带进院里，还没弄清怎么回事，就稀里糊涂地被缴了械。攻打伪警察署的部队，首先摸掉哨兵，打开大门，占领炮台（当时的北兴村四角皆有炮台）。接着，指战员们向屋内敌人喊话："我们是东北抗日联军，你们被包围了，中国人不打中国人，赶快投降！""缴枪不杀，不缴枪，我们就扔手榴弹了！"无路可逃的敌人见状忙喊："别扔，别扔，我们缴枪。"随后，纷纷缴械投降。

这场战斗运用多种战术，进展顺利。王钧和指导员姚世同到伪自卫团总祁国兴家里将其逮捕并处决，活捉了"讨伐"队小队长史广清和伪警察署长李树典等40余名"讨伐"队员和伪警察，缴获20多支新步枪和20多匹快马及大量弹药，打开牢房释放十几名无辜群众和爱国人士，进一步巩固了抗日游击根据地，是抗联三路军的一个经典战例。

待东方欲晓时，三支队召开群众大会，政委赵敬夫发表演说，列举日军暴行，宣传抗日救国思想。北兴商务会慰问部队一些布匹和鞋。同时，将被俘的伪警察全部教育释放，然后携带战利品撤离北兴，准备将多余的布匹、衣物上交三路军总指挥部。转移途中，在德都县境内的一个村子，面对空中3架日机的轰炸及地面十几辆汽车日军的追击，一阵激战之后，将部队化整为零，沿着崎岖的小路，采取机动灵活的游击战术，经过两天的周旋，越过北黑铁路，到达北安东边南北河畔的三路军总指挥部，终于摆脱了日军的围追堵截。

七、抗联三支队在克山的战斗

（一）袭击通宽村

1940年4月中旬，根据东北抗日联军部队统一支队番号的规定，三路军总指挥部在小兴安岭西南麓的南北河召开会议，废除原来各军、师、团和临时编成的支队番号，将抗联第三路军所辖部队重新编成三、六、九、十二4个支队。三支队支队长王明贵、政委赵敬夫、参谋长王钧，以德都朝阳山为后方基地，活动在德都、讷河、嫩江、克山、拜泉、布西、阿荣旗等地；九支队支队长陈绍滨、政委周云峰、参谋长郭铁坚，以通北县南北河为后方基地，活动在北安、通北、克山、拜泉等地。

4月12日，召开三支队成立大会。李兆麟站在队列前面，宣读了大队长以上干部名单：支队长王明贵、政治委员赵敬夫、参谋长王钧。七大队长白福厚、政治指导员迟万钧、八大队长徐宝和、政治指导员姚世同、教导队长安永化（朝鲜族）。宣读完毕，他接着作了动员讲话："全军在新的统一编制、统一指挥下，各个支队要有个新的发展。每个支队在枪支上要发展一倍，人员上要发展一倍。三支队以朝阳山为后方基地，活动于德都、讷河、嫩江、克山、拜泉、依安，包括呼盟地区。"

会后，三支队支队长王明贵、政委赵敬夫、参谋长王钧经过缜密研究，决定三支队以朝阳山为主要依托，在8月份青纱帐起时深入松嫩平原，与讷河中心县委相配合，伺机攻占克山县城。

1940年4月至7月，三支队进入北黑路一带、嫩江县和讷河县境内作战，连续取得北黑路二站附近、嫩江县沐河村、讷河县湖山镇附近、嫩江县四站（塔溪）、嫩江县大椅山满拓建筑工地、嫩江县科洛村等战斗的胜利。

转眼已到8月上旬，高粱穗探出红头，苞米棒吐出绿须。抗联三支队在地下党组织的帮助下，连续两个夜晚在倭都台（今讷河市龙河镇永胜村）渡口乘船过河隐蔽。8月8日夜，三支队占领讷南镇伪警察署，敌人逃跑，仅获步枪2支。8月20日，袭击讷河县拉哈车站伪警察署。8月24日晚，王明贵、王钧得到地下党的情报：克山县城四周城墙一丈多高，今年一开春，敌人抓了上万名劳工围着县城挖了一条深八尺、宽八尺的护城壕，将城墙加宽、加高（两米多高）并修筑了碉堡。城西北角有个流水沟子还没修上，也没有岗哨，部队可以从那里进城。西门外2里多地有日军守备队百余人和伪军十九团两个大营，伪军团部驻守县城西门内路南侧（位于今克山县帝泰商场东侧）。城里伪县公署设有围墙、电网、炮台，大门口还用沙袋筑起一人多高的工事，里面有日本参事官，隔壁是警务科，有羁押室，大院内有100多人的伪警察学校和敌人的武器库。伪警察署100多名伪警察负责城门、监狱等要害部门的警戒，还有伪警察训练队（位于今克山县第一小学院内）。城内还有可容纳五六百人的伪北安省最大的监狱。十字街中间建有中心炮台，城里还有伪中央银行克山支行，县城东门外有一个20多名日军守护的种马场。据此，敌人在克山的总兵力达1 000多人。

随后，三支队召开了党委扩大会议，研究攻打克山县城计划。与会人员有支队长王明贵、参谋长王钧、副官高邦华、七大队大队长白福厚、七大队指导员迟万钧、八大队大队长徐宝和、八大队指导员姚世同。首先，王明贵讲解了作战意图，介绍了攻打克山县城的战术。他说："我三支队在今年夏季打了不少胜仗，敌人对我三支队怕得要死，恨得要命，现在青纱帐快倒了，敌人一定要调动大批兵力，到靠近山边的地区布防，不让我们进山。那好嘛！我们将计就计，把部队拉到北兴附近活动，装出要进山的样子，敌人必然要调动兵力出来'围剿'我们。"王钧接着说："这样我们就杀他个回马枪，打下克山县城。"随后，王明贵传达了初步计划：预定在九月下旬攻打克山县城。部队在黄昏时分，化装成伪军，打着伪军旗，沿公路向克山县城开进，天黑前在城北角入城，到达北二道街十字路口处，各大队分开，继续向各自攻击目标前进，并具体地分配了各大队的任务。同时，对部队的行动保密、隐蔽，对行军路线、粮食的携带、水的补给等问题，都一一作了具体详细的安排。党委成员听完介绍，群情激奋，一致同意了这个作战计划。

按照这一作战方案，当晚，王明贵、王钧率三支队50余名战士，于零时十分突袭克山县通宽村（今依安县上游乡建明村）伪警察署。

抗战遗址

抗联部队的枪声一响，正同几个伪警察打麻将的伪署长梁大马棒，顿时吓得魂不附体，越墙而逃，仓皇之中摔伤了腿。不堪一击的伪警察和伪自卫团员们更是惊慌失措，屁滚尿流地逃出了伪警察署。抗联战士用汽油将伪警察署点燃，饱受欺压的百姓无不拍手称快。东方欲晓，三支队在十字路口召开了有60多名群众参加的大会，散发宣传单，宣传抗日救国主张，号召群众抗日救国，鼓舞了广大民众的爱国热情，震慑了日伪统治者。

天明时分，抗联部队离开通宽村，向北进发。抗联走后，藏在庄稼地里的伪警察、伪自卫团员们，又一个个垂头丧气地溜了回来，他们望着焚烧的伪警察署，再也不敢为非歹了。

（二）夜袭荣家窝棚

通宽之战后，为了进一步吸引克山县城的日伪军，王明贵、王钧将计就计，将三支队化整为零，开展小分队活动，机动灵活地就地牵制敌人，又马上夜袭讷河县讷南伪警察署。9月5日，在讷河县马甲长屯击溃日军和伪警察。6日，攻取讷河县九井村公所，火烧九井村伪警察署。11日，王钧率领七大队突袭拉哈街，回来在车家窝棚与王明贵会师。敌人判断抗联不敢打克山，只能在讷南一带活动，于是就在讷南一带"围剿"。

为了进一步引诱敌人，1940年9月18日，王明贵、王钧率部队于22时10分突袭荣家窝棚，火烧伪警察分所。然后，召开了群众大会，教育了伪警察。会后，群众主动地给抗联战士送衣服、拿吃的。

次日清晨，当3台卡车满载着全副武装的日伪军从克山县城赶来时，抗联指战员们早已消失得无影无踪了。

此战与袭击通宽一样，规模虽小，却影响不小，达到了吸引调动克山县城守敌的目的，为抗联部队攻打克山县城创造了有利条件。这样一来，克山的日伪军频频出动"围剿"抗联部队。岂知抗联部队在青纱帐的掩护下，如鱼得水，伸缩自如，机动灵活，声东击西，打完就走。

八、抗联三、九两支队联合作战，夜袭克山县城

（一）周密的战斗部署

1940年的克山县城，经过日伪当局残酷的政治压迫和疯狂的经济掠夺，已成为伪满的"模范县城"。

火焚荣家窝棚伪警察署后，抗联三支队秘密来到了侯宝卿屯。9月20日，得到了方冰玉、高木林、姜树凯侦探的最新敌情，从北兴到克山的公路都是经过屯子一侧过去的，沿途附近高粱地比较多，隐蔽地点比较容易找到。克山县城附近都是矮棵庄稼，只是在离县城七八里的地方，靠近公路旁有一片高粱地可以

隐蔽。克山县西大营的日军已出城"讨伐"去了。日军到处强迫老百姓割地，企图尽快放倒青纱帐，以便对我抗联实行"围剿"；同时，也清楚了克山城内敌人城防工事、兵力配备等情况。王明贵据此确定了进军路线、隐蔽办法、进城地点、攻打目标等战术和作战方案。具体如下：我军拟于9月25日晚攻打克山县城，部队进城前，首先派教导队中队长修身带一个班、一挺机枪，先绕到城西日军守备队和伪军团房后于晚10时发起攻击，迷惑敌人，让他们以为抗联缴他们的械去了，其主力一定固守营地，从而为我们主力部队顺利进攻县城创造有利条件。大部队进城后，兵分两路，一路由八大队长徐宝和带领八大队缴伪军团部，一路由七大队长白福厚带领七大队缴伪县公署和警务科，城中心炮台由教导队长安永化带领教导队去占领。部署完毕，立即宣布：事不宜迟，开始行动吧！

（二）三、九两支队会合

9月21日，夜幕降临了，四周渐渐沉没在黑暗中。三支队在侯宝卿屯的场院里集合了。战士们个个斗志昂扬，王明贵、王钧检查了部队的着装，下达了出发的命令。这时，张老道窝棚救国会派人报告九支队在此附近，请派人速去联系。三支队正要派人去联系，九支队宣传科长兼军医官王耀钧不期而至，向三支队报告说："三路军总指挥部冯政委跟九支队出来了，三支队应赶紧去迎接。"接着又讲道："天还下雨，地里很泞，这有救国会，给找个屯子住吧。"于是，三支队领导准备安排九支队在张老道窝棚住下。

部队刚离开场院，哨兵发现有人行进，大声喝问："谁？""九支队！"王明贵闻听此言，命令部队返回场院，与王钧快步上前，迎面遇到了三路军政委冯仲云、九支队支队长边凤祥、政委高禹民（原名高升山）。冯仲云握着王明贵的手说："我们住前屯，你们住后屯，互相都不知道，保密做得真好哇，两个部队会合的也太巧了。"场院里，两支部队的指战员们互相拥抱，亲切握手，畅谈着转战经历。当时，九支队领导有支队长边凤祥、政委高禹民及随队的三路军政委冯仲云。他们率领的是九支队二十五大队。三、九两个支队的会合，大大地增强了攻克山城力量。之所以这样讲，是因为三支队虽然是当时三路军中一个较强的支队，但也只有120余人，敌我力量对比悬殊。会合后的三、九两个支队，队伍达到200余人，战斗力有所增强。在场院附近的一个老乡家里（三间房），冯仲云召开了两个支队的干部会议。王明贵等向冯仲云汇报了攻打克山县城的计划，冯仲云当即同意。王明贵建议九支队一起行动，九支队领导也要求参战，冯仲云笑着说："我看九支队也一同打吧！"边凤祥立即表示同意。王明贵对冯仲云说："三、九支队共同行动，由你指挥吧。"冯仲云说："不行，我对情况不熟悉，攻打克山的战斗还是由你指挥。"

（三）抗日救国会帮助抗联部队后勤供应

会后，部队携带三天干粮离开侯宝卿屯。屯子里的老幼妇孺都恋恋不舍地聚集到村边送行。有的老大娘偷偷地给战士们送去了干粮，战士们推辞着不收。指战员们都勇气倍增，健步如飞地向南行进到老道窝棚屯。队伍进屯后，首先要用一天时间准备好两天给养。以尹振甲和史凤为首的18人抗日救国会，完成改制一部分日、伪军服装和准备200余人两天给养的任务，以保证抗联部队的后勤供应。于是，3个屯子便以救国会为核心积极行动起来，许多救国会员家男女老少齐上阵，烙饼的、蒸豆包的、炒面的、煮鸡蛋的、腌咸菜的、缝制服装的分工明确。甚至有的人家整宿没有合眼，不分白天黑夜连轴转。仅用一天一夜，就为200余人准备了两天的干粮和咸菜，把抗联战士们的干粮袋都装得满满的，还缝制了50套伪军军服。

（四）巧妙安排作战计划

冯仲云、王明贵、王钧、边凤祥、高禹民重新讨论修订了攻城方案，把八大队攻打伪军团部的任务交给九支队担任，八大队分别占领中心炮台、银行、监狱和东门外种马场并牵制西大营伪军，教导队攻打伪县公署和伪警务科，中队长刘中学率领一班人控制银行，其他部队任务不变。还决定在夜间行军，并赶在天亮前到达城郊高粱地里隐蔽，在行进中不准说话、不许掉队，由冯仲云担任攻城总指挥、王明贵担任攻城军事指挥。

9月22日夜晚，三、九支队从老道窝棚出发，由高木林做向导，经北兴至克山的公路向南行进。在行军中，在距离部队前面200多米的地方派出了一组尖兵，带着用红布包着的手电筒，如发现情况即向后面部队发出信号，以便部队及早隐蔽。同时，要求指战员们不准吸烟、咳嗽、说话，避免暴露目标。部队还搞了两次演习，在达到了保密要求的情况下，才快速行军。庆幸的是，沿途没有遇到一个行人。拂晓前，到达了早已选择好的一片高粱地隐蔽，挖好工事，吃饭休息。24日傍晚，王钧率领尖刀班在前面开路，于9月25日黎明前急进到距县城4公里处的一零四号高粱地里（今古北乡跃进村东1里多路的克北路西侧），不顾疲劳，挖好工事，隐蔽待命。

这一天，东面公路上过往行人、车辆川流不息。为了不使攻城计划落空，战士们躺在高粱地里、趴在工事里，忍受着高粱地里的闷热和蚊虫的叮咬，不作声响。敌人的汽车、农民的大车来往穿梭，不时传来马达的轰鸣声和马车夫的吆喝声、鞭子声。附近一块地里农民正在收割庄稼，西头有几个小猪倌正在哼着小曲放猪。为防止暴露目标，王明贵及指挥部要求各大队务必做到：保管好武器以防止枪支走火，不准说话和离开工事，遇到生人立即将其扣留，四周哨兵如发现猪进地则慢慢地将其赶出去，在战斗打响后必须严格地执行纪律。抗日救国会员给指战员们送来吃喝、鞋子和镰刀，预防部队万一被敌人发现，就伪装成割地的农民。尽管如此，王明贵等人的心情仍很紧张，因为要在这里隐蔽一天，昼间极易暴露。

（五）战地动员

当天下午，各大队干部逐个检查了战士们的战前准备工作，并要求指战员们进城后严格执行三大纪律、八项注意，大家纷纷表示服从指挥并坚决完成任务。王明贵作了简短的战地动员："我们是抗日联军，为拯救同胞、恢复中华要不怕牺牲，日军貌似强大，但处于累卵之势，一打就垮……"指战员们听后群情激奋，一致表示听从指挥，坚决完成任务。

（六）攻城战斗开始

9月25日天黑时分，攻城指挥命令战士们把毛巾撕成二寸宽的条子，作为黑夜识别的标记，扎在左胳膊上。秋夜冷寒，但指战员们的心中却热血沸腾，组成二路纵队，跑步行军，不到1小时就来到县城西北角。深夜22时左右，修身率领那个班先行出发，到城西日本军营和县城之间割断电话线，在城里枪响以后，在那面开枪扰乱敌人，必要的时候给敌人以伏击，然后，凌晨2时在县城东面5里地的某个屯子集合。另有一部分战士到城东敌人开拓团的种马场潜伏。听到城里枪响，立即向种马场进攻，消灭守敌，夺取马匹，然后到集合点联络支队部，带着部队的主力进入城里。经请示冯仲云同意，22时30分，王明贵发出攻城命令，三、九支队立即向城边运动。夜深人静，西门外的枪声划破夜空，主力部队迅速由西北城墙的豁口处进城。天公助我。当夜月色惨淡，恰巧又赶上停电，对我军的行动非常有利。偏偏这时，突然来电了，可路灯残缺昏暗，四周仍是漆黑一片。况且，还有20多人按预定方案身穿伪军服装，打着伪军旗帜，组成二路纵队，迈着整齐的步伐，走在队伍的前列，因而未能引起行人注意。行至北二道街十字路口，按计划兵分两路直奔攻击目标，一路由冯仲云、王明贵、王钧率领三支队攻打十字街中心炮台、伪县公署及伪警察训练队（今第一小学院内）；另一路由边凤祥、高禹民率领九支队攻打伪军十九团团部和迫击炮连，并阻击西门外日军守备队的反扑。

经向行人打听，伪军团部是个很大的四合院。门口原有两个哨兵，其中一个逛窑子去了，只剩下一个哨兵执勤。地下党已经搞清了当晚口令是"防御"。两名"斥候"（侦察兵）乘着夜幕摸到伪军团部大门前，抓住了哨兵手中的枪，用手枪顶住了他的腰。"不许动！我们是抗日联军，缴枪不杀！"伪军哨兵吓得一个劲儿地央求留命，乖乖地交了枪。身高一米八的机枪手老苑，抢起歪把子对着营门窗户猛扫，里面的伪军忙喊，别打了，俺们投降！边凤祥、高禹民率部闪电般地冲进各营房，首先控制住枪架子，一枪未放就将伪军团部及所辖迫击炮连的伪军全部缴械，缴获了4门大炮和许多枪弹。正带领几十人推牌九的伪军排长刘永政和那些东倒西歪的闲聊的伪军们，做梦也没有想到抗联部队神兵天降，在一片"不许动，我们是抗日联军，缴枪不杀，中国人不打中国人"的声中，乖乖地做了俘虏。两个伪军军官从街上回来，自投罗网地成了阶下囚。在伪军的帮助下，部队很快找到了团部的武器库房，那里的枪弹和棉军装很多，其中就有三八大盖、匣子枪、撸子、机枪、迫击炮，许多无法带走。边凤祥立即命令指导员把伪军俘虏集中到一个大屋子里，进行抗日救国教育。然后命令大队长冯奎指挥战士们从武器库里搬运武器，无法运走的就地销毁。对于迫击炮，战士们用马驼子装，怎么也装不上，倒是伪军官兵帮着给装上了，并连声说："你们好，你们是中国的军队，都像你们这样，中国有希望了。"同时，机枪班利用伪军团部大门前的沙袋工事，架好两挺机枪，做好了阻击日军守备队的战斗准备。

此时，十字街中心炮台的敌人毫无察觉。待九支队发出胜利的信号后，王钧、徐宝和率领八大队直冲炮台。三支队八中队长任德福率领战士们迅速冲进正开着的炮台门内，一阵怒吼，不许动，我们是抗日联军，缴枪不杀！一枪未放就缴了十几个伪军的械。炮台顶上伪军哨兵在慌乱中开了两枪，不想这枪声竟成了我军各部发起进攻的信号。战士们立即上前俘虏了他，随即架起机枪，以备敌人反扑。

与此同时，冯仲云、王明贵、七大队大队长白福厚率领三支队七大队接近伪县公署时，突然发现行人中有一个身着绿色协和服、腋下挟个黑色皮包的男人，王明贵拦住那人问道："你是干什么的？""我是县公署的职员。""县公署的大门关上了吗？""关上了。"王明贵压低声音，严肃说道："我们是抗日联军！你要说实话。"那人吓得连声说："下班后我是最后一个出来的，大门确实是关上了。""那好，你带我们去后门吧！"那人赶紧在前面带路。王明贵边走边问那人："你们白天知道不知道我们要打克山？"那人回答："不知道，只听说你们在北兴镇一带活动，没听说到这里。"伪县公署后门紧闭，砖墙高7尺多，墙头架设刺线电网（当时并未输电）并插满玻璃碴子。战士们在墙根搭成人梯攀上高墙，用事先准备好的绝缘钳子剪断电网。我军刚在墙头架起机枪等待进攻信号，偏巧从中心炮台传来两声枪响，王明贵当即下令："冲锋！"战士们用人梯法迅速越过了大墙，猛冲到后院。伪县公署后院是伪警察学校，先进去的战士刚冲到伪警察学校宿舍门前，不料被哨兵发现，顿时子弹呼啸着从屋内射出，我军指战员当即用手榴弹回击。三支队司务长娄凤喜冲在前面，不幸中弹牺牲。战士梁成玉、王福臣等高喊着为娄司务长报仇的口号，向前院猛冲。起初敌人还想凭借房屋顽抗，一见我军火力凶猛，就一窝蜂似地向前院狼狈逃窜，一部分仓皇逃出伪县公署大门。日本参事官见势不妙，立即给日军守备队长打求援电话。正在激战中，白福厚发现一个挎战刀的日本警官，便侧身躲到墙后将其一枪毙命，从其身上缴获手枪、战刀各一把，事后方知此人就是克山县的日本警正依田准。经过20多分钟的战斗，俘虏伪警察署长及伪警佐，彻底攻占了伪县公署，在此设立临时指挥部。

（七）解救抗日同胞

王钧在率部攻下中心炮台后，又砸开伪中央银行，在那里击毙了一个要反抗的伪职员，因金库钥匙被伪行长带走，战士们用斧子无论如何也没有砸开异常坚固的金库，只好打开桌子、抽屉收缴一些伪币。随后，王钧带领任德福、郭成章等5人冲到西门外监狱（靠近日军守备队）。由于去时在城里找到了两个铁匠炉的工人，将携带的斧子、锤子、凿子和缴获的日军战刀扔进牢房，顿时牢房里砸脚镣子的叮叮当当声响成了一片。王钧走进牢房里，在押的抗联六军二师十二团副官段新阳，由于被敌人折磨得体无完肤，几乎无法辨认。王钧随后发表讲话，"我们来救你们来了，你们赶快到城里找到武器库，拿起枪随队走。"难友们齐声高呼："跟抗联走！打倒日本侵略者，不当亡国奴。"另有些来不及砸开刑具的人拼命地往大街上跑，向老百姓借工具砸开手铐、脚镣。段新阳腿伤严重不能行走，王钧叫来两位难友抬着他出发。任德福在解放监狱后，迅速返回十字街中心炮台。

这时，王明贵也带人来到伪县公署西侧的监狱。监狱厚厚的宽大铁门、高高的两层电网，正常情况下很难进入。王明贵一抬头，发现门前站立一人，正东张西望呢，厉声喝道："别动！举起手来。"那人举手说："不动，不动！"王明贵从其身上搜出一支手枪和一串钥匙，问道："你是干什么的？" "我是看守。" "监狱门能打开吗？" "能。" 于是，命令其打开监狱大门。而在这时，难友们正戴着铁镣手铐和几个凶狞的日本看守进行殊死搏斗，指战员们鱼贯而入击毙了日本看守。原来当院内枪响，日本看守已经知道我们攻入了伪县公署，就用驳壳枪逐个杀害要犯，难友们也被迫戴着手铐脚镣奋起反抗，有十几个人因此遇难。在200多名被解救同胞的欢呼声中，王明贵高声宣布："我们是抗日联军，打开了克山县城，你们得救了！" 顿时一阵欢腾。接着，他又宣布："愿意参军打日本的跟我们走，不愿参军的可以回家，别让日本人再抓住你们！" 他们当中有100多人当场报名参加了抗联，其中几个鄂伦春族神枪手在随后的战斗中发挥了重要作用。

冯仲云和高禹民到伪警务科办公室搜得了"要视察人"条例等一大批文件后，就到伪县公署门口。王明贵从监狱返回伪县公署前院大门，看见冯仲云、赵喜林等人正在焚烧敌伪档案，地上扔了一大堆纸，火光映红了大院。为了防备敌人的援兵，他又在大院门口加强了阻击力量。

（八）痛击日伪军增援小股部队

徐宝和大队长带领数人乔装伪警察，顺利地袭破了伪警察署和拘留所，缴了部分枪支和弹药。四门派出所、中央大街派出所被化装成伪警官的抗联指战员占领，收缴了伪自卫团的枪械，并换了岗。同时，切断了全城的电话线路。

西大营的伪军几次妄想出来增援，都被史柱国班用机枪打了回去。这时，西大营的日军守备队才猛然发现，与他们作战的是小股部队，立即派出70余人，全副武装，头戴钢盔，汽车驾驶楼上架着机枪，乘两辆汽车冲破阻击部队，出西大营赶来增援。此时，九支队的指战员们刚刚走到伪军团部门口，发现了迎面而来的日军，立即进入门口沙包工事内。尽管车灯把路面照得通亮，九支队机枪班长于德发对全班战士们说：不要慌，天黑敌人看不清我们，等他们到跟前再打。当他们缓慢行驶到离伪军团部20多米处时，九支队排长宋殿选和陈明等用两挺机枪，把新缴获的三八式子弹压到机枪里猛烈扫射，把电灯打灭了，敌机枪手当即毙命，其余日军被打得横七竖八地倒在汽车上。敌人汽车司机不知车上伤亡情况，依然向前开去。后面的汽车到了伪军团部门前，同样遭到痛击，日军跳下车向我阻击阵地扑来，宋殿选、陈明、郝风武、葛万才等神枪手弹不虚发。伤亡惨重的日军无可奈何地爬上汽车，从另一条路绕到十字街口西侧不远处，守候在中心炮台的任德福中队机枪班，借助敌人处于路灯照明处的有利条件，把日军汽车打坏，等日军冲到10多米远的距离，机枪、步枪、手榴弹疾雨般地射向敌群，接连击退敌人两次冲锋。我军趁机实施反击，残敌在日军守备队长的率领下，狼狈不堪地从北二道街逃回西大营。

正当激战正酣之际，八大队指导员姚世同带一个小队去东门外国立种马场，把那里的马匹全部缴来武装部队，部队由此变成了骑兵。

此时，王明贵正在伪县公署大门口，任德福前来报告：日军守备队出来了，九支队先打了他们一阵，在十字街炮台我们又揍了他们一顿，敌人死伤惨重，剩下的四处溃逃，现在九支队已经撤离了。拂晓前，王明贵和冯仲云、高禹民商量后，立即命令通信员李国君、宋喜林，通知各部队撤退。同时对任德福说："这有两挺机枪，你带几名战士利用大门口的工事，掩护部队撤离。"正在这时，处处挨打的日军不甘心失败，又出动四辆汽车反扑，但他们也命运多舛，前两辆被宋殿选的机枪班打坏，后两辆被迫绕道开到伪县公署大门口，妄想封锁大门，不让院内的抗联部队撤出。伪县公署门前有好多大铁线网的架子，挡住了大门，是敌人用这些来防守门口的。任德福带领三四名战士，架着一挺轻机枪顽强地把守住大门。日军插着刺刀弯着腰，向伪县公署门口疯狂进攻，被冯仲云指挥战士用机枪一次又一次地击退了。机枪子弹快打光了，冯仲云赶忙到仓库动员部队打击敌人。

白福厚大队长已把仓库门打开了，只见里面有枪、子弹、手榴弹袋和冬夏的军装，王明贵立即指挥部队装运物资，顿时呈现一片忙乱的景象，有些战士边拿东西边嚼苹果，吵嚷着"好吃!"有的同志把两个裤腿扎起来装子弹，有的同志还用衣裳袖子装子弹。冯仲云急忙向王明景说明了伪县公署门口的危急情况，马上动员大批要求参军的难友到伪县公署门口作战。这时，刚刚撤到大门里的任德福、朱学诚利用建筑物作掩护，抱起机枪猛射，把进来的日军消灭在大门口处，敌人急忙掉转车头，拉着被打死的日军逃了回去。

此刻，克山城里，叮当的脚镣声、乒乓的枪炮声、人的喊杀声、马的嘶鸣声，冲破了云霄。饱受日军欺凌的人们，惊喜地发现抗联打进来了，于是奔走相告，兴奋异常。北街的几家铁匠炉（其中有北二道街的栗家炉）的师傅们急忙给"犯人"跺脚镣子，饭馆赶紧给抗联部队烙锅饼，老百姓和商号给抗联部队送来了大批衣服和胶鞋。县立启明国民优级学校（位于今第一小学）日系校长冈崎英二躲在暗处，持枪向抗联战士射击，子弹打光了，正要返身进屋去取子弹，被抗联战士发现并当场击毙。

指战员们依次往后院退却，爬上围墙的战士却被电网打了下来。原来部队进来的时候，电网还没有通电，现在已经输上了电。正在万分紧急的状况下，随队的难友们把枪横插在墙上当作梯子，再依靠院内沿墙的一排柳树，扶着柳树上去，一级一级直到围墙顶上，用枪打断了电网的铁线，不顾墙顶上破碎的玻璃碴子冲了出来，甚至有些轻伤的战士很容易跳出来了，但也有10余名"难友"被电网打死。冯仲云由于近视，越墙困难，紧急时刻，大家手持战刀砍断电网，用毡子搭在上边，把他抬出墙外。转瞬间，墙内传来叽里呱啦的日军声音，抗联战士开枪把电灯打熄，扔进去一些手榴弹，顿时传来了手榴弹的爆炸声夹杂着敌人的惨叫声。

（九）取得战斗胜利

抗联三支队各部立即结束了战斗，满载战利品直扑东门，准备由此出城。然而，指战员们和难友们却遇到了敌人的阻击，仅有一部分指战员们冲了出去，余下的人穿越土城墙而出。他们每人都背了一兜子弹，从城墙外护城壕（当时没有水）足有5米深的壕顶上往下出溜，被子弹坠得都大头朝下滑溜下去，有的同志滑到沟底半天才清醒过来，先过城壕的同志又把枪放下来，把下面的同志一个个地用枪把子拉上来。大家手挽手地越过城壕，穿过白菜地，走上向东去的大道，到达集合地点。跑出来的难友很多都跟着部队走，但是也有一部分走散了。九支队二十五大队从伪军团部直奔队伍原先进来的那个缺口，然而那里已有敌人守卫，万不得已只好从东北角城墙和城壕出城。因为城壕太深，马无法通过，不得不把迫击炮扔掉。

攻克克山县城的整个战斗经两个多小时胜利结束。在激战中，焚毁了敌伪档案，击毙了日伪军警二三十人，俘房伪军警80人，焚毁汽车1辆，缴获迫击炮4门、三八式步枪150余支及子弹万余发、手枪16支及子弹250发、军马40匹、毛毯30条、马鞍4个、手表2块、现金300元。我方牺牲娄凤喜1人、轻伤3人。

奇袭智取日伪"模范县城"克山，是东北抗联在后期进行的抗日战争中重要战斗之一，是东北抗战低潮时期的辉煌战果，是东北抗联及整个东北抗战史上的经典战例，在政治上、军事上显示了东北抗日联军的强大威力，极大地鼓舞了北满人民的抗日斗志。然而，对于日伪统治者来说，把伪北安省的"模范县"砸了个稀巴烂，把伪满洲国捅了一个大窟窿，所受的打击不言而喻，不得不被抗联指战员们这种顽强善战的英雄气概所折服。

九、抗联部队撤出克山后的战斗

抗联部队撤出克山县城后，几股队伍先后会集到城东5里地的前积福堂屯（今河北乡新民村六、七组）。当地百姓们把准备过中秋节的面和肉做成泹饼和肉汤款待部队，无论如何也不肯收部队的钱款，并一致表示："你们是红军，抗日救国的中国军队，这是我们的本分，不能要钱！"村民邢玉琴、赵永海等人积极为抗联部队做早饭，提供食物，抗联指战员们也不失时机地宣传抗日救国的道理。这时，远处响起火车的汽笛声，这大概是敌人的铁甲车已经来到。部队召开党委会决定抓马，将步兵部队变成骑兵部队。冯仲云要求只抓大户（地主富农）的马，不许抓小户（中贫农）的马，并且抓马的时候还要告诉他们是借用的，夺得敌人的马后一定归还。抗联战士用枪托打了伪牌长邢某，逼其打开马厩。不出一个小时，部队主要从几个大户那里解决了马匹问题。刚释放的难友们，有的竟然直接从小户那里抓马，严重地侵犯了群众利益和破坏了群众纪律。为此，中共北满省委后来给予冯仲云党内严重警告处分。有的马有鞍子，没有鞍子的就用套包（用麻袋装上草当作座鞍），或者干脆就骑铲马（没有马鞍的马）。抗联部队在刘大柜与追击的日军展开激战，村民徐甲等人取回自己的马匹。

凌晨2时，伪北安军管区及依安、拜泉等地的日伪军尾追围攻上来，部队在百姓的欢送下，满载着战利品离开了前积福堂，穿过郑家村（今河北乡新联村一、二、三、四、五组），向尖山子、杜家围子方向撤退。但由于同行的"犯人"行走迟缓，直到三点钟还没有走出四五里地。

抗联部队在刘大柜被日伪军追上，于是，三、九支队骑兵部队在张发屯附近与日军展开激战。九支队二十五大队长冯奎在指挥阻击敌人时与3名战士中弹牺牲了。抗联部队且战且退至月亮泡，占据月亮泡百米高的岗地，与追上来的日本关东军光崎部、山本部及"讨伐"队前田部激战，打退了日军数次冲锋。随后，部队安全撤离月亮泡。

26日5时，三支队到达讷谟尔河南岸的一个屯子，清点了人数，立即派人到前屯与九支队联系，而后向冯仲云汇报了全部战斗历程。为了摆脱险境，冯仲云利用战斗间隙，在杜家围子召开了三、九两支队大队长以上的干部会议，研究下一步的行动方案。会议决定，高禹民调任三支队党委书记兼政委、王耀钧调任三支队宣传科长，三支队向西再次深入大兴安岭伪兴安东省开辟新区，九支队向通北县南北河一带转移。

在北山公路二站屯有两个大山丘，两山之间有个地窝棚，山坡上长满了松树和桦树。为了使大部队迅速突围，九支队成立了阻击小分队，决定在这里钳制敌人。敌人的迫击炮向山上疯狂地轰击，十几挺重机枪吐着火舌向山上猛扫，由于此地已无庄稼可作屏障，战士们只能隐蔽在树木和石头后面及临时掩体中顽强阻击，共打退了敌人3次进攻，圆满地完成了掩护大部队转移的任务。待到天黑之时，开始撤离战场。刚走出掩体的战士郝凤武突然中弹昏迷过去，班长王大有急步跑过来将他背出战场。

27日晨，在讷谟尔河大桥附近，三、九支队骑兵部队强渡讷谟尔河，以少部分兵力用交叉火力与守桥伪军对射，掩护大部队胜利渡河。此后，在27日和28日，在德都县的十三号屯、杜蜜栈、胡山镇、河北的托密浅屯等处，连续两天与穷追不舍的日本关东军大果部、赤木部及嫩江警察、伪军于景部发生了激烈的战斗。三、九支队在运动中对敌人进行了3次阻击战，均取得成功，胜利粉碎了敌人的追击。

29日，三支队王明贵率领百余名指战员进入朝阳山西面四六九高地与日军展开激战。10月1日、3日、4日，三支队又与日军大岛、木村两个"讨伐"队分别在朝阳山北部五〇八高地、西北五二六高地、东面四六七高地进行激战。

在摆脱日军的围追堵截之后，三、九支队按计划各奔东西，日后虽在克山境内仍有活动，但已无大的战事。

十、欢庆抗日战争决战胜利

1945年5月8日，法西斯德国无条件投降。7月26日，中、美、英三国发表《波茨坦公告》，敦促日本投降。8月8日，苏联加入条约，条约中指出："驱使日本人民走向侵略战争的权力和势力必须永远剔除，日本军队要完全解除武装。"为此，苏联红军积极备战，把西线的主力部队源源运往远东。

此时，历经14年的中日战争形势日趋明朗。在党中央指挥下的八路军、新四军、东北抗日联军以及各爱国军队便开始反击日本侵略者。

"八一五"前夕，日本军国主义者尚觉得有恃无恐，悍然宣布："对《波茨坦条约》绝对置之不理，我们将坚决把战争进行到底。"

8月8日，苏联政府对日宣战，在希特勒德国失败和投降后，日本是仍然坚持战争的唯一强国……关于日本武装部队无条件投降的要求已被日本拒绝……苏联政府宣布："从明天，即8月9日起，苏联将认为其本身已与日本进入战争状态。"

8月9日，苏军解放中国东北的战争开始，远东苏军总司令华西列夫斯基元帅领导下的远东苏军从三个方面进攻日本关东军。这天，天一放亮，苏联空军开始对中国东北各地日军设施进行轰炸。战争一开始，苏军就掌握了控制权。

8月10日，布鲁卡耶夫指挥的苏联远东第二方面军，由中国抗日联军指战员引导，从阿莫尔州东边的河口强渡黑龙江。苏军行进到孙吴县东边的四不漏子山和西岗南山时，受到日军的顽强阻击，并发生肉搏战。

这时，日军收到日本陆相阿南的命令："即使一亿国民全部战死，也要保存大义，必须进行战争，对作战具有充分的信心。"

战斗进行到12日，苏军仍无法突破四不漏子山防线，于是，便调来M-13式16管火箭炮，也就是所谓的"喀秋莎"，对日军阵地进行射击，把日军防线打成一片火海，接着，由坦克掩护全线发起冲锋，击溃了日军。

8月15日（也就是"八一五"）这天中午，克山县城民众收听到了伪满新京中央广播电台广播的日本天皇发布的投降诏书，诏书说："朕鉴于世界大势及帝国现状，愿采取非常措施收拾局势。为此，特告尔忠诚之臣民，朕已令帝国政府通知美、英、中、苏四国，愿接受其联合公告……"

"胜利了，胜利了……日本投降了！"

日本政府宣布无条件投降的消息广播后，饱尝日本帝国主义侵略和压迫的克山人民，不分童叟和男女，欢呼雀跃，热泪盈眶，相互传送着激动人心的喜讯。

8月23日，克山县城镇居民打着彩旗，敲锣打鼓，在南大街夹道欢迎苏联红军进驻克山城，庆祝克山光复。欢迎仪式由伪官吏等组成的"克山县地方维持会"（简称维持会）主持，维护秩序的伪警察帽子上贴着中国国民党（简称国民党）党徽，打着

"中国警察，欢迎苏联红军"的白布横幅。走在欢迎队伍前面的是工商业人士，后面是"治安维持会"的伪官吏，前来投降的日军守备队尾随其后。这时欢迎群众欢悦地看着由步兵、炮兵、装甲兵等组成的苏军入城。

在这决战取得胜利后的时刻，东北抗日联军的任务发生了新的变化。斯大林同志考虑到东北抗日联军经过14年苦战，人员损失较大，剩下的同志都是中国共产党的骨干，是3 000万东北人民的中坚。这些同志就要承担起组建人民政权和扩大人民军队的艰巨任务，每一个干部和战士都是宝贵的。所以，在同日本军队决战时刻，他要求抗日联军在苏联前面配置侦察部队，给苏军指导前进路线。至于大批干部和部队主力将在苏军正面突击日军防线后，再随后跟进。

由于苏军远东第二方面军推进较快，为及时跟进，配合苏军占领城镇接收政权，抗联部队领导干部进行了重新编组。周保中到长春去负责东北总的工作；冯仲云到沈阳负责南满总的工作；李兆麟到哈尔滨负责北满总的工作。在三位总负责人的领导下，还设了许多接收组。因抗联部队过去多年在北安一带打游击战，组织上便派王钧带领12名抗联战士到达北安。这时，抗联战士鈕景芳、朱学诚被分配到克山。

为更方便开展工作，各接受政权小组人员均穿苏军军人的制服，并佩戴军衔。占领各大中城市和县城后，均建立苏联红军卫戍司令部，代替各级日伪政权，实施军事管制。

8月17日，晴空万里。陈雷、张光迪和王钧一行共23人，一大早就来到飞机场，登上一架苏空运输机，踏上光复祖国东北的征程。

第三编 ★ 解放战争时期

　　1945年8月15日，日本帝国主义投降后，东北抗日联军名将周保中、李兆麟指挥东北抗联教导旅，配合苏联红军进驻东三省有战略地位的12个大中城市和50多个县镇。其中，克山县是进驻县镇之一。8月23日，盘踞在克山县城的日本守备队被苏联红军解除了武装。这时，东北党委会委员、苏军北安卫戍司令部副司令王钧派遣中共党员、抗联干部钮景芳和朱学诚，从北安来到克山发动群众开展对敌斗争，为接收政权做准备工作。

　　钮景芳和朱学诚来到克山后，很快就组建了民主大同盟，与国民党反动派和日伪敌持反动分子进行激烈的决战，打击了其反动势力嚣张气焰。

　　11月16日，中共中央派来了延安干部汪滔、张同舟、尹之家、韩玉、李航、李克等。他们与先期到达克山的钮景芳共7人组建了中共克山县工作委员会（简称工委会），与日伪统治的旧政权进行决战，按照"和平不流血"的接收政权的方针，进行针锋相对的政治斗争，于11月21日正式办理了政权接收手续，组建了人民民主新政权。1946年2月6日，成立了克山县各界建国联合会。至此，克山县人民民主政府正式成立。

　　为了巩固新生政权，从1945年12月20日起陆续建立了区、屯政权并开展了秘密建党和公开建党工作。从而，建立起县区党的组织并发展壮大了党员队伍。

　　为捍卫新生政权，同月23日，县人民民主政府发布致全县同胞的施政纲领，按照建设人民军队的指示，组建了县保安大队，并建立了区保安中队及对屯自卫队。

　　为肃清潜伏在县境内的反人民的日伪军政人员及打着国民党旗号的伪宪特、伪警察及汉奸组成的光复军、挺进军、地下军，县大队与区中队按照东北局、东北民主联军总司令部发出的《关于剿匪工作的决定》，从1946年初开始，配合正规部队发动群众，组织群众开展了清剿县境内土匪的政治斗争。到1947年初，与土匪进行了60多次战斗。其中，较大的战役有攻打郭马架子屯战斗、攻打十二马架子屯的战斗、刘大柜围剿土匪战斗、讷谟尔河畔追缴土匪战斗和姜家油坊围剿"刘山东"匪绺战斗。经过两年多的剿匪斗争，清剿了县境内全部土匪。

1946年6月，蒋介石撕毁了"双十"停战协定，悍然向解放区发动全面内战。为配合东北民主联军主力部队，有力地打击国民党反动派的猖狂进攻，克山县工委、县民主政府积极响应党中央的号召，及时将工作重心转移到集中一切人力、物力、财力支援全国解放战争上来。

克山人民在县工委（县委）、县民主政府的正确领导下，同全东北人民群众一道，响应"上前方打老蒋，保卫土地、保卫家乡"的号召，组织动员青壮年踊跃参军参战。在辽沈战役中，克山人民为支援解放战争输送7 770名优秀儿女上前线，其中在部队立大功的有272人次，荣立一、二、三等功的106人次，有233名克山籍战士为国捐躯。

为支援全国解放战争，配合民主联军作战，克山县还出色地完成了开展支前和拥军优属工作。

在解放战争期间，克山县按照党中央的工作部署，深入开展土地制度改革运动，使劳苦大众分得了土地，实现了"耕者有其田"。翻身农民为报效祖国踊跃地支援前线，还开展了农业大生产运动。

在土地制度改革取得决定性胜利的时候，全县工商业和交通运输业得到恢复与发展。同时，文化、教育、卫生等各项事业也都得到了迅速恢复与发展。

第一章　组建民主大同盟

1945年8月23日，苏联红军进驻克山，县城市民列队到南大街东西两侧夹道欢迎。即日，驻克山日本守备队300多人被苏军解除武装。与此同时，中共党员、抗联干部钮景芳和朱学诚受中共黑龙江地区委员会负责人王明贵、王钧的派遣，随苏联红军一同到达克山。苏联红军进驻克山县城后，成立了苏军卫戍司令部，对克山进行全面军事管制。钮景芳任苏军卫戍司令部少尉副司令官，朱学诚任苏军上士。

为保卫抗战胜利果实，扩大共产党在群众中的影响，做好接收政权的准备，钮景芳和朱学诚自到克山后，面对克山组建的各种国民党反动组织干扰破坏共产党接收政权的阴谋活动，按照上级的部署，发动群众，开展对敌斗争，当即与以前同抗联有过关系的孙雅芳接上关系。孙雅芳在伪满时曾在克山县城南二道街路东开办世一堂药店，家住在县城西北街义祥合火磨附近。此人有爱国之心，对抗联人员十分亲近。东北光复后，孙雅芳很想找抗联接上关系，正巧见到钮景芳、朱学诚来访，自然高兴万分。在秘密交谈中，钮景芳简略地介绍了抗战胜利后敌我斗争形势和面临的任务，说明上级要求尽快建立中国共产党领导下的群众进步组织——民主大同盟。于是，3个人就进行了简要分工，由钮景芳负责这个组织的领导工作，朱学诚负责同苏军司令部的联系，孙雅芳负责发展组织的工作。联络和办公地点就设在孙雅芳家里。从而，共产党领导下的外围组织——克山民主大同盟在苏军进驻克山不久就诞生了。

在孙雅芳发动组织下，克山县民主大同盟组织很快就发展起来。到9月上旬，先后发展了原义祥合火磨职员，进步知识分子刘伯刚、中学学生孙文谦（孙雅芳之子）、香圃街松泉轩茶社掌柜的张和、柜伙唐世英（这两人与共产党地下工作人员李西山、方占鳌有密切接触）、原颐香斋杂货社经理张维宗等5人。民主大同盟建立之初，重点开展两项工作，即张贴由齐齐哈尔民主大同盟印制的标语口号；另一个是代苏军卫戍司令部购买克山种马场散失在民间的洋马。并采取边开展活动边发展组织的做法，到10月中旬，民主大同盟已发展有魏有世、吴广顺、吴广伦、赵吉林、赵大恕（又名赵树才）、王治民等30多名成员。该组织最初工作多是由鈕景芳直接领导，成员多起来后，齐齐哈尔民主大同盟的领导王明贵任命孙雅芳为克山支队长，刘伯刚为委员。分成4个组：一组组长孙雅芳、二组组长刘伯刚、三组组长张和、四组组长唐世英，办公地点仍设在孙雅芳家。具体分工是：鈕景芳、朱学诚负责同苏军司令部联系和组织总体工作；孙雅芳负责办公室和发展组织工作；刘伯刚负责政治和组织工作；孙文谦负责宣传工作，侧重组织学生进行宣传；张维宗负责地工调查（即了解敌情）；张和负责军事工作；唐世英负责保卫工作。民主大同盟在共产党的直接领导下，发动群众、组织群众、即发传单、张贴标语，宣传共产党的民主进步主张，与日伪残余官吏、地主、士绅、土匪、特务等组成的国民党县党部，地方维持会，保安队等反动势力展开针锋相对的斗争。

民主大同盟的主要领导人鈕景芳、朱学诚、孙雅芳等，在开展政治斗争中，首先以苏军卫戍司令部的名义对银行、邮局等单位进行接管和实行军事管制。这样的斗争活动，有力地扩大了共产党在群众中的影响，为共产党来接收政权奠定了基础。但是，当时盘踞在克山县城的敌伪势力对民主大同盟组织既恨得要死，又怕得要命，因而就在暗地扬言民主大同盟是"穷棒子造反"。特别是地方维持会头目刘福春等人出面买通苏军司令部翻译张玉山，并通过张玉山找几名苏军战士和地方维持会的人一起搜查了民主大同盟总部办公室，抄了孙雅芳的家。为了给国民党反动组织和地方维持会等反动势力以有力打击，10月中旬的一个夜晚，鉏景芳、朱学诚在孙雅芳家召开民主大同盟骨干成员会议。会上，分析了敌我斗争形势，研究了对敌斗争对策，一致决定当夜逮捕国民党克山县党部和地方维持会的主要成员，并请苏军司令部协助。会后，鉏景芳亲自和苏军卫戍司令伊万诺夫斯基、副司令马遥路联系，同意派五六名苏军战士和一辆军用汽车，随民主大同盟一起行动。孙雅芳、刘伯刚等人，便组织民主大同盟的成员等集合起来，由张维宗担任向导，民主大同盟按计划开始抓人，把抓到的人随时送到苏军司令部羁押起来。当晚，共逮捕国民党县党部执行委员等反动分子20多名。在逮捕这些反动分子的同时，还连夜搜查了国民党（三省系）克山县党部和国民党克山党务复兴会。这次行动有力地打击了国民党反动势力的嚣张气焰，但是，第二天，在这次逮捕时漏网的县维持会成员张佐臣、刘福春、刘赞臣等人便急急忙忙地行动起来。他们一方面以克山县各界群众代表的名义到苏军司令部为被逮捕的人说情，一方面用卑鄙手段买通苏军司令部的副官，向马遥路说鉏景芳和朱学诚的坏话。苏军司令官在不明真相的情况下，当即释放了被民主大同盟逮捕的反动分子，并下令缴了鉏景芳和朱学诚的枪，不准他俩和民主大同盟的成员见面。10月20日，维持会借口民主大同盟是"土匪"组织，派人搜查，封闭了民主大同盟总部办公室，强迫其停止工作。同时，国民党县党部和地方维持会的反动分子还预谋对民主大同盟实行反扑，敌我斗争形势十分尖锐。

刚刚光复的克山，面临着两种势力，两种前途。即一种是共产党领导下的克山人民的革命势力，要在民族解放的基础上建立一个人民民主的光明的新克山；另一种是国民党及其网罗的日伪残余等封建反动势力要摘取抗战胜利果实，妄图招纳日伪政权的残渣余孽，建立一个蒋家王朝统治的克山。1945年8月18日，克山私立慈惠医院院长郁曼硕和伪克山女子国民高等学校校长赵光亚组建国民党外围组织——"新生活同志会"。8月20日，由克山地方土豪劣绅、奸商（其中大部分为国民党党员）20多人组成"克山县地方治安维持会"，伪县长佟松麟任会长（亦称委员长）。10月初，地方维持会还成立了反动地方武装——治安大队，大队长由温继堂担任，匪首刘汉任中队长，伪警务科换名为公安处。这些日伪封建残余势力企图以换汤不换药，换牌不换人的办法，极力挽救其反动统治地位。

在共产党将派人进驻克山的同时，国民党反动派也加紧网罗日伪残余、土匪纷纷成立地方国民党组织，以其达到阻挠和破坏共产党来接收克山伪政权。1945年8月27日，齐齐哈尔市国民党部派遣本部联络员陈进德来克山，授意克山大汉奸、商务会长、维持会委员刘福春组建了"克山国民党党务复兴会"。9月中旬，伪克山农业试验场高等官事补赵金璧从长春来克山组建国民党克山县党部，任书记长。此党支部为黑专系，隶属"黑龙江省党务专员办事处"。10月10日，原伪克山县政府实业科长李景明在其姐夫国民党黑龙江省党务复兴会头目柳国东的支持下，跳出国民党黑专系克山党部，伙同伪商务会长刘福春，克山义祥合火磨资本家韩明道组建国民党三省系（指隶属国民党建辽、吉、黑三省省部国民党组织）克山县党部，李景明任书记长。克山国民党三省系党部成员多为原日伪县政府旧职人员及地方维持会人员。

10月中旬，原伪克山县政府实业科科长李景明被国民党接收人员韩俊杰委任为海伦、克山等地五县专员。从而，李景明以海伦、克山为基点，建立了国民党"克海军区"。10月下旬，克山县地方维持会头目与泰安县（今依安县）、拜泉县地方维持会频繁往来，密谋建立联防武装。11月5日，克山县国民党（黑专系）党部书记长赵金璧、在党徒阚煜家秘密召集会议，决定将国民党活动转入地下，并建立特务组织"情报网"。会后，赵金璧、赵广亚等遁匿泰安，与匪首尚其悦会合，并建立光复军。11月上旬，克山县第三任地方维持会会长张佐臣去古北谷家店（今古北乡更新村），以地方维持会的名义招纳收编王洪升匪绺六七十人，并令王洪升匪绺就地驻守听令，又命令匪首刘汉带领治安一中队暂驻谷家店，企图阻挠共产党来接收伪政权，伺机搞里应外合，进行反攻。

针对敌我斗争达到白热化的状态，为了及时取得上级民主大同盟的支持，克山民主大同盟总部决定向中共黑龙江地区委员会负责人王明贵汇报克山工作情况，决定派遣当时担任公安工作的负责人唐世英去齐齐哈尔联络。由于消息被敌人得知，便发生了敌人刺杀唐世英的暴力事件。唐世英受伤机智脱险后，得到当地群众的救护，被送到医院进行抢救治疗。当唐世英被刺的消息传到克山民主大同盟时，孙雅芳便向王明贵汇报了克山民主大同盟的工作情况，了解到唐世英赴齐齐哈尔被刺杀的经过，并带回上级的任命。任命鉏景芳为克山县支队长，孙雅芳为副支队长，张和为保安大队长，张维宗为大队副，唐世英为保安第一中队长，魏有世为第二中队长。同时，王明贵司令员给马遥路少校打了电话，说明了情况，恢复了鉏景芳和朱学诚的职务和工作。孙雅芳从齐市回到克山后，与民主大同盟成员带着上级任命文件，同维持会会长张佐臣谈到要接收克山地方政权，但敌人拒不交权。随之，以陈进德为首的国民党克山党务委员会；以赵金璧为首的国民党（黑专）克山县党部；以李景明为首的国民党（三省系）克山县党部；以张佐臣、刘福春为首的国民党克山车站区党部等反动势力勾结在一起，会同克山伪保安大队第一中队队长刘汉控制的反动武装，向克山民主大同盟再次发动疯狂进攻。在敌众我寡的局势下，为保存革命有生力量，钮景芳按照上级指示，决定将克山民主大同盟人员暂时撤到农村去发动和组织群众，为迎接党中央派干部来接收政权做准备。1945年11月中旬，张和带领民主大同盟30多名武装人员去北兴镇，边整训部队边发动群众，民主大同盟的主要成员孙雅芳和孙文谦撤离到齐齐哈尔，刘伯刚和张维宗撤离到北安。

第二章　建党建政及发展壮大基层党组织

一、县工委建立并发展扩大基层党组织

1945年11月16日，中共黑龙江省工作委员会（简称省工委）决定由党中央派来的汪滔、张同舟、尹之家、韩玉、李克、李航等6名干部与抗联干部鉏景芳组成中共克山县工作委员会（简称县工委），省工委任命汪滔为中共克山县工委书记，张同舟为副书记，其余5名县工委委员分工任职，分别是：县长尹之家、组织部部长韩玉、公安局局长李克、保安大队长鉏景芳、副大队长李航。

刚刚诞生的县工委根据中共中央和省工委的指示，把建立巩固根据地作为县工委的根本任务，把群众工作作为党的中心工作。其工作主要内容：接收、改造旧政权、反奸除霸、围剿土匪、建立群众武装、组织群众团体、创建基层党组织。

1945年11月26日，县民运部（当时县工委对外不公开，以民运部名义开展工作）在纠织发动各界群众的基础上，成立了"克山县各界建国联合会"，并下设工、农、青、妇联合会。经过3个月，组建联合会发动组织起来的各界群众达7 400余人。

1945年12月20日，县工委召开成立后的一次重要会议，分

析了敌我斗争的形势，决定抓住"我军即将攻打盘踞泰安的尚其悦匪军，乘尚匪无暇窜扰克山的有利时机，迅即广泛开展农村工作"。正当克山急需大批干部时，省工委于1945年12月到1946年1月，为克山增派第二批干部，有闫国明、武逸才、刘瑞生、宋迪夏（女）、乔晓波、柳斌（女）、闵耀庭、马凤英（女）。为广泛开展农村工作，县工委为组织农村工作队，将仅训10天的干训班提前结业，从中选拔一批干部组成古城、莽乃（滨河）、郑家（河北）3个工作队，由县工委领导分别带队到农村，通过反奸剿匪、改造旧政权、建立农会、成立农民武装等，完成了全县16个区（城内4个区、农村12个区）的建立政权工作。

县工委在建立县区政权的同时，还开展了秘密建党工作。到1946年3月11日，已发展新党员64名，全县城乡基本上都有党组织工作的负责人即指导员（因为当时建党处于秘密时期，负责人不称书记，对外称指导员）。1946年七八月间，省工委派来第三批干部，有张世军、孙曦、金浪白、高霄云（女）、马启、张鹏年、郭守文、王志强、苑庄、赵芳、刘正新、苏泱、曹珠如。1947年后，还派来吴雪枫（女）、黄凡常、赵云菲、门秀英（女）、时克、武勇（女）等。由于有了大批干部，为克山县党的秘密建设增添了力量。在土地改革斗争中，县委按照"在斗争中发现、个别考察、秘密发展"的建党原则，在城内首批发展了王文贞、肖霖、郭士文、方作新、李鉴塘等人入党。在农村发展了孙贵友、张连发、王运昌等一批农民积极分子入党。

1946年6月，县工委3名领导干部带领工作队进入北兴区太平庄，按照"出身贫苦、斗争积极、历史清楚"的入党条件，发展了以刘凤林为代表的13名农民积极分子入党，并建立了太平庄党支部。

县委为适应全县开展"煮夹生饭"斗争，遵照"个别慎重发展转为大规模发展"的原则，加快了秘密建党工作进度，到1946年冬，在克山县农村发展新党员达到362名。县民运部举行了第一次集体入党宣誓仪式。1947年7月，县委在克山中学礼堂举行了第二次集体入党宣誓仪式。同时，县委在西北五区经过两个月的"砍挖"斗争，全县建立起18个党支部，党员增加到571名。其中有高玉成、段秀清等人，被培养成优秀农民党员干部。在土地改革斗争中，从发展新党员中选拔300多名党员为地方新干部，其中，全县17个区的区长及城乡工、农、青、妇等民众团体的负责人都是新提拔的干部。

1948年春，在黑龙江省各地胜利完成土地改革工作的基础上，为适应解放战争形势发展和根据地建设的需要，根据中共中央《关于东北积极地、公开地、审慎地建党工作的指示》和东北局的有关规定，7月，黑龙江省委工作会议做出进行公开建党试点的决定，克山县委便开展公开建党工作。公开建党分为两个阶段：第一阶段（从7月到11月2日），主要做了3件事：其一，县委于7月利用11天的时间召开了全县公开建党区委联席动员会，传达省委公开建党的工作部署和工作方针；其二，利用18天时间（1948年8月至9月9日），在太平庄进行公开建党试点工作；其三，利用13天时间（1948年10月4日至10月16日），举办建党领导干部培训班，集中70多名领导干部统一学习党的基本知识及建党试点经验。区委从10月17日至11月2日，以解决建党干部和有关建党知识经验两个问题，普遍开展建党试点工作。培养了区建党工作干部，组织员由110名增加到277名，并建立了14个乡党支部。第二阶段（从11月2日到12月底），主要是通过各区扩展建党试点经验，培养建党组织员。组织员由277名增加到430名，建立44个村党支部，党员发展到598名。1948年10月12日，《新黑龙江报》刊载了《克山县委公开建党试点的经验总结》，同时，黑龙江省委组织部编印全省《公开建党资料》第一集中，印发了《克山县委建党试点经验》和《克山县建党宣传提纲》两篇文稿。克山建党试点经验有力地指导了全县公开建党工作的顺利开展，对全县公开建党工作提供了经验。

克山县建党试点的基本方法与经验是：在建党前，对群众进行充分的、有针对性的酝酿教育工作。即对群众进行忆苦思甜教育，正确认识共产党的主张，共产党员是从无产阶级中选拔出来的；坚持开展什么人够共产党员条件的酝酿教育，使群众心目中对共产党和共产党员树立正确的观念；坚持开展党的宗旨、党员条件与组织教育的正确教育，较好地处理了党员条件与农民觉悟，发展党员质量与数量之间的关系。组织发动群众进行评议，较好地纠正"只重成份历史，忽略觉悟立场与工作表现；或只看表现，忽略出身历史"的现象。抓住了党组织批准的决定权，实现共产党领导公开建党的目的，相信依靠党支部，发挥党员在公开建党工作中的作用；正确处理了党与非党干部的关系；认真贯彻执行党的政策，实现贫雇农与中农之间的团结。

克山县公开建党工作于1948年4月结束，全县178个乡有69个乡成立了乡党支部，占乡总额的三分之一。党员发展到1 259人。县委对其余的109个乡公开建党工作作了周密部署，限至1949年冬全部完成公开建党工作。到1949年底，全县有党支部151个，党委14个，党总支1个，党组1个，有党员2 096名。从而，共产党在克山县城乡土地上已深深扎根，和人民群众融于一体，成为带领全县人民进行经济建设和革命斗争的领导核心力量。

1949年12月17日至23日，中共克山县第一次代表大会隆重召开，与会代表达到290名，其中女代表22名。会议总结了县工委（县委）接收克山县旧政权4年来的工作经验，讨论确定了发展农业生产等项工作任务。省委书记张启龙到会并讲了话；县委书记韩玉代表县委作了《四年历史及今年生产总结与今后的工作方针任务》的报告。会议选举产生了中共克山县委第一届委员会，委员有：韩玉、王涵之、薛震宇、韩绍卿、孙岸石、麻振林、段秀清、肖霖、刘凤林。1950年1月4日，《黑龙江日报》发表了《克山县党员代表大会开得好》的文章，对这次党代会胜利召开予以高度评价。

二、执行接管伪政权方针与民主政权建立

1945年11月21日，经过党中央派来的干部与克山县国民党反动组织进行顽强的斗争，县工委接管了克山县伪政权，代表人民利益的克山县人民民主政府宣告成立。县工委委员尹之家任县长，闫国明任副县长（到职稍后）。即日，接管并建立了县公安局，县工委委员李克任局长，从而，正式确立了共产党在克山的执政地位。11月23日，县人民民主政府发布了关于施政纲领的文告8条。8条即实行新民主主义的政治制度；建立人民的军队；改善人民生活与保护私有财产；实行公平合理的税收政策；摧毁奴化教育，实行新民主主义的教育方针；欢迎知识分子与技术人员参加建国工作；解放妇女；关于敌伪政权人员的政策。文告宣布后，新政府为使黎民百姓休养生息，建立新的社会秩序和经济秩序，及时建立了新政府机构，并明确了工作职能。

11月26日，县长尹之家签发新县政府训令，强调了人民政府的人民性："从人民政府成立开始，政府所有行政工作要根据民众的需要，力收实效。"训令公布了新县政府组织机构，设一室四科二处。即秘书室、民政科、财政科、实业科（后改为建设科）、教育科、司法处、采购处（后改为物资管理局）。抗联干部钮景芳曾于1945年9月以苏军司令部名义接管控制了银行、邮局、电业局等重要部门。新县政府建立之后正式将克山原"中央

银行"改名为克山"大众银行",并重新建立了邮政局,还成立了物资管理局、税务局等部门,并加强对电报电话局、电业局的领导。由于当时缺少干部和交接过渡工作的需要,新县政府在职干部有延安来的干部、抗联干部、原民主大同盟部分干部除外,还审查留用了旧政府的70%～80%的工作人员。到1946年初,完成了县级政权的交接过渡工作任务。

按照黑龙江省工委关于各县要建立县大队的指示,县工委于1945年11月中旬,就组建了克山县保安大队。县保安大队政委由县工委书记汪滔兼任,县工委委员、抗联干部鈕景芳任县保安大队队长。县保安大队建立不到半年,便成为一支人数众多、装备较好、纪律严明、战斗力较强的地方人民武装。与此同时,各区也相继建立了区保安分队,各村都建立了民兵自卫队。

为清除残留在农村的日伪反动势力,改造并建立农村基层政权(包括城区),克山县工委、县人民民主政府组织并广泛发动群众,建立群众组织。1945年11月26日,成立了克山县各界建国联合会(简称建联会)。12月5日,中共西满分局发出《关于发动群众反奸清算运动的指示》,县工委、县人民民主政府根据《指示》精神,在全县开展以反奸为中心,以反贪污为主要形式的群众斗争。12月初,黑龙江省工委派刘瑞生、乔晓波、宋迪夏等干部先后来到克山,刘瑞生任县工委民运部部长兼建联会主任。民运部与建联会主要任务是组织发动群众开展搜集敌伪资财、反奸清算斗争。刘瑞生、乔晓波、宋迪夏协助县工委委员、县工委副书记张同舟,县工委组织部部长韩玉发动县城内工人群众清算了制米厂、棉布组合、烧锅、油坊等奸商尅扣的钱、酒、油、面等钱物。县长尹之家代表政府没收了敌伪的资财,并将一部分汉奸遗产分给了贫苦人家。通过县城内开展反奸清算斗争,搜集到很多敌伪资财,不但缓解了县财政经济紧张的问题，而且还初步解决了贫苦群众的生计问题。从而，广大贫苦群众对新县政权的态度发生了根本转变。群众称共产党是"青天大老爷""父母官"。新县政权的建立和巩固，为建立城区和农村区政府打下了群众基础。

1945年12月，县工委指示建联会副主任宋迪夏，组建了城关区政府，委任了区长，并下设4个区，即东南区、东北区、新南区、西北区，设有城郊4个区。

在县城内开展清算建政的同时，1945年12月上旬，县工委副书记张同舟与乔晓波联系，赴古城、郑家（今河北乡）等区开展宣传发动工作，张同舟在古城经过一段时间工作，建立了全县农村第一个新区政府——古城区政府。12月23日，张同舟二次到古城后，建立了区建联会、保安分队，又去杨玉区（今西河镇）发动群众斗争，于1946年1月，建立了杨玉区政府。韩玉赴莽乃发动群众斗争，于1945年12月末建立了莽乃区政府。1946年1月初，县工委派县建联会中的农会干部刘常裕去郑家（今河北乡）建立了郑家区。1945年12月底，县工委组织一个农村工作组，由刘瑞生带队，开展西北四区即西城（今西城镇）、长发（今西建乡）、孙家（今发展乡）、何公（今西联乡）的农村工作。于1946年1月初，筹建西城区政府。1月上旬又去长发筹建了长发区政府。2月初又先后筹建了孙家、何公两个区政府。于1946年2月上旬，刘瑞生在西城召开会议，正式宣布西城、长发、何公、孙家4个区政府建立，并任命了区领导干部。1946年1月，县工委派原北兴民主大同盟负责人刘忠卿带一个班武装到北兴组建了北兴区政府。1946年2月，县工委副书记张同舟派张连发、董树林带工作组到古北建立了古北区政府。1946年2月下旬，县工委书记汪滔派倪长江、刘鸿斌去刘大建立了刘大区政府。

1946年2月16日，克山县各界人民代表会议召开。会上，县长尹之家在政府报告中宣布："我们不仅建立了新的县政府，而且建立了16个（全县农村12个区加上城关区内设的4个区）新的区政府，不仅建立了县保安大队，而且还建立了11个区的保安分队。"

各区在区政府建立后，便立即着手对屯（当时多数村称屯）政权的改造工作。各屯改造了屯长，下设办事员，到1946年5月，全县181个屯都建立了村政权。

人民民主政权建立初期，县人民民主政府明令废除伪满时一切苛捐杂税与配给制度，在城内，对门市房、民房规定限额房价。

为迅速恢复生产，改善人民生活和支援解放战争前线，县人民民主政府着手在伪满旧工商业的烂摊子上，通过接管改造，成立了大众火磨、亚麻工厂、大众商场等公营企业，同时扶持私营工业得以恢复发展。1945年12月，发行了克山地方流通券，促进了货币流通，繁荣了市场。同时，还致力于恢复发展教育、卫生事业，到1946年6月，城内设省立中学1所，城乡小学89所。在原县立医院的基础上，建立了军民医院。对姑子庵、佛教会、永安寺、天主教堂、孤儿院等进行了社会救济。并明令关闭了县内所有妓馆，对100多名妓女予以妥善安置。

为进一步巩固人民民主政权，1948年10月，县人民民主政府首先整顿了县政府及公安局机构。县政府设人民法院、秘书室、还设民政、财政、粮食、卫生、教育、建设、工商与总务8个科；县公安局内设了3个股、5个分所，1个看守所。

1948年秋冬，县委、县政府遵照省委、省政府于12月7日下发的《建政工作的指示》，于1949年1月初，派县长尹之家带工作组到古城区东北村开展摸索村级民主建政试点工作。2月7日，县委召开了"克山县生产建政动员大会"，参加会议的区、村干部达到1 100多人。县委组织部长韩玉、宣传部长金浪白在会上分别做出讲话，提出建政要和生产相结合，在准备春耕中完成建政任务，在建政中完成春耕任务。同日到13日，县委举办建政训练班，训练区、村干部964人。通过对区、村干部进行培训，第一期村级民主建政完成71个村；第二期完成101个村，两期共建立村党支部106个。村级建政后，全县又建立了2 283个公民组，选出3 168个村代表、1 698名村政府委员。村级民主建政后，全县行政区由省民政厅划定为14个区175个村。

第三章　人民武装的建立与开展剿匪斗争

一、人民武装的建立

1945年11月16日，中共黑龙江省工作委员会确定处于齐（齐齐哈尔）北（北安）铁路线上的克山等县为二等战略基点，并指示各县要建立县大队，开辟根据地，扩大根据地。此时，县工委根据省工委指示，为迅速建立人民民主政权，把克山建成巩固的革命根据地，迅速剿灭国民党和土匪武装，于11月中旬组建了克山县保安大队（简称县大队）。县工委书记汪韬兼任县大队政委，县工委委员钮景芳任大队长，县工委委员李航任副大队长，闵跃庭任县大队副大队长兼政治部主任（到职稍后）。初建的县大队内设政治处、参谋处、副官处和供给处。

11月23日，县人民民主政府发布致全县同胞的施政纲领中明确表明："建设人民军队，这支军队不是压迫人民的工具，而是保护人民利益及人民自由的武装。"

克山县大队领导机构成立之后，便立即着手组建武装连队工作，主要任务是扩充兵源。11月下旬，首先建立了第一个连队——警卫连。当时，全连官兵就达到了80多人，并下设3个排。张和任警卫连连长。1946年初，颜宪纯任警卫连指导员。12

月上旬，县大队又组建了一个机枪连，抗联干部朱学诚任机枪连连长。不久，县工委、县政府召开各区保安分队（当时大多数区保安分队已建立）队长会议，会议决定从各区抽调骨干力量充实到机枪连。机枪连成立时，官兵达到70多人。12月中旬，县大队又建立一个骑兵连，有战士70多人，连长是吴万春。为支援东北民主联军在前线作战补充战士，同月建立一个步兵营，营长是王海峰。这个营于1946年春调出克山，编入前线主力部队。为尽快剿灭流窜在克山、讷河交界的土匪，建立起克山县境北部的防卫屏障。1946年1月，县工委派刘纯去北兴组建一个骑兵连。由于刘纯在北兴一带有一定的群众工作基础，因而，当地群众为保家保田，都踊跃参军。全北兴共有18个村，都愿出人出马，到1946年春节，就建立了骑兵连，全连有官兵110人，刘纯任连长、栾永孝任副连长。这个连一直驻守在北兴。

　　初建的县大队，由于组建时间仓促，组成人员成分复杂。这时，县工委、县大队根据省工委关于县大队要停止发展，以巩固为主的指示，从纯洁组织为目的，于1946年2月上旬开始对县大队进行清理整顿。经过整顿，使组织更加纯洁，人员更加精干。到1946年7月，全大队共建成4个连队。其中，有机枪连、警卫连、骑兵连和第三连（也是骑兵连）。全大队共有干部52名、战士503名。共有重机枪两挺、轻机枪8挺、步枪336支、短枪38支。有重机枪子弹1 600发、轻机枪子弹14 020发、马341匹、大车18辆。大队部设政治处、参谋处和供给处。共有干部27名、通讯员15名。机枪连有干部7名、战士120名。有"92"式重机枪两挺、轻机枪6挺、步枪76支、驳壳枪5支、马14匹。警卫连有干部6名、战士128名、有轻机枪1挺、步枪38支。骑兵连有干部8名、战士123名。有轻机枪1挺、步枪140支、短枪10支、马160匹。第三连（也是骑兵连）共有干部战士123名、有步枪120支、手枪3

支、马120匹、大车1辆。

1946年初，克山县大队与县公安局组成克山县卫戍司令部。警卫一团建立后，又由警卫一团与县公安局组成克山县卫戍司令部。汪滔任卫戍司令部政委，邢魁任卫戍司令部司令、鈕景芳任副司令，张坚（县公安局局长）、闵耀庭任副政委。1947年11月警卫一团编入黑龙江省军区新成立的独立九师，于1948年春开赴前线。

1947年7月初，黑龙江省军区在克山组建一个警卫一团，也称克山警卫团，隶属省军区。警卫团驻守在克山期间，也接受克山县工委、县政府领导，兵源主要是在克山及邻近县扩充招收。克山县大队也向警卫团调配了部分干部并拨发到新兵连工作。黑龙江省军区任命克山县工委书记、县大队政委汪滔兼任警卫一团政委，闵耀庭任副政委，邢魁任团长，县大队队长鈕景芳兼任警卫一团副团长。警卫一团下辖3个营，官兵共1 800余人。

1948年12月，县保安大队并入解放三团后，为进一步巩固地方治安，保卫人民民主政权，县内仍需要有一支兵力较强的地方武装。此时，县工委及时组建一个县公安大队，县公安大队是在县公安局公安队（辖两班）的基础上扩建的，新增人员主要是从各区武装组织——区保安分队抽调来的。县公安大队仍隶属于县公安局。当时，县公安大队指导员是吴忠（1949年初换为郝庆章），队长王胜英，辖3个排（其中一排称执法队），全大队共有官兵109人。

本月，为支援平津战役，按照黑龙江省军区命令，克山县大队与省军区驻克山的解放三团合并，于1949年1月开赴前线。

在县大队组建与发展的同时，从1945年12月开始，各区保安分队也相继组建起来。在各区党委和政府的领导下，组建区保安分队，首先去解决缺乏兵器的问题，武装工作队便发动群众，开展搜集枪支工作。当时，除剿匪搜集到一些枪支外，主要向响窑（地方武装）等有枪的粮户搜集。这样既能解决组建区保安分队所需要的武器，同时又解除了非法地方武装对人民民主政权的威胁。为向响窑等粮户搜集枪支，首先由派驻各区的工作队进行登记枪支，然后，在组织区保安分队时向有枪粮户起枪。到1946年2月，各区共搜集到枪支（包括缴获的）300余支，建起9个区保安分队。到3月中旬，农村12个区都建立了区保安分队。区保安分队干部达到300余人。当时，区保安分队接受县保安大队和区委双重领导，以排建制，人员20至50人不等。区保安分队设队长、指导员（由工委书记兼任），有的区保安分队还设副队长、教官、分队下设班。

1948年12月，县地方武装已是县公安大队。1949年初，各区保安分队改为区公安队，受县公安局和区委双重领导，以班建制，全县有区公安队员80多人。

在县区组建起地方武装的基础上，全县农村自卫队在土地改革"清算分地"斗争中开始普遍组建。县工委根据党中央"五四指示"关于巩固与发展民兵组织及省工委关于"建立农民自卫军"的指示，于1946年6月至8月，在北兴区太平庄领导开展清算斗争试点期间，组建起农民自卫队，并取得了成功经验。在太平庄组织农民自卫队的影响下，姜家岗村组织有40余名的农民自卫队员；姜大犁村有20余名队员；侯宝卿村有20多名队员，还有于家粉坊、王家窝堡、靠山屯、张才屯等村也都相继成立了农民自卫队。到1946年年底，全县农民自卫队发展到15 000多人。

随着土地改革斗争的深入发展，1946年11月初，全县多数村在组织农民自卫队的基础上，又组建和整顿了民兵组织。1946年11月30日，县政府对民兵队进行规范管理。各区结合乡政府整编工作，取消了脱产民兵，组织了不脱产民兵队。如北兴区为解决民兵开支，办起民兵合作社，搞互助生产，受到省委的表扬。到1948年3月，据11个区统计，共有民兵自卫队员3 745人。

土地改革后，各村（乡）民兵自卫队一度有所减少。为加强对村级武装的领导。1948年底，县政府设武装科，负责全县村级武装与征兵工作。科长是乔金祥（此时无科员）。1949年1月，张连发任武装科科长，武装科干部由1人增至5人。1949年8月，县委落实省政府"八一五"布告精神，惩治反攻倒算的不法地主及破坏社会治安分子，县长金浪白率领县武装科科长张连发等干部，到西城区的解放、群众村进行组建人民武装自卫队试点。到1949年底，全县人民武装自卫队员发展到19 278人，建立中队185个，分队622个。

二、开展剿匪斗争

1945年8月15日，日本侵略军投降。此后，国民党反动派为争夺东北，在美帝国主义者支持下，大量往东北运兵，并派遣特务、日伪军政人员潜入各地，打着国民党的旗号，搜罗伪警、宪特、汉奸组成光复军、挺进军、地下军等名目繁多的政治匪绺，企图抢占地盘。同时，乡野胡匪四起，到处流窜，残害军民，严重威胁根据地建设。为彻底消除匪患，党中央发出"发动群众，消灭土匪，建立政权"的指示，东北局、东北民主联军总司令部发出《关于剿匪工作的决定》。县工委（县委），县政府遵照党中央的指示和东北局的《决定》精神，积极组织地方武装，配合正规部队，发动群众，组织群众，迅速开展剿灭土匪的政治斗争。

克山县地处齐（齐齐哈尔）北（北安）铁路沿线，战略地位十分重要。抗日战争胜利后，县境内出现与历史上性质不同的土匪——政治性土匪。这些政治性匪绺大部分是由汉奸、特务、伪警、宪兵、恶霸地主分子，反动会道门头子等人员组成，并有明显的政治目的，即是争城夺地，伏击东北民主联军，对革命群众进行疯狂报复，烧杀抢夺，无恶不作，成了国民党反动派的一支别动队。当时，克山县政治性土匪头头有国民党光复军东北第一战区步兵第一团上校团长刘汉，东北挺进军第六旅旅长张云阁，还有国民党新编27军79师师长、特务分子王子玉。克山县除有政治性土匪外，还有从外地流窜来的胡匪。从讷河流窜来的"紫金山"匪绺常在孙家（发展）、何公（西联）等地骚扰；从孙吴流窜来的"刘山东"匪绺，常在北兴区一带抢夺民众财物；还有"花蝴蝶"（女匪首魏喜荣）匪绺；另有"老来好""九江龙""混天球""六合""天边好""草上飞""天柱""管亮"等20多个匪绺，也常在农村流窜骚扰。农村还常出现一些散匪，虽不成绺，但常出来"绑票""砸孤丁"，严重威胁人民生命财产安全。

　　为了剿灭土匪，捍卫新生政权，1945年11月16日，黑龙江省工委确定北齐铁路线上的克山为二等战略基点，县工委按照省工委提出的要求，成立县保安大队，成为克山县剿匪主力地方武装。县大队成立后，按照"专门工作和群众路线相结合"的战略方针和北满分局高干会议提出的"扫荡反动土匪武装，肃清汉奸力量，放手发动群众，扩大部队的任务，扩大地方武装组织"。全县农村几个区相继组建了区保安分队。县区地方武装在开展剿匪斗争中，认真贯彻"在军事上坚决打击和歼灭，在政治上积极瓦解和争取"的剿匪方针，采取以打为主，清剿与收降相结合的办法进行剿匪，即是"武装力量与专门清剿和实行群众路线相结合，军事进攻与政治攻心相结合"。发动群众，集中力量，向土匪发起凌厉攻势，全面进行剿匪。

　　1945年12月，报字"青龙"匪首张云阁，携尚其悦匪部政治部主任张之焕委任状，回克山县北兴镇组建"挺进军"第6指挥所。反动武装组建后，开始搜罗股匪，到26日，在龙镇、讷谟尔等地联络匪徒集结成4个团，1 000余名匪徒。企图先打克东，回头再打克山和北安。由于省军区、克东县大队和克山县大队做好了战斗准备，予以猛烈打击，将匪队打散，张云阁带着残匪逃窜。

1946年4月29日，国民党特务分子王子玉在哈尔滨被国民党新编27军中将军长姜鹏飞委任为师长，潜回克山进行秘密活动。经一年时间，搜罗40多匪徒，吹嘘扩"三个团"兵力。于1947年4月，经公安人员侦察，将王子玉组建成的反动武装侦破，逮捕了王子玉反动武装案犯42人，收缴4支匪子枪，两个委任状。

据有关资料记载：1945年到1948年，全县清剿"光复军"、"挺进军"、国民党特务分子及汉奸、恶霸733人。其中处决"挺进军""光复军"骨干分子28人，判处徒刑65人。经调查，对罪恶较小经教育有改悔的76人，已被释放。

根据中共中央东北局："必须在最短时间内，坚决彻底肃清土匪，建立巩固后方"的指示。县工委（县委）、县政府积极组织地方武装，配合正规部队，并发动群众对流窜在县内的土匪进行全面清剿。从1946年初到1947年初，县地方武装与土匪进行60余次战斗，其中有5次较大的战斗。即攻打郭马架子屯战斗、围攻12马架子屯战斗、讷谟尔河畔追剿土匪战斗、刘大柜剿匪战斗、姜家油坊围剿"刘山东"战斗。

克山县剿匪斗争除正面对土匪进行狠狠打击外，县工委、县政府认真执行"配合军事上的清剿，同时进行政治上争取瓦解工作，涣散匪心，招使投降"的剿匪斗争方针，积极开展争取土匪受降工作。

当时，流窜在克山县乡野的匪绺除少数顽固者外，其多数人人匪带有很大的盲目性，有的还是受蒙骗的贫民，或是生活所迫入匪。为争取这些匪徒早日受降，县工委、县政府采取政治瓦解的办法，极力收降土匪。1945年底，县大队收降了报字"老来好"匪绺（匪首李春生）。1946年1月，在刘大区，县大队抓住"天柱"匪绺的一个小匪徒，叫方向舒。县大队长鈤景芳得知他才17岁，是贫苦人家子弟，当土匪没有政治目的，又没罪恶，便将小方留在身边当警卫员，参加了革命工作。

为认真贯彻执行严惩与宽大相结合的剿匪政策，县政府于1946年3月9日发布"为土匪汉奸特务向政府投降悔过书而不咎既往由"的布告；3月10日，又发布"为藏匿土匪者应分别情形处罚由"的布告。布告发出后，在党的政策感召下，有143名土匪主动向政府投降。

为彻底根除匪患，县政府在一边开展土地改革斗争，一边向各区派驻武装工作队，发动群众挖"匪根"、挖残匪。据古城、郑家、古北、刘大、长发5个区统计，共挖出匪徒68名（外县区抓走的5名匪徒不在内），还将"六合""双山""海青""九江龙"等匪绺的遣散匪徒也挖了出来，还先后挖掘光复军营长韩荣光，营副杜希哲、连长于津江、少校副官司程志甫等人。1947年，古北区在春耕中开展挖"匪根"的口号下，开展挖"匪根"工作，从地主及窝主家挖出惯匪12人，起出枪9支。1947年8月，县回民联合会挖出勾结匪首刘汉的地主丁占海。

克山县开展剿匪斗争，由于县委、县政府正确领导，县区地方武装指战员英勇善战，清除了县内匪患，巩固了新政权。在剿匪斗争中涌现出41名英勇无畏的指战员，有县大队长鈤景芳，县大队政治部主任闵耀廷、机枪连长朱学诚、农民出身的剿匪战士张连发、孙长友等。还有41名奋勇杀敌的战士在与土匪交战中光荣地献出自己的生命。

　　历时两年的剿匪斗争取得辉煌战果，据统计，1945年12月到1947年1月，全县共清剿土匪1 391人，其中击毙192人，击伤57人，俘虏42人，缴获长枪189支、短枪18支、机枪2挺。1947年又经公安部门捕获匪首2人、匪徒20人。1948年1月到6月，发动群众挖出光复军成员94人，胡匪159人。

第四章　全县人民全力支援解放战争

一、动员全县青壮年参军参战

1946年6月26日，蒋介石为维护其独裁政权，争夺抗日战争胜利果实，撕毁"双十"停战协定，派遣军队大举向解放区发动全面进攻，由此挑起全国内战。为配合东北民主联军前线主力部队有力地打击国民党反动派军队的进攻。克山县工委（县委）、县政府积极响应党中央号召，及时将工作重心转移到集中一切人力、物力、财力支援全国解放战争上来，确保解放战争前线有充分的物资供给和兵源的补充。当时，由于土地改革斗争逐步深入，广大贫苦民众的经济条件和政治觉悟都发生了根本性的变化，深感到蒋介石挑起内战对翻身成果的威胁，深刻地认识到参军参战、支援解放战争前线就是"保家保田，保卫翻身胜利果实"的道理，积极响应"上前方打老蒋，保土地保家乡"的号召。随即，在全县掀起参军参战的热潮，涌现出"翻身农民感谢党，参军上前方"、"母送子、妻送郎、弟兄相争上战场"的感人景象。《西满日报》《东北日报》《新黑龙江报》相继报道了克山县北兴区张才乡的群众，在土地改革斗争中分得了土地、房子和生产工具，他们对小蒋（地主）和老蒋（蒋介石）特别痛恨，纷纷表示"要想在后方彻底打倒小蒋，必须到前方打倒老蒋，当家做主人才能有保障"的事例。经过广泛宣传动员，仅用两天时间，这个乡就有20多名青年主动报名参军到前方去。小青年郑德江从小就给地主放猪，经常受地主的打骂，过着食不饱腹，衣不遮体的生活。而今翻身了，他一心要报答党和政府的恩情，多次跑到乡政府去找领导要求参军。因他年龄小，没被批准。这次征兵，他老早就去报名，并动员自己的4个小伙伴一同去参军。在他们迫切的请求下，区领导批准了他们一同去参军。北兴区公平乡有个曾大娘，她先后将两个儿子送前线去参战。二儿子在部队行军途中不慎将腿摔伤，在儿子回家治疗和休养期间，曾大娘予以精心护理，等儿子腿伤有好转能走路了，他就说服儿子快回部队去。儿子见母亲态度坚决，二话没说就背起背包回部队去了。新立乡王大嫂在动员青壮年参军大会上，他看到老张太太争着要送儿子参军很受触动，当场就替丈夫报了名，并鼓励丈夫到前方要勇敢杀敌，争取早日立功，打不败老蒋就别回来见她。古城区民主乡的刘凤祥，带头搞生产，处处走在大伙前面，群众选举他为乡里的劳动模范。在政治学习中，他对延安解放区劳动模范放下锄头去参军的事迹很受启发，暗下决心不仅在后方争当劳动英雄，也要到前方当一名战斗英雄。在征兵刚刚开始，他就说服了家里的亲人，带领本乡七八个小伙子到区政府去报名参军。为此，区政府便在全区开展了"远学老英雄，近学刘凤祥"的活动，掀起了参军的热潮。

　　1947年5月5日，东北局在《关于东北目前形势与任务》的决议中指出：目前东北民主联军在军事上正处在一个从防御转入反攻的新形势，各级党组织要组织力量，全力准备大反攻，大量歼灭敌人，大量收复失地，巩固和扩大解放区。东北联军为从根本上扭转东北的战争局势，从5月13日到第二年的3月15日，连续发起了夏季、秋季、冬季攻势。后方各级党组织为支援部队打胜仗，在本地掀起大规模的扩兵运动。1947年6月21日，中共北安地委发出《加紧扩军的指示》，决定到8月底，全地区完成扩兵9 000人的任务。同时，要求各地党组织毫不松懈地工作，全面开展参军参战支前立功运动，超额完成扩兵任务。随即，县委发出通知，要求党政机关所有工作人员，在思想和作风上都要适应形势发展的需要，在生产、扩兵工作中全面掀起竞赛活动，动员身体最棒的青壮年上前线，确保主力部队兵源的补充。为确保扩兵工作任务完成，县委、县政府成立了"克山县扩兵委员会"，各区也都相应成立了扩兵领导小组，从上至下形成了扩兵工作领导体系。在扩兵领导机构成立后，扩兵委员会的工作人员深入街道、村屯，紧密配合土地斗争"煮夹生饭"和"砍挖"运动，组织群众开展扩兵竞赛，在全县又一次掀起了参军热潮。在6月下旬，《西满日报》以《克山县工人阶级踊跃报名参军迎接党的生日》为标题，详细介绍了县工会在郭士文主任的领导下，一天时间就动员了40多名身体好，思想觉悟高，组织纪律性强的青年工人参军入伍。10天内就组建了一个"克山县工人连"。在组建工人连的影响下，县农会便立即行动起来，响应工人老大哥的扩兵挑战，积极应战，组建了"克山县农民连"。

1947年初，当征兵的消息传到克山中学校园的时候，激发了青年教师和学生参军参战的爱国热忱。师生都踊跃报名参军参战。到1947年年底，克山中学共有200多名优秀师生参军，奔向杀敌战场。

1947年8月5日，县委、县政府召开了全县工作队员干部大会，表彰了扩兵工作涌现出了先进集体和个人。在扩兵工作竞赛中，北兴区取得了突出成绩，仅用5个月时间，就动员了615名青年参加主力部队。农民干部刘凤林仅他一人利用半个月时间就动员了75人参军。为表彰他们对扩兵工作做出的贡献，县长尹之家代表县政府奖给北兴区"扩兵模范区"锦旗一面；奖给刘凤林"扩兵先进个人"光荣旗一面，衣服一套。北兴区扩兵取得突出成绩，主要经验是将扩兵工作与"煮夹生饭"运动相结合。为提高群众阶级觉悟，向群众提出："好男儿参军保卫家乡土地"，"上前方打倒老蒋，保护翻身果实才能有保障"。经过宣传教育，有155名青壮年在"煮夹生饭"运动中应征入伍。采取"组织挂钩""好人带好人""一帮一人群"的办法，动员青壮年参军。民立村50多岁的赵淑珍大娘，在全区妇女大会上，她头一个站起来说："参军是光荣的，没有我们穷人当兵就保不住家乡，保不住我们分得胜利果实，我赵淑珍不想当孬种，要当个英雄。今天我把儿子送到部队去，咱们在座的姐妹们谁敢跟我比试一下！"她的话音刚落，老张太太和老高太太当即就跳起来喊道："你赵姐姐当英雄，我们也不能当狗熊！"在她们的带领下，当场就有27名妇女争先恐后地"送子参军""送郎参军"。她们的事迹还上了《新黑龙江报》。利用军属扩新兵，新兵扩新兵的方法扩兵。北姜村军属吴老太太一次就动员30多名青年报名参军；王会乡李云和领着4个侄子生活，他先让两个大侄子参军，春节刚过，两个侄子就把立功喜报寄回家，他激动地也到区上去报名参军，决心要和侄子比个高低。开展扩军竞赛。区委每次扩兵工作都进行认真总结，按条件评比扩兵模范乡和个人。1947年8月1日，北兴区召开乡干部大会，会上，太平庄被评为甲等参军乡，北姜村被评为乙等参军乡，还评选出3名扩兵模范干部。

在支援解放战争扩兵中，克山县地方武装县大队在扩充自身武装的同时，还为前方主力部队做好输送新兵工作。1947年7月3日，《西满日报》转载了西满军区一分区政治部的文章《克山县大队扩充新战士工作为什么做得这么好》，表扬了克山县大队在短短的10天中，就扩充新战士110名。县大队还选出80多名骨干战士组成37个助民宣传组，分赴北兴、河南等区，对群众进行参军教育。

在县委、县政府的正确领导下，从1948年9月到11月辽沈战役胜利，克山县人民为支援东北解放战争输送6 116名优秀儿女；1949年又有1 654名优秀青年应征入伍。据克山县退伍军人档案记载，在解放战争中克山县入伍的战士荣立大功的有272人次；荣立一、二、三等功的106人次；有233名克山籍战士为国捐躯。

二、全力开展拥军优属

1945年8月23日，赤联红军进驻克山，即日克山解放。正当全县人民欢庆抗日战争胜利之际，蒋介石为争夺胜利果实，挑起全国内战。克山县委积极响应党中央号召，集中一切人力、物力、财力支援解放战争，出色地完成上级下达的扩充兵源和战勤等工作任务，更出色地树立"一切为了前线"思想，全力开展拥军优属工作。

（一）全力救护伤病员

克山县是共产党接收较早的根据地之一。1946年1月，为担负救护从战争前线下来的伤病员任务，县政府及时决定将原为伪统治时期设立的县立医院整顿扩充，改为县军民医院。同时，中央卫生部为医院派来医疗技术人员，省卫生部门还为医院拨来医疗器材和药品，为接收和救护伤病员创造了有利条件。

1946年5月27日，有一批在四平保卫战下来的重伤病员转到克山县来治疗休养。当时，县委把此项工作当作政治任务来抓，动员各界群众组成担架队，到火车站去抬运伤病员。县回族联合会也组织一支回民担架队，其中有一些回族妇女、老人和小孩也主动随着到车站迎接。当伤病员列车到火车站后，迎接的群众高呼："民主联军万岁！为人民负伤流血光荣！"59岁的回族马老太太忙前忙后地帮助组织抬运伤病员，并用亲切的话鼓励伤病员到来后要安心养伤治病。有一位伤员眼含热泪地说："老人家，你放心吧，等我伤好后，我一定重返前线，杀敌立功，来报答你们的恩情！"

1947年1月，随着战事的发展，接收和治疗伤病员数量加大，西满军区决定在克山设立"东北民主联军西线战勤第三医院，"将原县军民医院并入其中。当时，医院设4个分所，可接纳千名伤病员。但是，房舍仍然不够用，为此，县委决定将机关先腾出部分办公室作病房，没有病床，城内居民主动卸下门板作床铺板。由于伤病员多，一个病室安排伤病员多达十几人，二十几人。时值夏季，病室内空气不好，又热。在这种情况下，县领导采取一切措施，改善医治护理条件。为解决护理人员不足的问题，县长尹之家就带领机关干部和部分居民、学生多次到医院，为伤病员洗脸、擦澡。有的重伤员伤口溃烂，也帮他们擦洗。有1位伤员拉着县长的手说："我们身上的味自己闻着都恶心，你们都不嫌弃，等我们伤好后，如能重返前线，一定要多杀几个敌人；要是回家了，就积极生产，支援前线。"为使伤病员早日痊愈，县委在财力不足的情况下，尽力提高伤病员的生活水平，为他们每天安排二至三顿细粮，并杀猪宰羊，供应伤病员营养食品。

1947年中秋节前夕，县委为让伤病员过个愉快节日，责成县支前委员会部署各单位组建慰问团，深入到医院及军烈属家中走访慰问，给他们送去猪肉、月饼、西瓜及各种生活用品，并给伤病员发去慰问信。县委在致伤病员慰问信中写道："后方人民对解放东北人民和整个中华民族而光荣负伤的英雄战士是永远不会忘记的。希望你们安心养伤，全县人民将尽一切努力使你们早日恢复健康，重返前线，为人民再立新功。"当时，县中学和县文工队还为驻军及伤病人员演出《白毛女》《黄河大合唱》等文艺节目。

1948年10月3日，省委发出紧急动员支援前线的指示，要求各地党委必须加强收容俘虏和增收前线下来的伤病员准备工作。13日，县委召开支前委员会筹备工作会议，县长尹之家号召全县党员要把之前早日解放全中国的主张宣传到商人、工人、农民群众中去，要求全县人民要不惜一切代价来完成这一艰巨任务。为此，按照军医院沈邑院长的部署，克山中学和兴学油坊等7家单位倒出房屋安排接住伤病员，城内还抽调年龄在15岁以上，高小以上文化程度的200多名青年到医院做护理工作。为解决血源不足的问题，县党政机关干部和居民开展为伤病员义务献血活动。此时，离城几十里外的农民听到消息后，也纷纷到县来献血，从而挽救了很多垂危的伤病员。

（二）妥善安置荣誉军人

1947年11月4日，县民运部、县政府和县大队根据省政府安置荣誉军人的指示精神，联合向各区发出通知，要求各区乡领导提高思想认识，克服困难，完成接收安置荣誉军人的光荣任务。到1947年底，全县先后接收安置200多名不同伤残等级的荣誉军人。1948年2月，由华东野战军第14荣校分配到克山县31名荣誉军人，他们多是抗日战争、解放战争时期的功臣。克山人民如亲人般地迎接了他们，县委根据他们的个人条件，将22人分配到乡镇做武装助理工作，有9人安排到机关企事业单位工作。1950年春，这批荣誉军人又随解放大军南下，做开辟新解放区工作。

（三）大张旗鼓做好优属工作

1948年2月初，县委决定采取有力措施，大张旗鼓地开展拥属工作。以县民政科为主，成立了县优属委员会，同时，各区、乡村也都成立了优属工作组。每逢过年、过节或军人从前线寄回立功喜报，都及时组织慰问队进行慰问，送灯挂匾和赠送慰问品。特别是古城区民和乡干部带领群众，在秋天为军烈属扒炕抹墙，腌渍酸菜。青年团、儿童团也行动起来，为军烈属担水、磨米、打烧柴。1948年春节，全县13个区有167个村屯共慰问军烈属猪肉7 140斤、鸡400只、大米7 599斤、黄米830斤、粉条1 420斤、豆腐9 250块、现金632.7万元（旧币）。

（四）发动军烈属参加生产劳动

全县各级党政组织在贯彻包耕代耕政策的同时，还动员有劳动能力的军烈属参加生产劳动。在动员工作中，还注意培养典型，大力宣传和表彰军烈属参加生产的劳动模范。1949年5月11日，《新黑龙江报》刊登了西河区永安乡党员军属程桂祯的丈夫和小叔子都参军上前线去了，她不但承担起自家的生产任务还挑起组织全村妇女参加劳动生产的重担。在春耕来临之际，她不等不靠，同全村妇女一起下地，仅土豆就种了374垧。夜晚她还组织妇女做军鞋，并且写信鼓励前方的亲人安心在部队工作，并要求奋勇杀敌，争取立功。河北区新华乡刘大爷，在春耕大忙时节，将独生子送到前线。割地时，他谢绝生产小组的乡亲帮助，老两口下地收割庄稼。刘大爷还将上风口的麦子交送了军粮。全乡军烈属在刘大爷的影响下，都主动地参加了生产劳动。

（五）加强拥军支前工作

在支援解放战争时期，为使全县党政干部军民树立"一切为了前线"的思想，县委，县政府广泛发动群众，进行思想教育，并随着战争形势发展需要，加强了对拥军支前工作的领导。1947年1月1日，县委召开了拥军工作会议，与会人员300名，当即成立了全县拥军委员会，又成立了4个募集组。如克山镇四街民众，开展募捐活动，短短几天，收到捐款637万元（旧币）。

古城区群众送完公粮后，还进行捐钱捐面去拥军。到9月25日，募捐1.7万元（旧币），白面1 238斤。为有效地集中社会各方面力量支援前线，县委根据省委指示，于1948年10月13日，成立县支前委员会，主任马启、刘洪彬、副主任有张明久、林佐明、丁星桥，下配委员7人。11月3日，支前委召开全县"动员冬鞋贷金筹备大会"。会后仅20天完成15亿元贷金任务，仅政府工作人员就捐款209.7万元（旧币），同时还捐献大量衣服、毛巾、香皂、手套、图书等物品。在各区妇女会组织下，开展了做军鞋竞赛活动，并聘请县长尹之家，县建联会主任宋迪夏作为评判员。滨河区接到做300双军鞋任务后，又在竞赛中仅用5天完成做军鞋504双，受到上级表扬。北兴区也不示弱，仅用几天时间，就上交236双军鞋。回族联合会妇女做军鞋100多双，每双鞋中还夹带一封慰问信。联合会小组长李大嫂做鞋特别细心，一双鞋底纳了1 600多针，受到参加竞赛姐妹的夸赞。

三、支前民工竞立战功

1947年5月13日至1948年3月15日，东北民主联军向国民党反动派军队发起夏、秋、冬季攻势。为支援东北民主联军在前线打胜仗，克山县委、县政府采取了各种有力措施，加强支前工作。县长尹之家代表县政府颁布第39号令，即实施《东北解放区人民爱国自卫战争勤务暂行条例》。《条例》要求：凡是县境内所有人民群众，在年满17至50岁男子，18至45岁的妇女及人民群众所具有运输能力的牲畜、车辆，均有担负战勤的义务。并规定每个应龄的人员每月服务5天，大车和车夫统一编队划组，区设大队，村设中队，下设小组；并建立领导组织。为适应战勤工作需要和党的中心任务的要求，县委成立了"克山县战勤动员委员会"，以迅速组织和动员各区人民完成战勤任务。为发挥战勤民工的作用，1947年4月上旬，北安专署、西满第一军分区发出通令，向克山下达了出勤大车10辆、担架100副的任务。为完成这一任务，县委要求各区迅速动员翻身群众，培训骨干，对其进行"保卫土地、巩固翻身成果"的教育。为此各区都按照要求，基本上都由"土改"积极分子和区中队战士组成民工队。如长发区中队班长郭墨林和战士李凤和，过去曾多次要求参军参战，由于工作脱离不开，当兵上前线没有去成，这次，他俩抓住民工队有两名队员生病有空额的机会，就盯上了中队领导，要求参加民工队去前线立功，领导见他俩情真意切要求参加民工队，就批准了他俩的要求。到1947年8月，克山县共派出由87人组成的民工队，民工队大队政委由县民政科科长张明担任。由于克山县民工队队员都是"土改"积极分子和区中队战士，政治觉悟高，都在前线做出突出成绩，其中有5名队员立大功、16名队员立小功，还有许多人受到表扬。

随着战争形势的发展和战争局势的需要，1947年8月19日，县委及时总结了前两次战勤工作的经验，要求各区既要发扬成绩，又要从严要求，按照上级的部署，加强对民工进行思想教育和管理工作。县委具体规定了选配带队民工干部和民工队队员的条件。1947年9月14日，尹之家县长发布政令，组建第三批民工队，做到"领导强、民工好、骡马壮、车结实"。20日，县委决定由民运部滨河工作队队长张连发任教导员，带大车队支援前线。当时，领导考虑他刚结婚不久，让他在走前回家看看媳妇。他忙说："不用了，有组织关照我就放心了。"1947年10月，克山县民工大队大车队往彰武县运送弹药，途中遇到了敌机空袭，张连发沉着指挥大车队向路边树丛疏散隐蔽。当时，一名民工面对敌机的狂轰滥炸吓呆了，张连发发现后奋不顾身，跑去抱着民工滚到路旁弹坑中，当人们把他俩从弹坑中扒出来时，张连发被炮弹声震得已不省人事，但他仍紧紧地搂着那个民工。人们看到他为救民工死都不怕，都亲切地叫他"张大胆"。

克山民工队在战勤支前工作中，不但取得了突出成绩，而且涌现出许多可歌可泣的英雄事迹。最突出的是古城区民和乡优秀民工江明如。1947年5月16日至18日，东北民主联军某部攻打吉林省怀德县城，江明如在战斗中多次同队友冲上前线抢救伤员。有一次，一位战士在冲锋中倒下了，他不顾生命危险冲上去。突然，一颗炮弹落在他的身边爆炸了，他当即被震得昏了过去，当队友把他叫醒后，他只是简单地包扎了伤口又冲上去了，并坚持将伤员抬到10里外的救护所。17日深夜，怀德之战进入了白热化阶段，民主联军部队遇到敌人机枪火力封锁，前进受阻，双方僵持已近两个小时。按作战计划，如果在天亮前攻不下敌人的碉堡，就贻误战机，将会影响全局作战行动。正当部队首长万分焦急的时候，带领民工执行任务的一位战士问身边的江明如："老乡，你敢跟我冲上去吗？"江明如答道："敢！你到哪里我就跟你冲到哪里，如果你挂彩了，我宁死也要把你背回来！"说着，他接过那位战士递给他的手榴弹，匍匐着接近敌人碉堡边沿处隐蔽。敌人凶猛地扫射，密集的子弹像火舌般在他头顶飞过，时间在一分一秒地过去，敌人见民主联军进攻部队长时间没有动静，就停止射击。就在敌人停止射击观察情况的瞬间，江明如一个箭步窜上敌堡，高举手榴弹向碉堡口大声喊道："都出来，举起手来，缴枪不杀！"敌人被这突如其来的喊声吓蒙了，一个个只好不情愿地举起手来。突然，一个敌人扔下手中的枪撒腿就跑。江明如迅速举起手中的扁担，照着那个逃兵的腿就抡两下，这个逃兵被打得抱着受伤的腿哀求饶命。这时，碉堡内20多个敌人都被江明如大无畏的行动吓破了胆，乖乖地都缴枪投降了。江明如只身俘虏了27个敌人，缴获轻机枪6挺、步枪17支及大量手榴弹、子弹。8月，当民工凯旋回故乡时，民主联军某部为表彰江明如不怕牺牲，英勇杀敌的赫赫战功，特奖励他3支冲锋枪、7支步枪、两把匣子枪和6箱子弹，以留作民工队配合部队作战时用。江明如勇敢冲锋上战场降敌的行动，为部队和广大民工树立了榜样。部队领导机关特将江明如的英雄事迹编成战例宣传材料，号召全体参战人员都要向江明如学习。为此，有一位文艺工作者丁达明，根据江明如的事迹，画了题为《英勇参战的民夫江明如》连环画，于1947年6月8日刊登在《西满日报》上。

第五章　轰轰烈烈地开展土地改革运动

一、进行反奸除霸斗争

东北光复后，根据党中央"减租和生产是保卫解放区两件大事"的指示精神，中共黑龙江省工委于1945年12月22日发出《中共黑龙江省工委关于加强群众工作给各县工委的一封信》。《信》中明确指出，放手发动群众"这是决定我们进退与成败的大局"。又明确指出目前发动群众的中心环节是"反汉奸，制裁汉奸、特务，过去压榨人民的汉奸爪牙，这是由民族觉悟到阶级觉悟的必经道路"。按照党中央和省工委的指示，克山县工委认识到推翻旧政权，建立新政权和巩固新政权是一场激烈的政治斗争。为彻底摧毁反动统治势力，使广大城乡群众彻底翻身当家做主人，过上幸福安宁的日子，及时领导和发动群众组建基层政权，如区村政府、工会、农会等组织。迅即进行政治宣传和发动群众工作。当时，在南戏院召开了城镇居民参加的县民大会，县工委书记汪滔、县长尹之家、县大队队长鈕景芳等领导作了重要讲话，主要宣传共产党的政策和主张，部署了反奸除霸工作任务。县工委分派刘瑞生、宋迪夏、乔晓波等领导干部在县城内发动工人、学生、城镇贫民组建各界建国联合会，大量吸收工人、学生、城镇贫民参加反奸除霸斗争。当时，最先参加反奸除霸工作的有李鉴塘、郭士文、麻振林、肖林，接着有汤净涵、方作新、李永海等人。反奸除霸斗争开始时，在县城首先揭发并逮捕了伪满物资分配组合的头子、大汉奸、大奸商刘福春和绰号"小辣椒"刘赞臣。组织群众清算了西南区屯长刘景山、街南区坏屯长柳忠信的罪行，惩办了亚麻厂高品一和国际脚行的"把头"。在旧历年前的一天，县建国联合会将反奸除霸得来的果实，向城内4万多群众发放现金55.1万元（当时纸币）、白酒4万余斤、豆油11.9万余斤、特级面粉5.97万余袋、普通面4.47万余袋。同时，县长尹之家签发了没收敌伪资产的文告。在城镇反奸除霸斗争中，还废除了城内娼妓，解放了妓女。

1946年2月，县工委组织部长韩玉又带领工作队员到北兴区。当时，他派葛梦飞和另外3名队员去侯宝清屯。这个屯是抗日联军经常活动的地方，伪屯长魏洪江曾检举密告与抗联有联系的侯宝清，被日伪抓去送到哈尔滨监狱。工作队员进屯后，很快就开展了工作。工作队员便逐户访问贫下中农，经向群众宣传党的政策和主张，群众纷纷揭发检举汉奸恶霸地主魏洪江的罪行，并一致要求抓住汉奸恶霸地主伪屯长魏洪江。当时群众反映魏洪江可能有枪，警告工作队员要千方百计防备魏洪江下毒手，进行反抗报复。工作队员掌握情况后，便传讯魏洪江。没想到，这个罪恶多端狡猾的魏洪江便一大早来到工作队员住处，手持三节棍。当时，工作队员一看来势不对，当即将魏洪江手持的三节棍夺了下来。接着，工作队员开始对他进行搜查。为防魏洪江下毒手，工作队员邢业勤在一旁持枪戒备，打算如发现魏洪江有反抗行动便立即开枪将其处决。可是，魏洪江一看势头不对，未敢妄动。工作队员搜遍魏洪江全身，未发现他带有手枪。接着，便把魏洪江看押起来。当天，工作队员葛梦飞给县工委组织部长、工作队队长韩玉写了一封信，反映伪屯长魏洪江罪恶大，群众恨得咬牙根，要割他的肉、扒他的皮。过了两天，韩玉带领女干部赵辉等北兴区返回的工作队员来到侯宝卿屯。通过走访群众，调查核实魏洪江的罪行确实太大，根据群众要求，召开了全屯群众公审大会，会上，受害群众纷纷控诉魏洪江的罪行。当时，韩玉在会上宣布，赞成枪毙魏洪江的举手，绝大多数都举起手来。通过群众决议，将魏洪江处决了。处决魏洪江之后，报纸还登载了克山北兴枪毙汉奸、恶霸、地主魏洪江的消息。

从1946年6月开始，县委按照党中央"五四"指示精神，将开展反奸除霸斗争转入土地改革运动。此期间，采取分步骤地开展反封建斗争，将清算大地主的土地、牲畜、财产分给贫苦农民。在这场暴风骤雨式的运动到来时，县委副书记张同舟将省委印发的党内文件精神向工作队员传达。根据坚定地依靠贫雇农，紧密团结中农，麻痹中小地主，孤立富农，集中力量打击封建大地主的规定，将斗争锋芒直接对准封建恶霸地主，开始"砍大树、挖财宝、挖穷根"的政治斗争。首先，由县委副书记张同舟带领县工作队员在西域区清算了拥有1 700垧耕地的大地主兼伪村长许鸣周。许鸣周是克山县境内较大的恶霸地主，利用伪村长职权霸占大量土地，剥削抗活的长工。为效忠日伪统治者，他利用职权把自家摊的"出荷粮"强加给贫苦农民，特别是依仗着当西城警察署署长的侄子许庆达权势，独霸一方。在"砍挖"斗争中，砍倒了许鸣周这棵大树，并将他的耕地、青苗、房屋、牲畜、财物等都分给了贫苦农民。从而全县各区都相继开展了"砍挖"斗争，彻底摧毁了封建的反动势力，巩固了新生政权。

二、废除封建土地制度分配土地

1947年9月13日，中共中央召开全国土地会议，制定了《中国土地法大纲》。10月10日，颁布了《中国土地法大纲》。《大纲》规定："乡村中一切地主的土地及公地，由乡村及农会接收，连同乡村中其他一切土地，按乡村中全部人口，不分男女老幼，统一平均分配。""废除封建性及半封建性剥削的土地制度，实行耕者有其田的土地制度。"根据全国土地会议精神及《大纲》规定，12月20日，黑龙江省委在北安召开县长联席会议，传达中央土地会议精神，部署各县发动群众，开展平分土地运动。为此，县委于12月下旬，召开了全县干部会议，贯彻《大纲》和传达省委召开的县长联席会议精神。当时，与会有县、区、乡干部260多人。为发动群众开展好平分土地运动，会议集中解决两个问题。一是在自我检讨下，否定了过去小手小脚的做法和各种形式的"份子路线"。强调树立贫雇农观点，实行贫雇农路线，号召与全体贫雇农见面，充分依靠贫雇农去工作；二是在向贫雇农交权交底的情况下，首先把运动搞起来，一切问题从运动中解决，并对不能接受这种观点的干部予以撤职。通过会议学习，与会的干部都对开展平分土地运动有了明确认识，会后，迅速开展发动群众工作。

克山县开展平分土地运动始于1947年12月25日，终于1948年2月2日。平分土地运动亦称为"四十天运动"。运动分为猛攻封建和全力分浮财两个阶段。1947年12月25日至1948年1月20日为第一个阶段。这个阶段，县委的工作部署是集中领导、突破基点、放手发动、全部铺开。1947年12月28日开始，全县干部分工下乡进基点开展工作。

当时，河南、滨河两个乡"煮夹生"和"砍挖"斗争比较彻底，由夹生区变为成熟区。在猛攻封建斗争中，这两个区工作队依靠贫雇农，继续深入开展彻底肃清封建的斗争。其他各区在"斗封建、挖财宝"中展开猛烈攻击封建的斗争。当时县委主要领导集中到古北、刘大、长发、杨玉等区。县委书记汪滔，副书记张同舟，组织部长韩玉去抓斗争基点古北区，以保安、双龙泉、赵森3个乡为工作重点。进驻古北区基点后，第一天，首先做向群众交权交底工作，为给群众撑腰鼓劲。汪滔、张同舟、韩玉3位领导分别在3个重点乡召开了"联合贫雇大会"，宣传讲解《土地法大纲》、东北局告农民书和县政府、县保安大队、县公安局联合布告。为给群众撑腰，工作队员还反省了在以前工作上小手小脚做法的毛病，向群众表态交底，鼓励群众放开胆量起来斗争。当天下午就有30多人参加斗争，一气斗争了二十五六个地主。第二天，办理干部解职和权利移交手续，由群众推选的斗争积极分子接管农会和乡公所的大印。第三天，全区各乡群众都发动起来了，开始起浮财。第四天，掀起了斗争高潮，全区大部分乡男女老幼都行动起来参加轰轰烈烈的起浮财斗争。斗争形势由小到大，由温和转入激烈。

第二个阶段是全力开展分浮财。时间从1948年1月开始到同年2月2日结束，为全力组织开展分浮财运动。

分浮财运动是空前发动群众的运动，是真正形成男女老幼齐动脑、动口、动手的群众运动，也是体现翻身贫雇农当家作主、自我教育的过程。这次运动不仅提高了贫雇农的政治觉悟，而且巩固发展了贫雇农在农村的阶级优势，实现了"公平合理"地分配劳动果实与团结整个贫雇农阶级的目的。1948年2月2日，克山县胜利地完成分浮财和平分土地任务。据1948年1月4日全县10个区统计，贫苦农民分到土地188 385垧、房屋31 338间、马16 635匹、牛7 460头、各种衣服109 936件、布匹192 041尺、黄金50多斤、白银3 900余两、粮食4 000余石，还有大量农具和其他生活及生产物资。开展平分土地运动，彻底摧毁了农村封建势力，废除了封建性和半封建性的土地制度，使贫苦农民真正实现了"耕者有其田"的梦想。

克山县开展土地改革运动取得胜利，是共产党领导贫苦民众土地革命的运动缩影，也是开展土地改革运动的典范，取得土地改革运动的胜利主要标志：一是空前发动了人民群众。在全县农村11 101户农中，参加土地改革斗争的有9 834户，占全县农村总户数的88.58%。据当时11个区统计，在102 858人口中，有43 617人参加了贫雇农会、妇女会、民兵自卫队、儿童团，成为摧垮封建势力的中坚力量，体现了农民自己掌握了自己的命运。二是发展壮大了党的组织，建立和巩固了各级民主政权。1947年3月，克山县地方党员仅有64名，到开展"煮夹生"斗争时，全县党员发展到362名。1947年7月，县委在西北五区进行两个月"砍挖"斗争试点后，全县建立18个党支部，发展党员达到571名。同时，从入党积极分子和党员中提拔大批农村干部，并放手使用了这批新干部，将他行选派到各区党政和群团部门做领导工作。三是充分发动了翻身农民爱国保田、踊跃参军参战，有力地支援了全国解放战争。通过开展土地改革运动，使广大翻身农民认识到国民党发动内战是对翻身后农民得到胜利果实有威胁的。为爱国保田，全县青壮年踊跃报名参军参战，有6 116名青壮年应征入伍，奔赴解放战争前线奋勇杀敌，其中有233名战士为了祖国解放事业光荣为国捐躯。

第六章　恢复战争创伤 开展经济建设

一、农村开展大生产运动

1945年12月15日，党中央制定"一九四六年解放区工作方针"，明确指出：各解放区的中心任务之一是开展生产运动，改善人民生活。根据党中央制定的工作方针，1946年1月12日，中共黑龙江省工委发出《对群众工作的补充指示》，指出"必须切实解决翻身后的农民最迫切的具体的经济要求，例如马上分配开拓团土地分给无地或少地的农民，以及减租减息，安抚救济工作等。"

1946年2月26日，克山县长尹之家在全县各界人民代表会议上的报告指出："当前工作任务是：领导生产、恢复经济、巩固金融、改善民生"。为此，各区政府按照县政府部署春耕生产的指示，组织区干部下去检查督促，协调村屯组织春耕工作，并向农民宣传进行合作生产。从而，各村屯相继组织生产合作组。如北兴区太平庄在农会小组宣传号召下，组建起换工队，实现生产统一指挥，调动了农民劳动情绪，提高了生产效率。1946年，全村种地370垧，实行换工后，仅用9天就完成了庄稼收割任务，比1945年种地170垧，收割21天，提前了12天。由于县工委、县政府大力扶助翻身后的贫苦民众，及时解决种地耕畜、作物种子等实际问题，并组织农民互助合作搞生产，调动了农民种地的积极性，他们以辛勤地劳动夺取了第一个丰收年。1946年，翻身后的农民积极向国家交公粮3 344万斤。

1947年，从春耕开始，县委就组织开展农业生产运动。县政府拿出农业贷款为无耕畜农户买了300多匹马，与北安专署联系，为缺种子农户调来700石大豆籽种，全县播种面积超过15万垧。当年，农业生产又获得大丰收，虽然上级为克山县下达交公粮任务下调10%，然而，农民丰收不忘国家，实交公粮4 729万斤，比1946年增加41.4%。

开展农业大生产运动给克山农村带来巨大变化。据县委1949年末对7个村进行调查，有76.8%的农户过上中农以上的生活。其中，过上富农生活的占0.07%，过上富裕中农的占8.16%，过上中农生活的占68.07%，过着贫农生活的占21.88%，过着雇农生活的占0.95%，其他占0.23%。从7个村看，共增车150辆，马246匹，盖新房64.5间。据滨河区众心村调查，253户中余四五石粮的有110户，余二三石的有70户。除去籽种人吃马喂粮外，余粮不多的只有70户。1948年，北兴区新农村22户余粮202石，到1949年猛增为519石。从购买力看，据5个村统计，1948年，每人平均买布为16尺，到1949年为平均19.88尺。滨河区众心村户有3匹马的就有26户，有3匹马以上的有16户。杨玉区仁政村有35户盖了新房。在共产党领导下，开展农业大生产运动，不仅使全县粮食产量和上交公粮逐年上升，而畜牧业、副业也都得到相应的发展。农村经济的发展促进了城镇工商业和其他事业的发展，而且有力地支援了全国解放战争。

二、实施财税战略决策，实现经济状况好转

新中国成立初期，为实施争取国家财政经济状况的基本好

转而斗争的战略决策，1950年2月，中财委召开全国财政工作会议，研究克服全国财政经济困难的政策和措施。会议根据全国财政、贸易、粮食、金融等经济杠杆部门的基本情况，决定节约开支，整顿收入，统一全国财政经济工作，以实现国家财政收支平衡，物资供求平衡，现金出纳和金融物价的稳定。3月初，政务院据此作出《关于统一国家财政经济工作的决定》，从而使全国初步形成了高度财政经济管理体制。为此，克山县政府根据中共中央和政务院制定的有关政策及《决定》，首先加强县财政机构建设，县财政科内设财会、审计、粮秣股、征收股，执掌代办国税、地方税捐征收、公债、金融、官产、仓谷、编制预决算以及会计、庶务等。县财政科按照政务院的《决定》，对县内普遍实行统收统支财政管理体制，将收入一律上缴省，再由省统一上缴中央，地方开支均由省统一拨付。实行这种财政管理体制，确保当时财政收入统一使用和资金严格控制，对平衡财政收支、稳定物价、促进生产、恢复发展经济起到重要作用。与此同时，东北银行黑龙江分行决定在原克山大众银行基础上，设立了东北银行驻克山办事处，正式建立了中国人民银行克山支行。第二年，克山支行在北兴、西城区设立了银行营业所。从1950年初开始，克山县农村兴起农民入股的金融合作社，即农村信用社。在1951年，还在古城建国村、北联庆功村供销社试办了信贷部，设专人负责存款、放款业务。1950年，克山县税务局也加强了自身建设，将税务人员增至35人，下设北兴、火车站两个分所。

为确保财政收入统一使用和资金严格控制，县财政部门认真贯彻"抓紧和集中一切可能收入，保证国家经济建设、国防建设、文化建设的需要，在国家统一制定的国民经济计划下，积极贯彻财政经济中的财政监督、节约支出、严格财政纪律、大力挖掘财政经济的一切潜力，积累国家资金"的方针，积极配合税务部门、银行部门、企业公司和计委会等对下属企业进行清产核资、充分挖掘企业内部经济潜力，增加财政收入。如对所属11家工厂进行清产核资，共清出流动资金、固定资金、呆滞材料等核款30多万元。经过抗美援朝、"三反""五反"等运动，对工农业进行社会主义改造，促进了国民经济恢复发展，使县财政收入逐年增加，仅1950年，县财政收入达到304.6万元，而实际支出仅为31.4万元。到1953年实施第一个五年计划时，县财政收入就上升到608.3万元，而实际支出为124.7万元。

克山县财政收入主要是靠农业税收。从1949年开始，农业税收实行按耕地地质和常年产量评等定级。征收农业税标准："以每亩常年产量500斤以下者定为一级，超500斤至700斤者定为二级。征收时，每增加200斤提高一级。"征收率按土地正副产品总和征收22%。从而体现对勤劳生产、精耕细作、推广新技术、增加收入者不多征。在征粮的同时，每垧地征收谷草60斤，农户无谷草者可用3斤粮食代替。在征收公粮时，加征5%作为地方办教育、卫生、修桥补路、优抚、社会救济等公益事业。为鼓励垦荒，新开荒地第一年免征农业税，第二年征半税，第三年征全税。对复种熟地亦采取奖励办法，予以奖励。1949年，全县大田征粮地为147.5万亩，征粮26 183吨，平均亩征35.6斤，征谷草7 800吨，亩征21斤。1952年，全县课税面积为248万亩，完成农业税核款405万元。同年，取消一切附加税，税率为23%。

在县财政部门对全县经济进行宏观控制管理下，为开发财源，县委、县政府加强了对税务部门的领导，逐步建立和完善税务体制。1951年1月，按照政务院颁布的《全国税政实施要则》统一全国税制，县内开始执行新税制，开征农业税、契税、货物税、工商税、屠宰税、交易税、存款利息所得税、印花税、特种消费行为税、车船使用牌照税等10种税收。在实行新税制中，税务部门积极清理税源，于1950年11月，仅一次就查出48家漏税，令其进行补税，有39家个部门上了印花税。由于实行新税制，增加了县财政收入，同年，县财政收入增加113万元；1953年增加184万元。

在国民经济恢复中，金融机构建立。为扶持工农业生产，根据生产和用款户的需要，经过当地党政组织研究，予以及时发放贷款。1949年，全县发放各类贷款7.2万元，特别是扶持翻身农民购买小农具、耕畜及购买饲草饲料。发放工商贷款2.3万元。到1950年，向农村发放贷款达到127.5万元，其中农民购买600匹马，新式农具80套。1953年，银行部门贯彻"必须集中资金供应国家需要、合理使用贷款，进一步与国民经济相结合，为生产及商品流转服务"的方针，发放各项农业贷款27.1万元。银行部门在搞好扶持工农业生产的同时，还加强货币管理工作，有效地组织与调剂了市场货币正常流通，基本上保证了国家粮食征购、军需供应、国营企业加工订货及职工工薪方面的现金支付。并大量地吸收货币回笼，稳定市场物价。与此同时，银行部门还认真做到了支持国营商业系统按时进货，充分保证市场商品供应，并重点扶助了私营手工业储备原料，使之私营商业、手工业得到国家给予的资金扶持。

三、兴办新民主主义教育

1931年"九一八"事变后，日本军国主义者侵占克山，在进行政治和经济侵略的同时，还进行文化侵略即实行法西斯奴化教育。其间，在克山县城办了伪国民高等学校，其中有男子国民高等学校1所、女子国民高等学校1所，还有1所培养教师的师道学校，并在县城办了几所小学校，如贞静小学校、启明小学校、林泉小学校、花园小学等。在农村也办了几所"官学"。这些被日伪统治的学校，在校学生大多数是伪官吏、奸商等有势有钱人的子弟，而劳苦大众的子弟很少能到"官学"去读书，适龄儿童入学率仅占26.2%。到1945年8月15日日本投降时，全县有小学（包括私塾即私人办的学校）89所，有教师262名，在校高小学生1 248名，初小学生6 571名。在县城内有省立中学1所，教师12名，在校学生385名，其中高中学生57名，初中学生328名。

1945年8月23日，苏联红军进驻克山，克山即日解放。24日，受日伪政权维持会反动组织的指令，全县所有学校一律停止上课，从而，学校空空，教师和学生都回家去了。此时，克山县学校教育处于停办状态。

11月21日，克山县建立了人民民主政府（以下简称县政府）。当时，县政府为迅速恢复和发展教育事业，认真贯彻执行东北行政委员会颁布的"关于改造学校教育，使教育服务于战争，服务于生产，服务于耕者有其田"的教育方针。根据这一教育方针，县政府发出文告指出：摧毁奴化教育，实行新民主主义教育的方针，指出"青年和儿童在敌人强迫进行法西斯奴化教育下，在他们的思想发展上受到严重的限制和毒害，今后必须彻底废除一切奴化教育及肃清法西斯统治的思想余毒。在新民主主义的教育方针指导下，给以普遍的社会及职业教育，让他们的思想得以自由发展。一切中小学校在可能的条件下，应尽早开学，对一切贫苦的青年、儿童应适当地给予救济，使其就学。要普遍发展社会教育，使成年人也有受教育的机会。"按照文告精神，县工委、县政府在抓建党、建政、开展剿匪和土地改革斗争的同时，着手抓恢复学校教育。

（一）做好学校复课工作

在日伪政权维持会指令下，全县中小学校停止上课，使学校教育处于停办状态的时候，县工委、县政府把学校教育作为党的一项重要工作来抓，迅速去抓恢复学校开课。在恢复学校开课时，首先遇到师资严重不足的实际困难，按照当时情况，要招收新教师。但是，社会上又没有那么多的人选，留用的教师，多数受日伪奴化教育思想的影响，旧的思想意识和旧的教学方法必须要改变。针对这种情况，决定先将日伪统治时期任教的教师暂时留用，同时还采取文化考核的办法，在社会上招收师道学校没毕业的学生和城乡工农出身的、有文化的人任教师。通过这些办法，及时解决了师资问题。师资问题解决后，为提高教师教学水平，县政府便着手抓教师培训工作。1946年1月，在县城内开办10天教师培训班，向教师宣传共产党的政策和主张，讲解共产党的办学方针，使受培训的教师对共产党的政策有了正确认识，使旧的思想意识有所改变。在提高教师政治思想觉悟后，还对被培训的教师进行文化培训。2月22日，县政府选派两批教师到北安军政学校去学习。第一批派出去24名教师，第二批派送去30名教师。这些教师在北安军政学校学习了抗日战争史、社会发展简史、《新民主主义论》，还学习了新教学方法、儿童管理法，特别是听取了省工委领导所作的关于国民党反动集团反人民、搞内战及苏联问题的政治报告。这些教师经过培训后，很快就返回克山。1946年3月，由于县政府对学校复课工作抓得及时，全县中小学校复课条件具备，城乡各中小学都相继复课了。

城乡中小学校相继复课后，为把学校办成"服务于战争，服务于生产，服务于耕者有其田"的新型学校，克山县在接收旧学校之后，县政府就在文告指出："文化教育为新民主义，即民族的、科学的、大众的文化教育"。并指示学校认真学习老解放区的办学经验，彻底废除买办的奴化教育，认真执行新民主义教育方针，将学校大门向劳苦民众子弟敞开，大量招收劳苦民众子弟入学。为提高民族的文化水平，培养国家建设人才，要求学校教育必须彻底肃清封建的、买办的、法西斯的奴化人民的思想余毒，使其树立为人民服务的思想。将学生培养有"爱祖国、爱人民、爱劳动，爱科学，爱护公共财物"的新思想，成为国家新主人。

（二）加强学校教育管理

遵照东北行政委员会的指示，为"改造学校管理"，县工委、县政府十分重视对学校教育的管理工作。为加强学校的管理，1946年1月，县工委、县政府决定成立教育科。当时，教育科隶属县政府，但实际工作由县委宣传部直接领导。县委宣传部长乔晓波兼任教育科科长，内设秘书股、小学教师股、社会教育股。中学校教师由省教育厅统一管理，在全省统一调配使用，小学教师由县教育科统一调配使用。

在抓学校领导机构管理的同时，还加强对学校学生管理。对学校学生管理，也与旧学校不同。接管旧学校后，从根本上废除了教师对学生"打手板""罚站""罚跪"等体罚。同时，学校普遍建立平等的师生关系，真正体现了教学民主，把学生看作是学校的主人。在教学中，彻底废除了奴化教育，学校教师在教学时，主动向学生征求意见，教师还按照学生的年龄、特点选择恰当的教学方法，如课堂教学与课外辅导相结合，普遍传授与个别辅导相结合，并采用教学研究、观摩教学等形式教学新方法。从1946年8月起，全县各中小学校一律贯彻《东北民主政府特别施政纲领》中规定的《学生品德守则》《学生管理方法》，实行民主管理学校。从而出现了教师经常深入学生家中访问，学生尊师爱校的新风气。

（三）注重对学生进行政治思想教育

东北光复前，由于日伪统治者控制学校，学校教育的目的是为统治者培养"效忠"统治阶级的走卒，以维持其统治政权。

共产党接收日伪政权后，人民掌握了政权，新学校培养的人才是为无产阶级服务的。因而，在城乡中小学校复课后，新学校除对学生进行文化教育外，还进行政治思想教育。当时，各学校对中小学生开设必要的文化课外，并重点开设政治课。政治课主要讲"九一八"到"七七"，从"七七"到"八一五"的革命斗争史，毛泽东《新民主主义论》和中国共产党武装斗争政治内容。通过开设政治课，使在校学生接受武装夺取政权的思想教育和马克思主义基本原理的启蒙教育。与此同时，各学校紧密配合当时的政治形势，引导学生走出校门，投入到反奸除霸、土地改革、支援全国解放战争中去，在革命的大风大浪中锻炼成长。1948年9月，辽沈战役打响后，为支援解放战争，夺取全国的胜利，克山中学生纷纷报名参军参战，有41名学生自愿报名参军，奔赴解放战争最前线。

四、发展群众文化事业

克山解放后，翻身的劳苦民众不仅物质条件有了改善，而且文化生活也相应地得到提高。县委、县政府为改造旧文化，认真贯彻"新民主主义文化教育"的方针，着手发展群众文化，让翻身民众占领无产阶级文化阵地，让文艺为工农兵服务。

1946年2月26日，县政府第一任县长尹之家在克山县各界代表大会上作工作报告明确指出："我们的文化教育方针是新民主主义的，即：一、民族的，它反对帝国主义的压迫，主张中华民族的尊严与独立；二、科学的，它反对一切封建思想，迷信思想，主张实事求是，主张客观真理，主张理论与实践一致的；三、大众的或民主的，即文化应为广大工农兵服务，并逐渐成为他们自己的文化。"根据当时战争局势和开展土地改革斗争的需要，县委、县政府认真贯彻执行新民主主义文化教育方针，在城乡大力开展群众文化工作。

（一）组建群众文艺宣传队

东北解放初期，为了教育人民，鼓舞人民，唤醒人民与封建势力作斗争，克山县委、县政府在开展建党建政和开展土地斗争的同时，还大力开展群众文化工作。在城乡组建文艺宣传队，用文艺形式向人民群众宣传共产党的主张和对敌斗争的政策，以团结人民群众，共同进行对敌斗争。

1946年春，县政府文艺宣传队成立。这支文艺宣传队主要任务是编演革命文艺节目，配合当时支援解放战争和开展土地改革斗争，进行文艺宣传教育。文艺宣传队有30多人，队员实行薪水制，隶属县委宣传部，队长由县委宣传部部长乔晓波兼任。

县文艺宣传队成立后，经常在县城街头进行演出，演出的剧团有《兄弟》《汉奸末路》等。他们的精彩演出，激起人民群众对日本帝国主义者和汉奸特务的痛恨，树立起民族正气，给当时开展反奸除霸和清算斗争以精神鼓舞。在新年和春节期间，除为群众演出外，还慰劳县大队和苏联红军战士。

县文艺宣传队除进行文艺演出外，还担负着搞政治宣传工作，如写墙报、写标语、画漫画等。每天在县城十字街口用小播音机播放时事、演说、政令，还播放音乐唱片等，下午听广播群众多达五六十人。

（二）开辟文化活动阵地

恢复发展群众文化事业，必须开辟文化活动阵地。县委、县政府为满足人民群众的要求，在经济还十分困难的情况下，因陋就简的增设文化设施。1946年，在县城内开办了"生活书店"，这家书店归属沈阳"东北书店"领导。书店开业后，按照黑龙江省政府1946年5月15日训令，为肃清日伪文化教育的余毒，加强新民主主义教育和文化宣传。查禁了日伪发行的一切书籍、唱片及歌曲本。为配合全国解放战争和土地改革斗争，书店扩大经营了宣传连环画、革命歌曲本和伟人画像等。同时还经销革命书籍及报刊。1948年，成立了新华书店。

接着，县政府又接管了县城内一家电影院。对原有电影片进行认真审查，对不健康的与政治宣传有抵触的电影片一律进行禁封，令其停止放映。然后，重点放映《民主东北》等政治性较强的进步影片，并开放让广大人民群众观看。

为扩大群众文化阵地，县政府还对私人剧社进行整顿。按照党的政策，将私人开办的剧社关闭，成立由政府领导下的文艺团体——晨钟剧社。

（三）繁荣群众文艺创作

革命战争和土地革命锻炼了人民，教育人民，人民对党和政府拥护和爱戴及对敌人痛恨的心情也都在斗争中溢露出来，随着革命形势的发展，文化活动阵地不断扩大，从而出现群众文艺创作高潮。据《黑龙江日报》报道：黑龙江省克山县翻了身的农民们，自经过土地改革运动，不论在劳动和休息时，常欢乐地大声唱着他们自己编的新歌。

为取得全国解放战争胜利，全县掀起踊跃参军参战的热潮。革命群众编创了大量宣传参军参战的新歌谣，如《送郎参军》等。革命的群众文艺既是教育人民鼓舞人民的精神动力，也是震慑和打击敌人的武器。

五、整顿医疗卫生机构，服务战争服务民众

东北光复后，克山县18万受苦受难的人民才重见天日。为保障人民身体健康，县工委（县委）、县政府按照东北局确定的"军民并重"的卫生工作方针，着手抓地方医疗卫生工作，开展整顿卫生机构，培养医护人员，加强医药管理和医疗保健及卫生

防疫等方面工作。

（一）整顿并扩大医疗机构，服务于战争

日本投降后，蒋介石妄图夺取人民抗战胜利果实，发动全面内战，向解放区大举进攻。为保卫抗战胜利果实，中国共产党领导的人民军队与国民党反动派军队展开大决战。1946年1月，为接收前线下来的伤病员，将原县立医院改为克山县军民医院，主要任务是接收从泰安战役下来的伤病员。由于医院设备简陋，适应不了战争需要，为医院加强力量，北安军分区拨给一批医疗器械和药品。卫生部还派来3名看护、1名司药、2名医术高的医生。这时，县军民医院有医生8名，医助6名，护士12名。泰安战役后，治疗伤病员160多人，有力地支援前线。

蒋介石发动的全面内战爆发后，急需为前线培养大批医护人员。县军民医院成立卫生学校，当时有一百七八十人报考。经文化考核，政治审查，录取五六十名学生。开课不到3月，因战争时局需要，学校抽调20多名学生去警卫三旅，到前线做救护伤病员工作。

1947年1月，随着战争局势发展，西满军区在克山成立了西满军区第三后方医院。院长沈邑，政委梁国民。西满军区后方第三医院在克山成立时，下设3个卫生所。以后县军民医院和西满军区医院合并，但医院医疗设备仍很简陋，只有二所有一部X光透视机，各所设有化验室、药房、还可以简单制药。如制葡萄糖、盐水等，3个分所医护人员已达到三百六七十人，其中女医护人员占一半以上。

为抢救战场下来的伤病员，让他们早日痊愈重上战场，县委、县政府在接收伤病员时，在物质给予大力支持。当时，对每个伤病员保证每天供给菜金13元（县直党政机关干部菜金每天才8元，战士5元）。伤病员每天一顿饭炒两个菜，牛肉汤一

碗，大米稀饭随便喝，还供应牛奶。在打四平、德惠、九台、长春等地后，从前线下来3 000多名伤病员。在伙食上，平时杀猪杀牛，每天吃两三顿白面，常包包子和水饺。而医护人员却吃着粗粮咸菜。1947年9月，第三后方医院抽调60多名医护人员，到齐市参加新组建的西满军区第十六后方医院工作。1948年春，第三后方医院改为东北军区龙江第十后方医院。1948年11月25日，随军南下。

（二）整顿并发展私人医疗机构，壮大医护工作者队伍

为发展医疗卫生事业，县政府按照"实行革命人道主义，团结中西医，光大祖国医学"的指导思想，对私人诊所进行整顿。为此，县政府指派民政科卫生股抓医疗管理机构组建工作。1946年底，成立了医药联合会，会长由汉医常广丰担任，副会长由汉医李春华担任。医药联合会经常组织中西医及经营医药的从业人员进行政治和业务学习，经过培训，都能按会章要求行医。为使开诊行医的医生都能尽快成为合格的医生，县政府派民政科卫生股股长李木天组织城乡中西医医生进行业务考试。1949年8月，有160多名医生经培训考试合格，县政府为其医生颁发行医证书。经过培训，当时的外科医生一般能做普通的外科手术；内科医生能抢救急重病人；妇产科医生能做剖腹产手术，还能采用新法接生。

（三）整顿医药管理机构，加强对医药管理

东北解放初期，县内经营医药的都是私人，医药奇缺又昂贵，而且对医药质量和价格也没有依法管理。所以，社会上卖假药、哄抬药价的现象时有发生。当时，县城内有私人药店9家：刘长清开的西药店；杨宝兴开的和发徐药店；李尧廷开的吉庆升药店；闫聘儒开的公私堂药店；杨耀廷开的和发徐药店；赵丰年开的德兴祥药店；巩有祥开的锦和盛药店；尹大用开的和盛宏药

店；杜景春开的东和堂药店。这些药店，在日伪垮台后，处于涣散状态。为加强医药管理，县政府专配1名药政人员进行药政管理，平时，对每个医疗机构药品供应、药品价格、药品质量及毒麻、剧药进行定期检查，统一管理。对市场上卖假药、抬高药价者给予打击，从而保证人民群众用药安全。

（四）贯彻执行"预防为主"医疗卫生方针，开展疾病防治工作

东北解放后，克山城乡经济处于困难状态，以"克山病"为重点的各种流行病经常发生。为此，县委、县政府从关怀人民身体健康出发，组织干部群众开展卫生防疫工作。每到春冬两季"克山病"发病时节，县政府组织全县医务工作者组成医疗队奔赴病区开展防疫治病工作。如到北兴、西城、古北、杨玉、刘大、郑家、长发等区。全县下乡医生达到五六十人。他们响应政府号召，不计报酬，打着红十字旗，背着行李和药兜，走村串户为老百姓防病治病。在开展"防克"工作同时还对威胁人民生命的甲、乙类传染病进行防治。1948年11月，辽沈战役取得胜利，局势稳定了，克山县重建县立医院，除开展医疗工作外，还负责对私人行医的医生进行预防接种技术培训，组织群众接种预防疫苗，使流行传染病得到有效控制。

从1945年11月到1949年，克山县医疗卫生事业得到快速发展。县立医院医护人员增加到50多人，设病床50多张。正式建立了内科、妇产科、外科、药剂科、总务科。为保证县立医院发展，县政府还组织发动群众自愿入股参加合作医疗，入股者发给入股证（当时入股资金约五亿元旧币）可享受减费治疗待遇。由于医院有了资金补充，所以医院医疗设备增加了，医护人员经过培训医疗技术也提高了。到新中国建立前，全县有正规诊所（包括私立）已发展到250处，产院7处，药铺、药房49处。

第七章　开展抗美援朝运动

　　1950年6月25日，朝鲜战争爆发。美帝国主义侵略者不顾世界和平人民的反对，公然武装干涉朝鲜内政，并于10月初，将战火燃烧到鸭绿江边，大有进犯中国领土的趋势。当时，党中央考虑到中朝两国有着悠久的唇齿相依的友好关系，朝鲜的存亡对中国则是唇亡齿寒、户破堂危。面对美帝国主义侵略者疯狂的侵略行径，周恩来总理宣告："中国人民绝不能容忍外国的侵略，也不能听任帝国主义对自己的邻国肆行侵略而置之不理。"为此，10月19日，奉党中央的命令，中国人民志愿军带着中国人民的重托，雄赳赳、气昂昂地跨过鸭绿江，支援朝鲜人民进行反侵略战争。在这场侵略和反侵略、正义与非正义的战争中，克山18万人民群众，发扬崇高的国际主义和爱国主义精神，集中人力、物力、财力支援这场伟大的抗美援朝战争。

一、青壮年踊跃参军赴朝作战

　　1950年10月，随着英勇的志愿军战士赴朝作战，克山县委根据黑龙江省委、省政府的指示，为有效地领导和动员社会各界青年报名参军，于26日成立了以县委书记韩玉为主任、县长王涵之为副主任、县武装科科长、区委书记、区长为成员的克山县扩充新兵委员会。城区内各企事业、机关、学校等单位也都成立了扩兵领导小组。县扩兵委员会为保证兵源和入伍新兵质量，首先进行宣传动员工作。当时，城里中小学校学生扭着秧歌，敲着腰鼓，走街串巷宣传抗美援朝，保家卫国的意义。街道组织老大爷、老大娘，仨一伙、两一伙的宣传组，手持小红旗，挨家挨户地进行宣传动员，动员青壮年参军参战。在大街上，到处张贴着"反对美帝侵略""保卫祖国经济建设""踊跃参军，建立强大的人民国防军"等标语口号。工厂、学校举行参军誓师会，为参军青壮年披红戴花。为使农村扩兵工作顺利开展，各区都召开了党、政、青、妇负责人会议，要求在扩充新兵过程中，应以说服教育为主，以主动自愿为原则，采取从内而外的发动形式进行扩兵。同时，还要求适龄的党团员要带头报名参军。经过宣传教育，广大适龄的青壮年都积极地响应党的号召，仅在一个月的时间内，全县就有1 394名青壮年报名参军。

为保证扩充新兵质量，县委在成立扩充新兵委员会的当天，就向全县发出《关于扩充新兵的规定》的通知，明确扩充新兵的对象和条件。10月14日，县委、县政府组织了4个工作组，共有30多人深入到各区领导开展爱国主义和国际主义宣传教育活动。其间，训练1 532名扩兵小组长，经过短期的训练后，都回到自己的村屯开展扩兵竞赛。其做法是鼓励适龄青壮年踊跃参军。平安村青年郑发，在村扩兵会上说："过去小日本把我叔叔开了膛，今天我们刚刚过上好日子，美国人又要来了，我坚决报名参军去保卫祖国，一定要打败美帝侵略军。"西城区妇女在妇女联合会的组织下，开展向解放战争时期送郎参军的模范人物吴华学习和送郎参军竞赛活动。解放村妇女主任在区里开完会后就动员丈夫去参军，由于她家庭负担较重，丈夫思想产生顾虑，她便去找村干部一同去，做通了丈夫的思想工作，带头报名去参军。为唤起对美帝侵略者的仇恨，妇女联合会就组织妇女参加忆苦思甜大会。双胜村妇女王桂芝愤恨地说："伪满时日本人逼出荷，把我父亲的眼睛逼瞎了，母亲活活地被逼死了，家里缺吃的，只好把我卖给人家作童养媳，换了几石粮食，现在解放了，多亏党和毛主席救了我，日子好过了，我们妇女也翻身了，我不能忘本，不愿当二次亡国奴。"说完就给自己丈夫报了名。据资料记载，当时全县"妻劝夫""母劝子"动员亲属参军及出战勤民工达到317名。另外，河北区新生村刘长友用"伪满时期日本人要出荷粮，还强奸索老汉女儿"一事来教育他儿子参军。还有河北区新永村赵德江，他看到同龄人多数都报名参军走了，自己也到区上报了名，但母亲阻挡不让去，区委没有批准他的参军要求。回家后，他同弟弟一起做老人的思想工作，老人被儿子报国热情所感动，欣然答应了儿子报名参军的要求。在这次扩兵工作中，全县有231名党员报名参军，占党员总数的11.19%；仅北兴区就有37名党员带头报名参军。在这些党员的带动下，这个区有200多名参军上了前线。西联区复员军人、共产党员孙忠孝，考虑自己年岁已大，不能再上前方打美国人了，就动员自己的侄子去参军。共青团员在青年中起到率先垂范作用，有722名共青团员带头报名参军，占共青团员总数的15.3%。这次扩充新兵工作做得既快又好，完成了550名扩充新兵任务。超额完成了这次扩充新兵任务的重要因素是：从扩充新兵工作一开始，县委领导成员多数都深入农村与当地干部抓此项工作，做到发现问题及时解决，并将各区先进典型和模范人物进行及时通报表扬，互相交流经验。如县委赴西城区工作组，在11月1日就将该区扩兵先进经验以县委的名义通报各区委，促进了扩兵工作的开展。各区委基本上做到三天内掌握全区情况，两天一碰头，三五天召开一次村干部会，从而解决扩兵工作中出现的新问题。

二、战勤民工赴朝支援前线

随着朝鲜战争局势的发展需要，省委指派克山、克东、德都三县组成1 041名的黑龙江省第三担架营赴朝参战。担架营营长由刘凤林担任，政治教导员由徐光担任。组营之初，县委针对出国作战条件艰苦、环境复杂的实际，在干部配备中要求非常严格，都是挑选具有一定实战经验，思想作风好的担任连、排长职务。在对战勤民工挑选中，除要求身体健康，还严格把关进行政审，使入选后的战勤民工90%都是贫苦出身的农民子弟。入朝后，营党委利用战隙时间对战勤民工进行政治思想教育，使战勤民工都能在前线配合志愿军战士英勇作战，表现出高尚的爱国情怀。

在历时三年的抗美援朝战争中，克山县共有1 001名青壮年参加中国人民志愿军入朝作战，其中有250名战士光荣地献出了宝贵的生命；有1 700余名战勤民工、医护人员、汽车司机等入朝参战，他们在朝鲜战场上，抬担架、送给养、运弹药、筑桥梁，胜利完成了战勤任务。在入朝参战中，有11名战勤民工在战场上牺牲。

1950年12月，二十七陆军医院三分院迁入克山，县委、县政府除积极帮助安排车辆和后勤人员外，还组织职工和群众迎送休养员。到1951年春，共接转从朝鲜回国的志愿军休养员182次，3 000多人。先后动员200多名城镇职工、居民为伤员洗衣服、清扫环境卫生，为志愿军休养员创造舒适的休养环境。

三、大力开展爱国公约运动

1951年3月，县委、县政府为集中力量领导全县人民支援抗美援朝，成立了以县长王涵之为主任，副县长麻振林为副主任的克山县抗美援朝分会（以下简称克山分会），下设委员12人。全县人民在克山分会的领导下，全力以赴地投入到支援抗美援朝运动之中。为宣传总会"关于深入贯彻三大号召"的指示精神，于7月17日，召开了克山县首届抗美援朝代表大会。到会全体代表听取和审议了县委书记韩玉同志所作的"关于为什么发动爱国主义三大号召"和克山分会副主任麻振林同志所作的"关于自响应三大号召以来的工作总结和今后工作计划的初步意见"的报告。与会代表还一致通过了《关于做好宣传教育工作的决定》《关于推行爱国公约的决议》《关于捐献飞机大炮的决议》《关于做好优抚工作的决议》。为贯彻决议精神，县委组织了2 000多名宣传员、900名报告员，同20多名志愿军休养员一道分别到城乡企事业单位和村屯中广泛进行爱国主义宣传教育活动。他们发动群众，积极响应克山县抗美援朝代表大会号召，开展订立爱国公约运动。县委委员也都全部深入到基层贯彻决议精神，县委书记韩玉亲自带领工作组深入村屯，同老乡一道参加生产，总结出"订立爱国公约的过程，就是思想教育的过程"的经验。当工作组来到北兴区民立村后，白天参加生产，晚间挨家挨户宣传教育。省特等劳动模范杨显廷带头订出家庭和全组的爱国公约，并制定了增产捐献计划。在他的带动下，全村208户全部订了爱国公约。爱国公约主要内容是：保证完成丰产计划，为军属代耕地，坚持学习，提高政治觉悟，做好"四防"工作，协助政府肃清反革命分子等。通过制订爱国公约，全村出现了新气象。70多岁的景德宽老汉说得好："咱们的新国家就是一座大楼，咱们现在就是住在楼上边，楼要是倒了，谁也好不了。所以，爱国家就是爱自己家，没有国家哪来的咱们自己的家呀。"通过开展制订爱国公约，全村人人都明白了早打垮美国佬，早过上安稳日子的道理。从而，全村有劳动能力的人全都下地生产，增加经济收入，踊跃捐款支援前线。在校的学生也不甘示弱，利用假日在老师的带领下，下地捡小麦、薅草，将劳动挣的工钱全部捐献给志愿军叔叔。由于爱国教育深入人心，全村30个生产小组都重定了增产丰收计划，增加追肥434垧，比原计划多一半，副业生产比原计划多收入180多万元。

9月3日，秋收在即，为将一年的果实收回来，支援抗美援朝，争取早日胜利，以杨显廷互助组为首的7个生产互助组联名寄信向山西省劳动模范李顺达互助组挑战，同时，向本省各个生产互助组提出开展秋季爱国主义丰产竞赛运动的挑战，得到全省各地互助组的响应，促进全省爱国公约运动的开展。

为使爱国公约的目标成为现实，民主村党支部组织了由党员、团员、妇女主任、宣传员和生产小组长参加的爱国公约检查执行委员会。执委会经常到各个互助组检查公约执行情况，对出现的问题予以指导和解决。据文献记载，截止到1951年9月，全县农村98%的农户制订了爱国公约，推动了全县抗美援朝工作的开展。首届抗美援朝代表会议通过的关于捐献飞机大炮的决议，提出完成和超额完成一架"克山号"战斗机（合人民币15亿元）的目标，全县商界纷纷响应这一号召。县工商会的一位姓王的经理，在首次捐献中，主动捐款40万元。当时听到志愿军休养员用自身经历，讲述志愿军战士在朝鲜战场上用身体堵枪眼，用步枪打飞机的事迹后，深受感动，又到工商会追加捐款数目，由原来捐献的40万元增加到150多万元。

1951年7月15日，《黑龙江日报》载，克山县北兴区民主村党支部定出半年增产捐献计划，并召开支持扩大会议讨论捐献飞机大炮的意义和如何向群众进行宣传动员。支委初作君说："捐献飞机大炮是为了早日打败美国人，这个工作非常重要，我们必须好好宣传。"生产组长刘东海说："我要积极参加生产，增加副业收入，好买飞机大炮，支援在朝鲜参战的志愿军，保卫我们幸福家园。"村上的党团员、干部、宣传员在生产组里、妇女中间和田间地头向群众宣讲。村民听到宣传后，纷纷表示：现在过上好日子了，一定要爱我们的国家，要用增加生产捐献飞机大炮来保卫我们的新中国。青年团员高洪珍挨门挨户进行宣传，有19名妇女听到她的宣传后，向国家捐款4万元。全村208户捐款222万元。

自1950年6月朝鲜战争爆发到1953年7月朝鲜停战协议正式签字，克山全县人民为支持抗美援朝捐献飞机大炮款27亿元、晒干菜27 430斤、猪羊4 260头、军鞋54 520双。群众还为前线运送支前物资出车293台，马904匹，胜利完成上级交给的支前任务。

四、开展爱国卫生运动，粉碎美帝国主义细菌战

1952年初，美帝国主义侵略者在朝鲜战场遭到惨败，竟公然违犯国际公约，对朝鲜和我国东北发动灭绝人性的细菌战争，不仅残害朝鲜人民军和中国人民志愿军，同时也残害中朝人民。为粉碎美帝国主义细菌战，严厉打击美帝国主义侵略者，根据上级指示，克山县成立了防疫委员会，总指挥由县长王涵之担任，副总指挥由卫生科长兼防疫委员会办公室主任赵德明和县卫协会主任李春华担任；参谋由县医院医生雷振寰担任。

3月初，克山县上空多次出现入侵的美国飞机，随后，有人在克山火车站、河北大两号和原12区（西建）等地发现了飞机撒下的带有传染病菌的苍蝇、老鼠和棉花球包着的毒虫。紧接着，县防疫委员会便组织城内的医务人员，身着防疫服，由卫生科长赵德明带队奔赴现场，用汽油和柴草销毁，到第二天黎明时才返回县城。在县防疫委员会的指导下，即日，在克山镇第三小学校召开反细菌战誓师大会。会上，群众愤怒声讨美帝犯下的滔天罪行。会后，群众又涌上街头，进行游行示威，高喊反对细菌战的口号。为防止敌人撒下毒物，县防疫委员会便部署各村都设立防

空监视哨，昼夜设人监视。同时又布置各地将水井盖加锁，指定专人看管，严防坏人下毒手投毒。通知各区村如发现美国飞机投下毒物，要及时向县政府和防疫委员会报告，以便及时销毁。由于采取严密的防御措施，从而，取得了粉碎美帝国主义细菌战的胜利。

1952年2月，县委、县政府将防疫委员会改为爱国卫生运动委员会（以下简称爱卫会）。农村14个区也成立了爱卫会，各村也建立爱卫会领导小组。各级爱卫会建立后，按照"防疫为主"和"卫生工作与群众运动相结合"的卫生医疗工作方针，要求各地大搞环境卫生和个人卫生。1955年春，国务院发出："关于春季爱国运动通知"，并提出："除四害、讲卫生、移风易俗，改变国家"的口号。根据国务院指示，县委、县政府提出具体要求，除经常开展大搞环境卫生和个人卫生外，还要大搞"五有""四勤""八净"活动。据1956年统计，全县建卫生厕所17 275个，猪羊圈24 976个，牛马棚364间。

五、开展镇压反革命运动和"三反""五反"运动

1949年10月1日，人民革命战争取得基本胜利，中华人民共和国宣布成立。但是，摆在党和人民的面前，还存在很多困难，面临着很大的严峻考验。为此，党中央保持清醒的头脑，满怀信心地迎接挑战。县委、县政府根据党的七届二中全会制定的各项基本方针，领导和带领全县人民进行恢复国民经济。从1949年10月到1956年12月，县委在加强党的建设同时，对农业、手工业和私营工商业进行社会主义改造，使各项事业都得到了蓬勃发展。

在新中国建立后，克山县也和全国各地一样，在政治领域和经济领域中轰轰烈烈地开展了镇压反革命运动和"三反""五

反"运动。

镇压反革命运动。1951年2月21日，中央人民政府宣布《中华人民共和国惩治反革命条例》。为迅速在全县开展镇压反革命运动，县委大张旗鼓地宣传镇压反革命工作，并发动广大群众向党组织和政府提供有关反革命分子活动线索和反党反人民的种种罪行。按照全省公安部门的统一行动，于5月24日，县公安部门逮捕了36名反革命分子，于6月26日，县委、县政府召开了全县控诉反革命分子罪行大会。6月29日，县委、县政府召开了镇压反革命分子大会，处决了杨霭轩等7名反革命分子。

"三反""五反"运动。根据东北局和省委指示，1950年10月8日，县委作出《中共克山县委开展反对贪污蜕化倾向、反对官僚主义作风的决定》，先后进行了前期和后期"三反"。前期"三反"检举揭发有贪污问题的干部504名，贪污金额13 629万元（旧币），后期"三反"接连发起两次"打老虎"战役，共打出"老虎"127只（指贪污金额数额较大的人）。其中"大虎"15只、"中虎"33只、"小虎"19只。"三反""五反"运动对私营工商业改造起到了促进作用。但是，一些私营业主态度带有消极的思想情绪。

1953年6月，党中央制定过渡时期总路线和总任务。县委根据国家和省提出的第一个五年计划的任务和要求，制定了《克山县发展国民经济第一个五年计划纲要（草案）》。"一五"期间克山县干部和群众发扬艰苦奋斗的精神，大力地进行经济建设。工业、农业、交通运输业、商业贸易等各行各业都取得了很大的成就。从而，全县人民的生产和生活水平都得到了普遍提高，市场繁荣、物价稳定，职工平均工资比1952年有了很大提高，职工储蓄金额由1952年3.2万元增加到43.8万元。5年中有3 930人就业，消除了旧社会遗留的失业现象。

第四编 ★ 基本完成社会主义改造时期

第一章　进行农业社会主义改造

1953年6月，党中央公布了党的过渡时期总路线："党在这个过渡时期的总路线和总任务，是要在一个相当长的时期内，逐步实现国家的社会主义工业化，并逐步实现国家对农业、对手工业和对资本主义工商业的社会主义改造。"为贯彻党的过渡时期总路线，克山县委、县政府领导全县人民对农业进行全面的社会主义改造。其采取办法是："第一步，在农村中，按照自愿与互利的原则，号召农民组织仅仅带有某些社会主义萌芽的，几户为一起或十几户为一起的农业生产互助组。第二步，在这些互助组的基础上，仍然按照自愿互利的原则，号召农民组织以土地入股和统一经营为特点的小型的带有社会主义性质的生产合作社。第三步，在这些小型的半社会主义性质的生产合作社的基础上，按照同样的自愿互利原则，号召农民进一步联合起来。"为此，克山县对农业社会主义改造按三个阶段进行，即农业互助组、初级农业生产合作社、高级农业生产合作社。

一、农业互助组

1946年春，县工委根据上级指示，向农民宣传提倡合作生产，从而，农村有些地方开始出现农会小组，同时又是生产小组

（生产合作组织）。在开展清算分地运动时，北兴区在秋收生产中为了解决农民在生产中遇到的实际困难，全区普遍组织了换工队。其中太平庄搞得较好，秋收换工，仅9天就完成370垧收割小麦任务。1948年4月，全县2.8万多个劳动力组建2 308个生产小组，到1949年，发展到5 597个。同年12月，召开全县党员代表大会，解决强迫命令思想，转变了工作作风，向农民进行交底交政策。即是农民自愿组织，不愿联大组的可联小组；保护私有、允许发财、雇工和单干。从而密切了干部与群众的关系。当时，有3至7匹马的小型组3 431个，占46%，纯趟犁组1 520个，占20.5%，大组有504个。北兴区大组最多，其中民立村有18组，大组就有18个。傅德志组有劳动力95个，畜力12个，有地42垧。杨显廷组更大，有28户，28匹马，由大组长统一调剂劳动力、畜力，从而发挥了劳动效率，在省内属于比较高的组织形式。

1950年，县委对全县互助组进行整顿，提出互助组必须改变单纯的农业生产，应该提高技术，发动妇女，结合副业，配合供销社开展多种经营。因此，提高了农民生产积极性，互助组较前有了很大发展。全县涌现出模范组150个，模范干部33个，模范个人36个（其中女劳模15个）。互助组长杨显廷出席了全国工农兵劳动模范代表会议，受到毛主席接见。到1952年，互助合作运动发展到一个新阶段，为将来把常年组提高为生产合作社打下基础。7月，进行农业普查：全县组织互助合作劳动单位3 503个，其中集体农庄1个，农业合作社11个，互助组3 491个；组织起农户30 726个，人口142 300人，劳力46 791个，其中妇女10 795个，牲畜31 240头。全县总耕地面积为160 286垧，组织起来农民耕地的土地占95.6%，新开荒地397垧。年底，试办8个试点社：杨显廷社、刘殿科社、马国财社、滕永福社、姬富社、韩德社、赵清海社、王延久社，以及和平集体农庄，另外还有12个自发社为互助组树立了榜样。

经过开展整党教育，使党员干部坚定了走互助合作道路的决心，涌现一大批劳动模范：有特等丰产农庄1个，即和平集体农庄；特等合作社，即14区杨显廷社，7区姬富社；模范互助组24个，女组5个，劳动模范5名（其中女模范2名）。1953年1月出席省第五届农业劳动模范代表大会的有：和平集体农庄、14区民主村、杨显廷社、赫志才互助组、滨河配马站、2区胜利村模范女干部赵雅斌、14区杨显廷社妇女组李桂芝、10区丰产模范赵景阳，均受到省委、省政府表彰奖励。

二、初级农业生产合作社

1951年9月，中共中央召开第一次农业互助合作会议，讨论并通过《中共中央关于农业生产互助合作的决议（草案）》。《决议》根据各地互助合作的发展，把农业生产的互助合作运动大体分三种主要形式：第一种是简单的劳动互助；第二种是长期互助组；第三种是以土地入股为特点的农业生产合作社。为保证互助组与合作社健康稳步协调发展，全省开始试办农业合作社。此后，克山县委、县政府将全县所有自发社干部召集到县，由县委书记主持讲解《决议》精神，了解各社情况，要求根据不同情况分别批准允许办或说服动员改变，允许试办农业合作社。

早在1951年春，古城镇护路村（今前进村）滕永福互助组群众要求办农业生产合作社。为摸索办社经验，1952年2月，县委请示省委批准，首先试办了全国农业模范杨显廷农业生产合作社。该社有17户，社员34名，有男女劳力23名，主要有牵引式马拉农具1套，9台铲趟机，全社经营土地125.5坰，坰产粮5.59石，年收入自然粮701石，超过社外产量的24.3%。1952年6月，县委在北兴区民立村（曙光乡民立村）召开全县第二次农业合作社座谈会，推广杨显廷的办社经验。座谈会采取一边参观，一边开会的办法，共开3天会。会议由县委书记韩玉及北兴区委书记高玉成主持，到会有8个社、10个合伙组、6名劳动模范、3个妇女组，共57人。会议主要研究巩固合作社与加强合伙组领导问题，交流总结了春耕经验，研究如何实行包工制和加强内部政治工作的问题，并研究在秋收前如何进一步搞好生产问题。会上，还评比选出杨显廷、景万有等3个春耕模范社，并决定开展秋收丰产竞赛运动。

8月末，县委召开互助合作骨干会议，到会346人，其中妇女72人。会议采取以会代训的办法，训练干部，并解决建社及做动员建社工作。会后，全县掀起办社高潮。经4次审查，有13个区44个村，73个组确定建社，审查下去2个，批准11个。

1953年1月初，黑龙江省委召开农业合作社座谈会。会上介绍了克山县区办社试点的做法。1月下旬，县委召开农业合作社代表会议，进一步明确了建社的目的，并讲明办社能使土地统一经营，改进技术，发展生产力，多打粮食，增加社员收入。会议介绍了试点的8个社打粮4 942石8斗，每垧产量达到5石2斗，超出全县平均产量的10%左右。从分红看，杨显廷社1户能分20石粮，马国财社1个劳力平均分21石粮。通过这次代表会，使农民进一步了解到办初级农业生产合作社的优越性，坚定了办社信心。

1954年2月9日，《黑龙江日报》第二版发表了县委书记陈俊生和其他3位县委领导署名文章《中共克山县委领导区级试办农业生产合作社的经验》。该文阐述了克山县1953年区级试办83个农业生产合作社基本是成功的。

1955年1月，中共中央发出《关于整顿和巩固农业生产合作社的通知》。按照《通知》精神，克山县进行了农业生产合作社整顿和巩固工作。3月，省委转发了克山县《关于农业生产合作社管理的几个问题的决定》。

1955年7月，毛泽东主席撰写序言的《中国农村社会主义高潮》一书发行，书中收录了黑龙江省畜牧局达林、宋兆庆在克山县西河区仁里村的调查报告《马的问题》。当时，县委组织全县党员干部认真学习了这本书。1955年9月，克山县对整党整社情况进行总结；又以整顿老社为重点进行互助合作的全面规划。对353个老社普遍进行整顿。整党整社后，全县农业生产合作社发展很快，到1955年底发展到844个，还有3个高级社；入社农户达到24 077户，占农村总户数的72.7%，入社劳力30 412名，占全县农业男女劳动力的77%，入社牲畜2 194头，占全县牲畜头数的73.5%。

三、高级农业生产合作社

1952年春，省委工作组进驻西河区和平村试点建立集体农庄。当天召开党支委会。第二天便召开男女劳动力大会，宣布决定。第三天就选举产生了集体农庄筹备委员会，并开始给土地、牲畜、农具作价，做出统一播种小麦计划。从而，和平集体农庄诞生了。1952年12月，县委将杨显廷社发展为克山县第一个高级农业生产合作社。由于和平集体农庄与曙光高级社办得好，1954年2月出席了省第六届农业劳模大会，被评为特等模范。继和平集体农庄和曙光高级社之后，古城区姬富社联合本村5个社，1个互助组和5个单干户、建立了古城集体农庄。

1956年1月，县委遵照省委《关于建立高级社的有关问题的通知》，对高级社干部和农庄管委会干部任用做出明确规定。为迎接高级合作社运动高潮的到来，县委总结了试办高级社的经验。经验肯定了由于高级社生产资料实现公有化，克服了初级社中集体劳动与生产资料私有之间矛盾，为生产力发展开辟了广阔道路。如曙光社劳动生产率比初级社提高30%，粮食产量逐年递增。据和平集体农庄调查，1954年比1953年增长10%。1955年比1954年增长24%。1955年古城农庄按照"按公顷依率征购"的原则，完成200吨征购粮任务，超额完成100吨。

1956年初，全县农村开始全面向高级社过渡时，全县有162个高级社，入社农户占总户数的90%以上，从而，"全县基本上消灭了生产资料私有制。"2月上旬，克山全县农村实现了高级农业合作化，参加高级社的农户占全县农户总数的96.6%。由于实现高级农业合作化，当年，全县农业获得大丰收。据统计，全县完成征购粮88 589吨，比1955年多卖10 023吨（社员平均留口粮580斤除外）。由于高级社发展了生产，收入增加，有资金往土地投入。据县供销社统计，仅购买生产资料一项就投资2 476 000元，比1955年增加投资80 200元，农村人均购买力为68元，比1955年增加14元。

第二章　进行手工业改造

在党的过渡时期总路线指引下，克山县委按党中央和省委的指示，从1952年到1956年初，基本完成了党对手工业的社会主义改造。

一、宣传党对手工业改造方针政策

为了贯彻宣传党对手工业的社会主义改造方针政策，县委、县政府采取多种形式进行宣传贯彻。

通过深入宣传贯彻党的方针政策，使广大手工业者真正明确了手工业生产在国民经济建设中所占的重要地位和作用；使广大手工业者克服自私自利思想，转变为农业生产和人民生活服务的思想，同时解决了个体手工业者不接受国家（国合商业）加工订货，盲目生产，抬高物价等行为。经过政府正确指导和帮助，于1953年初进行调查，全县需花轮车600台、镰刀25 000把。县社与个体木业签订250台花轮车制造任务，还帮解决250副车轮子木料。手工业户还与针织业、被服业签订毛棉衣加工保证质量合同，个体手工业户与基建部门签订红砖产品质量合同。使手工业者树立起个人利益与国家利益的一致性、目前利益与长远利益一致性的思想，真正为农业生产和城乡人民生活需要服务的思想。当时，农村需要鞋25 000双，百货公司与个体手工业户签订了17 000双鞋订货合同。这些个体手工业户承揽任务后，用真牛皮，做到粗工细做，按要求的规格和质量准时交货。个体烘炉为县社加工镰刀25 000把，用的都是好铁好钢，把把镰刀都是既快又耐用。个体手工业者经营思想得到改造，为组织起来生产创造了必要条件。

二、改造手工业生产关系

对手工业的社会主义改造，主要是改造手工业生产关系，也就是对手工业所有制的改造。改造手工业所有制，在组织形式上主要由于手工业者（私有制）到手工业生产合作互助小组（互助合作制），由手工业供销合作到手工业生产合作社（集体所有制）的逐步过渡的形式。克山县手工业在党的总路线指导下，于1952年9月10日，县委组织和帮助试办了两个手工业生产合作组。其一是于海丰、王德全木铺组成木工生产组。其二是王如昌、李庶梦铁业铺组成的铁业生产合作组。在这两小组的示范作用影响下，经县委组织帮助，随后由李廷忠为首的16名工人又自愿组成一个铁工生产合作组（即建筑机械厂前身）。从而，克山县手工业生产由个体生产者（私有制）开始向合作互助（合作互助制）发展。根据省委第一个五年计划时期对手工业的社会主义改造的要求，结合县情，县委认真贯彻"全面计划、加强领导"的方针，有计划、有步骤、有领导地对个体手工业进行社会主义改造。

到1955年末，实现手工业合作组织发展到33个，从业人员325人，占总从业人员的25%，发展手工业生产合作社7个，入社社员96人，占总从业人员的29.8%。到1956年末，各种合作组织发展到118个，从业人员1 170人，占总从业人员的90%。到1957年合作社发展到129个，从业人员1 235名，占总从业人员95%。手工业生产总值，计划为1 784 755元（人民币）到1956年总产值达到1 973 900元，比1955年提高10.6%。1957年总产值2 186 782元，比1956年提高10.78%。小型工业，1955年产值为51 626元，1956年产值提高到6万元，1957年产值为6.6万元。

第三章　进行私营工商业改造

1955年3月8日至12月，省委、省政府召开全省财经工作会议，决定对私营商业采取"一面改造，一面安排"的方法，由国营商业逐步来代替，使之逐步成为国营商业的分销处。按照省财经工作会议精神，克山县委加强了对私营工商业的安排改造工作。首先对全县5家小型私营工业，实行了产品"归口"管理，扩大了加工订货数额和范围。县政府帮助私营工业增加生产人员和增添生产设备，地方国营工业向私营工业转让出一部分生产任务，私营工业生产得到妥善安排。1955年，有5家私营工业产值达到5万余元。在商业方面，调整了私营商业零售额，批零差价和批发网点。国营商业撤销了加工厂，国合商业撤销了部分零售点，让出部分经营商品品种和贷款。到1955年末，全县70%的私营商业户有盈余。省财经工作会议后，改造工作有了新进展，到1955年7月，棉布、百货、新药3个行业改造成国合企业的经销店，国药、副食、小食品、农杂、鞋帽等5个行业与国营、合作社建立了批购计划。到1955年11月，私营批发商已被国营商业所代替，零售商（含饮食业，不含摊贩）、经销商代销等形式的国家资本从业人员占45%，销售额占56%，农村小商小贩通过合作商店、经销小组、代购代销等改造形式进行改造，从业人员占34%，销售额占35%。

1955年10月28日至11月9日，省委召开私营工商业社会主义改造工作会议，指示资本主义工商业的社会主义改造速度必须和社会主义工业化速度相适应。

省委会议后，克山县委按照会议精神，采取三项措施开展工作。一是加强领导。县委成立了"私改"领导小组。同时组织私营企业的个人参加"私改"工作队，全力开展"私改"工作。二是深入宣传毛泽东主席在全国工商联座谈会上的讲话。首先召开了私营工商业者大会和私营工商业者家属会、学生会、职工大会进行传达，并进行讨论。还利用广播、板报、标语、报刊等各种宣传形式进行宣传，使广大私营工商业者对"私改"有了明确认识。三是扩大了私营工商业者核心分子队伍。核心分子由原来13名发展到43名，进而调动了工商界自身的积极性。

1956年1月24日，全县"私改"工作开始清产核资。首先由私营工商业进行自清，仅用8天时间完成自清自报工作。由行业委员会对大中业户进行审核。全县核定公私合营股权205 152元，其中工业63 381元。

公私合营后的工商业企业，都把生产经营工作放在首位。如县内公私合营工业相继都改进了旧设备，增加新设备。1956年，合营工业总产值完成计划的213.55%；利润完成计划的199.7%。公私合营的铁工厂生产成本下降20%以上。合营商业广大店员劳动积极性有了明显提高，转变了服务态度，提高了服务质量。为加强对合营商业进行管理，各企业都相继建立了财经管理制度。合营企业开展职工劳动竞赛，以开展"多购多销"、"快周转、少损耗、良好服务态度"为内容的争当商业先进工作者活动。在党的八大精神鼓舞下，1956年，全面完成了商品流转计划和财务计划，全县社会零售总额比1955年提高88.1%，同时超额完成全县商业第一个五年计划任务。

第四章　兴办新型学校，发展教育事业

克山解放后，县委、县政府就开始重视教育工作。在县财政经济还十分困难的情况下，增加教育经费，增设学校及教学班级，进行师资培训，规范学校管理，不断改善教学条件，从而使学校教育得到快速发展，基本满足工农子弟读书学文化的迫切需求。到新中国成立时，全县小学校发展到198所，在校小学生15 545名；省立中学1所，在校学生384名，中学教师32名。当时，中小学校在校学生绝大多数都是工农子弟。昔日被日伪统治下的旧学校，而今成为共产党领导下的新型学校。

一、贯彻党的教育方针

为了办好新型学校，新中国刚成立不久，国家教育部提出："为工农兵服务，为生产建设服务"的新民主主义教育方针。为贯彻这一教育方针，县委、县政府对全县中小学提出要求，即集中力量，保证学时对学生进行文化教育，尽快提高教学质量。同时，要求学校经常组织在校学生到社会去，配合各个时期的政治运动，除对学生进行政治思想教育外，积极开展多种形式的政治宣传活动。在"抗美援朝""三反""五反"镇压反革命运动中，全县中小学校学生都积极参与到社会中去，开展爱国主义和国际主义思想宣传教育活动。特别在粉碎美帝国主义发动的细菌战中，学生一边进行反对细菌战的政治宣传，一边在校内外大搞环境卫生。如挖蛹、灭蝇、扑鼠、灭蚊等活动，从而预防了细菌传播。在农村开展爱国主义丰产竞赛运动中，农村中小学校经常组织在校学生到农田参加劳动，帮助农民锄草间苗，铲地割地，从而使在校学生从小树立"为生产服务"的思想，养成从小爱劳动的良好习惯。1952年，全县中小学校认真贯彻国家教育部制定的"智育、德育、体育、美育、劳育全面发展"的教育方针。当时，由于国家经济建设需要大批有知识有文化的劳动者，要求学校对培养出来的学生除一部分升入上级学校进一步深造外，还要有一大部分学生毕业后，听从祖国召唤，到工农业生产第一线参加生产劳动。从而，全县每年都有大批应届毕业生安心去参加工农业生产劳动。县委、县政府对这些应届毕业生的爱国行动都给予鼓励和表扬。1955年，为深入贯彻党的新教育工作方针，按照教育部的要求，当时全县中小学校大力开展"勤工俭学"活动。在县城内，有条件的中小学校，除正常教学外，兴办校办工厂，或建生物园等劳动场所，让学生利用课余时间到工厂、生物园参加生产劳动。如克山中学建起一处规模较大的生物园，由老师向学生讲授园艺知识、农作物栽培知识。

二、改进学校管理

东北解放后，各小学校在学校党团组织领导下，一律贯彻《东北民主政府特别施政纲要》中规定的《学生品德标准》《学生管理办法》，彻底废除了法西斯奴化教育，实行民主管理学校，建立民主平等的师生关系，使教师能够到学生家庭访问，施行学校教育与家庭教育相结合。1953年，全县各学校贯彻教育部公布的《学生守则》，在学生中开展"身体好，功课好，品德好，准备为祖国服务，为人民服务"的教育，对学生升级、留级、奖惩均形成一套管理办法，使学生学习生活有了准则，待人接物有了礼貌。

第五章　大力发展文化事业

新中国成立初期，县委、县政府认真贯彻"整顿巩固，重点发展，提高质量，稳步前进"的文化建设方针，大力发展文化事业。

县政府认识到文化艺术是人民生活的重要组成部分，同时也是党对人民群众进行方针政策宣传教育最有效和最生动活泼的一种宣传形式。所以，学习老解放区的经验，运用革命文艺对全县干部和群众进行政治宣传教育。新中国成立后，在政治上，从新民主主义开始向社会主义过渡。在经济上，进行国民经济恢复。接着，开始第一个五年计划的准备和实施，这是一个重要的历史时期，所以，党和政府对人民群众宣传教育任务十分艰巨。为此，县委、县政府根据党的中心工作及各个时期政治运动的需要，认真贯彻党的"文艺为政治服务，为工农兵服务，为生产服务"及"百花齐放，推陈出新"的文艺方针。1950年初，为宣传农业互助合作生产，对农民进行组织来搞生产教育。便从企事业单位抽调30多名有文艺专长的人员，建起县文工队。县文工队建立后，及时编排了适应政治形势需要的文艺节目。如话剧《控诉》《屋里寻蛇》《全家光荣》《小桂英观画》，表演唱《夫妻识字》《兄妹开荒》《姑嫂做军鞋》，独唱、二重唱《翻身道情》《姑嫂学文化》《小放牛》等。还表演相声、快板及舞蹈等节目。朝鲜战争爆发后，县文工队根据政治宣传需要，自编自演声讨美帝国主义侵略朝鲜的滔天罪行、歌颂中朝人民军队并肩作战、打击美帝国主义侵略军，取得伟大胜利等内容的革命文艺节目。县文工队还常到七十五陆军医院三分院为从朝鲜战场下来的伤病员进行慰问演出。为了充分发挥"文艺打先锋、生产跟后边"的作用，县文工队主动到农村去，为广大农民群众演出。农民群众通过观看文艺节目，加深了对党的方针政策理解，激发出生产积极性。在县文工队示范作用下，各地都建起文艺宣传组织。当时，全县农村建起3个俱乐部，82个业余剧团；在城内建起2个基层工会俱乐部，3个工人业余剧团。每到农闲时节，或逢年过节，各地业余剧团都进行演出，秧歌队到处去扭大秧歌。

为改造旧文艺，1954年4月，克山县在全省首次创办了瞽目人协会。此协会规定，凡是协会会员，不准搞"出黑""算命"等封建迷信活动。当时会员有23人，最后发展到75人。为使民族传统戏剧起到"古为今用"的作用，1952年秋，县工商联合会组建起工商联合业余剧团。该团以演民族戏剧为主，排演了《借东风》《空城计》《捉放曹》《甘露寺》《打渔杀家》《追韩信》等40多个传统剧目。1953年初，县委、县政府为弘扬民族传统文艺，决定成立民族传统戏剧团体，当时派县文教科科员崔宝库去省文化厅请示办县剧团。经批准后，于1954年9月，将艺人金香水领衔的流动沈阳联谊秦腔剧团接到克山来，建立克山县秦腔剧团。县政府委派崔宝库为该剧团第一任政府代表，负责对剧团行政领导工作。剧团演出的主要剧目有《三上轿》《花木兰》《杨乃武与小白菜》。改编和移植传统戏剧有《甘露寺》《打金枝》《桑园会》《女起解》等。特别是以有声誉的演员金香水主演的《三上轿》及反映农村生活的《幸福之路》，曾获东北三省会演和省第一届业余剧团戏剧会演个人表演奖和剧本创作奖。

由于贯彻"整顿巩固，重点发展、提高质量，稳步前进"的方针，巩固了文化机构，服务范围不断扩大，而且提高了质量。1947年春，将"民众教育馆"改名为"克山县人民文化馆"后，主要任务除开展政治时事宣传外，还抓扫盲工作，并用收音机收播国际国内时事新闻，用扩音器对外广播。当时，每天都有数百人到十字街上听时事新闻。1953年4月，县人民文化馆更名为"克山县文化馆"，重点负责县城内扫盲业务，还备有幻灯、收音机、图片展览、乐器及有线广播设备等，有工作人员8人。当时主要任务是负责时事政策宣传，科学知识普及，组织群众文化艺术活动，图书借阅等服务项目。特别在抗美援朝、"三反""五反"、镇反等政治斗争中，县文化馆印发政治宣传材料，画宣传漫画，张贴标语口号，以小型文艺演出等形式，大搞政治宣传活动。在县文化馆的指导和组织下，县城内企业单位办起职工业余剧团，农村乡镇办起13个文化站，各站都设有幻灯、黑板报、业余剧团、小广播室、图书室等。农村业余剧团演出多种多样的小型文艺节目。在县文化馆主办下，分别于1951年和1955年举办全县农民业余文艺会演大会。其中，1955年举办的农民业余文艺会演大会开得比较隆重。当时各区都派出文艺演出代表队，共有400多名农民演员参加演出。在会演中，还评出优秀文艺节目参加省第二届民间艺人会演大会。演员王艳君演唱的民歌独唱《五更鸟》获表演奖。河南区东兴村民间艺人张凤义参加演出后，被调到省民间艺术剧院工作。

在县委、县政府对文化工作的领导下，克山群众文艺活动开展得十分活跃，因而，群众文艺创作也繁荣起来。1951年11月，为繁荣群众文艺创作，由县文化馆牵头，举办了全县专业和业余文艺创作工作者学习自编剧目《走向光明》文艺创作训练班。在训练班上，大家掌握了文艺创作知识和写作技巧，从而培养出一大批文艺创作骨干。1956年，由王地、崔宝库、常香阁集体创作的《走向光明道路》的河北梆子剧本，获得成功。分别由黑龙江省文艺出版社和中国戏剧出版社出版发行。同年8月，由长春电影制片厂改编为《马》，拍摄成为全国第一部反映走农业合作化道路的影片，不仅在国内放映而且发行到世界14个国家。

为给农民看电影创造条件，电影放映开始面向农村服务。解放初期，当时新政权接管了"平安电影院"，并改名为克山电影院。有工作人员6人，主要放映《伟大的使命》《石头花》《民主东北》《万户更新》《一江春水向东流》《十字街头》等进步影片。但是，当时农村由于受到条件限制，农民群众很难看到电影。1954年春，省派一个电影放映队赴克山农村巡回放映。不久黑龙江省与松江省合并，省委决定将电影放映队下放到县城，为克山派来一个电影放映队，拨给一台国产200型电影放映机。这支电影放映队共有5名电影放映员，隶属县委宣传部直接领导。同年8月，又将西联小学校长陈国祥选拔到电影放映队当队长。这支电影放映队坚持为工农兵服务的方向，长年累月地带着电影放映机和行李，跋山涉水，巡回到农村，为农民放映电影。放映的影片有《开国大典》《白毛女》《渡江侦察记》。农民在《开国大典》影片中看到毛主席站在天安门城楼上宣告："中华人民共和国中央人民政府成立了！"时，高兴地跳了起来说："我看到毛主席了！"1955年，为扩大电影放映面，县政府投资买了一台苏式"蔡司"14毫米电影放映机，又培养3名电影放映员，组建起第二个农村电影放映队；到1956年，农村电影放映队发展到5个，常年奔赴农村巡回为农民演出。从而，克山县文化建设已迈进文化县的先进行列。

第六章　贯彻党的"三大"方针，发展医疗卫生事业

新中国成立初期，克山县政府为认真贯彻党的"面向工农兵""预防为主""团结中西医"的三大方针，从关心人民群众身体健康愿望出发，决定在全县范围内开展群众性卫生宣传活动。遵照卫生部关于加强卫生宣传工作指示精神，县和区都成立了卫生工作者协会，抽调城内医务工作者组成医疗卫生工作宣传队，各区村也相继成立医疗卫生宣传站。县、区、村三级医疗卫生工作宣传队，紧密配合，深入农村，广泛地向群众进行宣传教育。

一、面向工农兵开展防疫工作

克山区域属高寒地区，地方病和流行病易发生。县委、县政府认真执行卫生方针，切实抓疾病预防工作，加强对病情监测和卫生防疫管理。1953年4月，建立了克山县卫生防疫站，农村也都建立了卫生所。初步形成三级卫生防疫网，搞好疾病预防工作。1954年底，全县接种牛痘疫苗213 853份。从1951年到1953年接种三联疫苗（鼠疫、霍乱、伤寒）52 953份；1954年到1956年反复接种牛痘疫苗27 864份；伤寒、副伤寒疫苗35 236份。在开展全民性疾病预防工作中，特别重点对"克山病"进行防治。1949年12月，原东北人民政府卫生部派应大凯等医疗

工作者对西城镇光荣屯（即张云圃屯）进行调查，发现人口组成呈衰退型，"克山病"占各种疾病死亡原因的46%。并对日伪时期（1937年到1941年）检查过的居民55人进行复查，判明原潜在型病人45名中，因急型"克山病"死亡11名，痨型"克山病"死亡5名，其他疾病死亡9名。现存活的潜在型病人26名中复查11名，其中有9名已无异常所见，原健康10人中，仅生存2人，有5名死于急型"克山病"。1955年到1956年春，克山地区"克山病"又出现高峰，发病96例，死亡38人。发病范围由7个区25个村发展到8区35个村。根据这种情况，县委指示必须采取紧急有效措施，即结合当前中心工作，广泛向群众宣传"克山病"发病原因和防治办法；要求医疗卫生部门和医务工作者积极做好抢救病人工作；要求各级领导干部克服麻痹思想，加强对防治"克山病"工作领导。在全县党政干部和医务工作者共同的努力工作下，有效地控制了"克山病"蔓延，发病率逐年大幅度下降。

二、扩大医疗机构，为群众防病治病创造有利条件

1948年8月，驻克山部队南下，参加解放战争，服务于战争的军区医院也随之搬迁。为此，县委、县政府决定成立县立医院。为扩大医疗面，1950年末，东北行政委员会卫生部下拨一大批医疗器械和药品，才扩大门诊量，增加化验室，同时购进一台800倍显微镜。妇婴科、处置室也相继设立，医护人员增加32名。为加强医院工作，上级派来从部队转业来的干部赵月波任院长。由于县立医院技术力量增加，医疗水平也有很大提高。门诊量由原来的日20到30人次增加到100到200人次。医院还开设住院部，设有床位30张，其中内科10张；外科15张；妇婴科5张。1950年春，门诊部附设一处人民药房。1953年，县立医院改为克

山县卫生院，门诊量由日100到200人次，增加到600到700人次。县卫生院不仅为县城职二和居民做好医疗服务，而且对农村农民也开展医疗服务，成为克山县医疗中心机构。

第五编 ★ 全面建设社会主义时期

1956年9月至1966年4月，是全面社会主义建设在探索中曲折发展的时期。在这一历史时期，克山县委领导全县人民进行大规模的社会主义建设，各行各业都集中精力发展国民经济。其间，伴随着开展一个又一个政治运动。

1956年9月，中共八大在北京召开。大会指出："社会主义制度在我国已经基本上建立起来，""国内主要矛盾，已经不再是无产阶级和资产阶级的矛盾，而是人民对于经济文化迅速发展的需要同当前经济文化不能满足人民需要的状况之间的矛盾。""国家的主要任务是在新的生产关系下保护和发展生产力，全党要集中力量发展生产，把我国尽快地从落后的农业国变为先进的工业国。"中共八大的路线是正确的。但由于当时党对于全面建设社会主义的思想准备不足，八大提出的路线和许多正确意见后来没有能够在实践中坚持下去。

全党进行开门整风和反右派斗争。1957年4月，党中央发出《关于整风运动的指示》。县委根据党中央和省委工作部署，于10月20日开始进行整风准备工作，到1959年完成整风工作任务。整风主要进行大鸣大放，开展"双反"运动及进行学习和提高认识三个阶段，此段揭批了各种损失浪费的问题，使领导工作作风有了明显转变，各项工作有了明显改进。在开展整风运动基础上开展了"反右派"斗争，全县参加"反右派"斗争的人数达到1 571人。反右派斗争严重扩大化了，经过一个多月全县"反右派"斗争揭发出右派分子118人，到1959年1月，整风运动结束。

整风和"反右派"斗争结束后，全县开展了"大跃进"和"人民公社化"运动。在胜利完成"一五"计划的基础上全县经济建设掀起了新高潮。1958年5月，党的八届二中全会召开，通过了"鼓足干劲，力争上游，多快好省地建设社会主义"总路线。全县各行各业都轰轰烈烈地开展"大跃进"运动。农业"大跃进"制定了超高产指标，大搞"卫星田"，大搞水利化，大搞突击深翻耕地等违背经济发展规律和自然规律的做法；工业"大跃进"提出"以钢为纲"的号召，大搞全民大炼钢铁，大搞轴承化，大办中小型工业，大闹技术革命等不结合实际的做法。

在开展"大跃进"的同时，1958年8月，党中央作出《关于在农村建立人民公社问题的决议》。8月20日，克山县委召开了建立人民公社会议，很快，在全县相继建立14个人民公社。

开展社会主义教育运动。1962年9月，党的八届十中全会召开。会后，在全国城乡发动一次普遍的社会主义教育运动。做法：一是城市开展"五反"运动。按照党中央和省委的指示，1963年4月，县委成立了"五反"运动领导小组，开展了反官僚主义、反分散主义、反铺张浪费、反对贪污盗窃、反对投机倒把为内容的"反五风"运动。二是农村开展"四清"运动。即由清理工分、清理账目、清理财务、清理仓库，发展为清政治、清经济、清组织、清思想。

1962年到1965年，进行了三年国民经济调整，按照党中央和省委的统一部署，克山县在农业、工业、交通运输、财贸、文教卫生等各条战线都进行政策调整，使全县国民经济获得了全面恢复发展。特别是工农业发展较快，年均工农业总产值达到6 777万元，比1962年增长1 633万元。经过三年多努力，终于战胜了经济困难，县域经济呈现繁荣，人民生活水平得到了明显提高。

第一章　开展人民公社化运动

　　1958年8月，中共中央作出《关于在农村建立人民公社问题的决议》，认为这一《决议》是指导农民加速社会主义建设，提前建成社会主义并逐步过渡到共产主义所必须采取的基本方针。于是，省委于8月20日和22日，分别召开常委会议，研究在农村建立人民公社问题。9月，省委在一届九次全委（扩大）会议对建立人民公社作了具体部署。为此，克山县委为贯彻党中央和省委关于建立人民公社的指示，于8月22日至25日召开了各乡党委（总支）第一书记会议。与会人员一致拥护党中央《决议》和省委《指示》。9月1日，县委召开三级干部会议，动员全县迅速掀起一个群众性的建立人民公社的高潮，并部署了建立人民公社一些具体工作。

　　由于建立人民公社运动来势激烈，在县委召开建立人民公社会议当天，克山镇和北兴乡就开始了筹备建立人民公社工作。9月8日，全县第一个人民公社——北兴人民公社建立。

　　北兴人民公社建立当天，就召开了由原高级社的乡人民代表参加的第一届公社社员代表大会第一次会议。会议通过了公社章程；并按照乡社合一的组织机构选举产生了公社管理委员会。管委会设主任、副主任。公社下分9个耕作区（又称作业区、管理区，以后改为生产大队），并准备逐步形成公社、管理区、生产队三级管理。

北兴人民公社建立后，筹建人民公社工作在全县普遍展开，县、乡、村党政组织向广大群众进行动员发动工作。为此，广大群众都踊跃报名加入人民公社。在群众中开展了写申请书、决心书等活动。随处可见农民群众去乡党委送报捷书、决心书、申请书的队伍。当时，到处响着欢庆建立人民公社成立的鞭炮声、锣鼓声。到9月15日，全县在193个高级社的基础上相继建立了北兴、克山镇、滨河、河北、古北、古城、西建、河南、西新、发展、涌泉、西河、西城、西大等14个人民公社，顺利地完成人民公社的组建工作。9月16日晚6时，全县城乡同时召开庆祝实现人民公社化大会。中心会场设在城内中心大街，农村设数百个分会场，与会群众达10万余人。县委第一书记赵稼增在中心会场大会上作了报告。

1958年12月，克山县召开了克山县人民公社第一届社员代表大会，宣告成立克山县人民公社。当时，将全县作为一个"人民公社"，下辖14个人民公社（分社）。把县人民委员会作为县人民公社管理委员会。由于全县14个人民公社（分社）都是在14个乡的基础上建立起来的，其规模与14个乡一致。最大的公社（分社）由19个原高级社组成，户数达5 000多户，人口达2.3万人。最小的公社（分社）由11个原高级社组成，户数为1 400多户，人口4 600余人。

根据《关于在农村建立人民公社问题的决议》，人民公社还制定了人民公社章程。1958年12月，克山县第一届社员代表大会通过了《克山县人民公社章程》。《章程》共分12章51条。在"总则"中强调人民公社"政社合一""工农商学兵五位一体"特点。强调公社公有化的程度是"人民公社的性质为社会主义集体所有制，但是，现在已经有了许多全民所有制的成分和共产主义萌芽。"在"社员"一章中强调了阶级性，即"凡年满16周岁的公民都可入公社为正式社员"。凡地主、富农、反革命分子、坏分子及资产阶级右派分子，经管理区（大队）掌握个人的政治表现，报请公社管理委员会批准，可以分别吸收为正式或非正式社员。在分配制度中规定，实行社员吃饭不要钱，一律吃集体食堂。在工资制分配制度上，根据生产发展情况不断增加和扩大共产主义分配因素，逐步过渡到各尽所能，各取所需的分配制度。还规定"逐步实行托儿、缝纫、理发、入学全免费制"。

实行人民公社化后，随之开展了"大跃进"运动。1958年，全县出现大搞秋翻地，向水利大进军、大搞草炭肥、大炼钢铁、大办小工厂等高潮，并大搞生活福利设施建设。1958年9月，全县农村普遍建立起公共食堂，城内街道也建立了少量的公共食堂，城乡共建立公共食堂1 058处。到1959年，全县公共食堂明显减少。至同年夏仅有450多处。1960年，全县公共食堂又增到1 022处。到1961年9月，全县基本上解散了长年全员性公共食堂。1958年实行公社化后，全县还办起托儿所（组）818处、敬老院38处、缝纫组1 901处。但由于在开展"大跃进"运动中，人民公社出现一种错误倾向，刮起"共产风"，搞"一平二调"。"一平"即指违背自愿互利的原则，由国家和人民公社无偿抽调属于各级集体经济组织的土地、农副产品、资金和个人财物，实行贫富拉平。"二调"即指无代价地调用生产队的劳动力和财物。在当时，克山县"小平调"连续不断，"大平调"发生过3次。第一次是1958年秋，全县大办公共食堂，将社员家桌椅锅碗等无偿归公共食堂。在秋翻地、炼钢铁、修水利等大协作中，实行以公社为单位进行统一分配，都搞"一平二调"，不论贫富不同的生产队，都进行统一"分红"，即分配粮食、物品、资金等。第二次是在1959年冬至1960年春，大办商品基地，发展社有经济、搞所有制过渡试点等活动，也搞了"一平二调"。第三次是在1960年又搞一次办食堂为中心内容的大办集体福利事业活动，又搞了"一平二调"。由于在分配制度上片面地强调"优越性"，1958年11月，县委制订了《关于人民公社实行半供给半工资和个别社实行基本生活需要供给制的分配方案（草案）》，全县以公社为单位进行统一分配。在13个公社实行粮食供给和按劳取酬工资相结合的制度；在北兴公社实行基本生活需要供给和津贴加奖励的分配办法。实践证明，这种分配办法不利于调动社员生产积极性。因而，从1959年起，全县各公社年终分配较1958年有所改变，一般都以生产大队为单位确定分配标准。但是，由于公共食堂未取消，口粮仍实行供给制，直至贯彻农业60条后，从1960年初开始才逐渐形成固定的按生产队计算日工分值的分配制度。

自人民公社化运动开始后，由于过度地追求提高公有制程度，县内有一些集体所有制经济过渡为全民所有制。1958年9月26日，在庆祝全县实现人民公社化的同时，城内有24个手工业社由集体所有制转为全民所有制，合并为11个地方国营工厂。1960年，农村也搞过渡试点，将西建公社12个大队划归国营克山农场。县内有6个大队过渡到县农、林、牧场，有7个生产队过渡到县商业基地畜牧场、示范场、万头猪场。

第二章 国民经济调整，各业全面发展

　　1961年1月，党的八届九中全会正式决定对国民经济实行"调整、巩固、充实、提高"的八字方针。1963年9月，党中央在北京召开工作会议，决定从1963年起，再用三年时间，继续进行调整、巩固、充实、提高的工作。省委于同年10月，两次召开工作会议，传达贯彻党中央和省委关于继续调整国民经济的各项指标，对各县调整国民经济工作做了具体安排。

一、农业调整与发展

　　根据国民经济发展总方针"以农业为基础"的精神，克山县委对农业调整主要是加强农业的基础地位，千方百计夺取农业大丰收。具体做法：一是继续调整城乡人口，增加农村劳动力。1963年，根据省委继续减少城镇人口的指示，全县从下放职工中动员220人去农村务农。二是继续做好由外地移民来县务农工作。三是不断改善农村生活、卫生条件，提高农民的健康水平。通过三种方法，三年调整期间，全县农村劳动力由1962年5.9万人增至6.7万人。其中，男劳力由1962年的4.5万人增至5.7万人。

　　在稳定、加强农村劳动力的基础上，发展畜牧业。1963年后，全县进一步完善大牲畜饲养奖励办法，按规定及时兑现奖惩。为增加耕畜，全县大力发展繁殖体系，在原有县种马场、公社配马站的基础上，1963年，推广了双河公社铁心大队自办配种站的经验，到1965年，全县创办集体配种站11处。为做好牲畜疫病防治工作，1963年，县委在鼻疽马病较重的西联公社新乐大队做抗传染病工作，取得发展耕畜经验并在全县推广。1965年，又恢复了家畜疫病防治队，加强了家畜疫病防治工作。经过3年调整，全县大牲畜由1962年的3.8万头增至5万头，其中马由2.3万匹增至2.8万匹。

加强了农业机械领导工作。1963年2月，县农机总站成立了党委，分站和直属机耕队都成立了党支部。增加农业机械，农用拖拉机由1962年的119混合台增至1965年的153混合台，机引农具由1962年的410部增至1965年为931部，胶轮大车由1962年的2145台增至4 012台。加强农机管理。从1963年起，全县各拖拉机站、机耕队普遍实行了"四定"，即定人员、机具、设备、服务范围，"四包"即包任务、质量、油料消耗、田间修理费；"一奖"，即按超额完成任务，根据质量程度，节约油料等给予奖励，开展了"五好"包车组竞赛。

在三年农业调整期间，克山县以推广良种、增加粪肥为重点，改进农业技术。继续推广"克强""克北"小麦、"丰收号"大豆等良种。1965年，在部分社队应用了玉米、高粱杂交种，平均增产3～4成。继续加强常年积肥基本建设，到1965年基本实现牛马有棚、猪羊有圈、鸡鸭有架，家家有厕所。全县组建500多台积肥车，积肥员达1万多人，实现当年亩施肥1 000公斤，比1962年增加两倍多。三年调整期间，农田基本建设主要以水利建设、植树造林为重点，以水土保持为目的，加强水土保持工作。1963年组织和发动全县人民整修乌裕尔河两岸堤坝48.3公里，保护农田8.3万亩，并将1962年开工的西联、西河境内的泰西河堤坝工程全部完工。在1962年的基础上，继续修建了古城水田灌区，到1965年共完成干渠、支渠构造物39座。1963年在县城修建了青年水库堤水工程。同时，全县植树造林年均3.3万亩，是1962年的3倍多。

在三年调整期间，县委、县人委领导全县人民不断组织各行各业大力支援农业。在财力支援上，县财政三年共支援发展农业资金131.9万元；县银行共发放农业贷款375.7万元；生产资料部门及时下摆农业生产资料，三年共销售农业生产资料1180.9万元，下摆化肥261吨，下摆农药261吨。在遭受自然灾害时，县委、县人委及时组织城内干部及群众下乡支援农业。1965年，克山县发生大旱灾，受灾面积53万亩。全县抽调机关、企事业、文教等部门干部245人和700多名学生组成抗旱工作团，深入灾区做抗旱保苗工作。物资部门及时下拨了水泵、大水桶、移苗器、早熟籽种等抗灾物资。同时，工业系统、手工业系统、交通系统、商业系统也都下乡为农业生产和农民生活服务。

经过三年调整，全县农业生产获得显著成效。一是粮食产量增幅明显提高。三年粮豆薯总产达45.53万吨，年平均15.18万吨，比1962年增长4.92万吨；粮豆薯平均亩产152斤，比1962年提高44斤。二是家畜饲养显著增长，猪年均存栏7.85万头，比1962年增长1.69万头；羊年平均存栏1.77万只，比1962年增长0.68万只；三是经济效益明显增加。三年平均农业总产值为4 632万元，比1962年增长940万元（均按1957年不变价计算）。年均交农业税437.1万元，比1962年增长65.4万元。到1965年，人民公社集体积累达1 344.6万元，比1962年增加1 202.4万元。三年社员年人均分配83.3元，比1962年增长15.3元。

二、工业调整与发展

在1961年和1962年进行撤、并、转的基础上继续进行工业调整。到1965年，全县工业企业由1962年的27家减为22家，其中国营工业由16家减为11家。手工业企业由1962年的57家减为41家。全县工业系统职工由1962年的2 760人减为2 227人。在三年工业调整期间，克山县重点发展与农业关系密切的工业企业。发展农机工业，其做法是利用有限的资金增加必要的生产设备。全县机械工业（主要是农机工业）金属切削机床由1962年的171台增至189台，锻压设备由1962年的36台增至46台。扩大生产农业机械、配件品种，提高产品质量。三年间，仅县农业机械厂、机电修配厂就为农村提供各种农业机械2 700多台。县农业机械厂7年均生产牵引镇压器666台，是1962年的2.4倍。与此同时，各工业生产部门还相应地增加农副产品加工业的生产产量。三年间，亚麻纤维年均生产503吨，比1962年增加55吨，马铃薯淀粉年均生产924吨，比1962年增加814吨。

三年工业调整期间，县内工业为提高产品质量、产品数量，继续改进生产设备和生产技术。一是工厂增加了较先进的检测设备。1963年，酱菜厂新建90平方米的化验室，从半成品到成品都通过化验检查质量。二是改手工操作为机械操作或半机械化操作。1964年，县食品厂研制一台650型饼干机和一台电热烘干炉，使饼干生产由手工操作、煤炉烘干改为半机械化、电烘干。为提高生产效率和产品质量，还组织生产人员到外地学习和引进先进技术。1965年，县淀粉厂上料由手工操作改为机械化，烘干由火力改为气流，并实现了自动化，还改进了原料破碎机。同年，合作铁工厂通过学习哈市、双城等地先进技术，生产的菜刀质量接近了哈市"三盛炉"名牌菜刀水平。

三年间，各工厂还普遍开展了工人大练基本功，技术传帮带、"一帮一、一对一"，技术培训等活动，从多方面提高工人技术水平。再者，各工厂还发动群众提出改进产品质量建议2 750条。据资料记载，三年工业调整期间，克山县地方工业和手工业能生产出100多种产品，并在不同的程度上有很大的提高，有些产品还被评为省、地优质产品。

三年工业调整，获得了较为显著的成效，全县工业结构更趋于合理，初步形成了以农机工业和农副产品加工工业为主的框架。农机工业主要有农业机械厂、电机修配厂、农机修配厂、合作铁工厂等。农副产品加工工业主要有亚麻原料厂、淀粉厂、造纸厂、皮革社。食品工业有白酒厂、食品厂、酱菜厂等。工业趋于定型产品有镇压器等机引农具、拖拉机配件、深井泵（初步定型）、中小农具、车马挽具、亚麻纤维、针棉织品、鞋帽、红砖、锯材、白酒、糕点、糖果等。三年工业调整期间，县地方国营企业年均产值比1962年增长42万元。县内全部工业总产值比1962年增长319万元；县营工业年上缴县财政利润54.7万元，比1962年增加13.9万元。

三、交通邮电调整与发展

交通的调整主要以进一步完善全县公路网为重点。1963年，整修了克山至北兴、克山至西城、克山至农场三条主干线及滨河、曙光、西建公社境内的道路，开辟了克山至涌泉的客运路线。1964年，对主干线克山至拜泉的部分路线（克山县城十字街以南19.3公里）进行了改建。还修通了9条支干线，4条公社级道路。1965年又修建4条邻县间和4条相邻公社间的公路，并有3条公路向生产大队延伸，共135公里。从而，全县基本形成主干线127公里，乡道533.3公里的邻县相通、社社相通的公路网。为此，1964年和1965年，克山县连续两年受到省交通厅的表彰奖励。三年调整期间，根据上级指示，县内适当增加了养路费。自1963年10月起，实行由县运输公司系统办理运输业务。到1965年末，全县运输系统有载货汽车24辆、挂车21辆，总吨位为159吨位；有载客汽车7辆，座位275个。

三年调整期间，县内邮政规模基本巩固"二五"期间状态，邮政设备于1963年增加运输车1台，电信设备在巩固原有的基础上于1963年增加15瓦无线电台1部。长途电话交换机由1部25门增至2部35门，县城内电话交换机总容量由400门增至600门。

四、商业财政金融调整与发展

商业调整主要是配合工农业生产调整进行的。一是强化物资供应部门。1963年，县人委设立了酒类专卖局，对酒类实行专卖。同年，将物供应站改为物资综合供应公司，并成立了木材公司。二是商业部门积极组织进货，增加商品品种。商业批发部门经营商品品种达7 000余种。三是根据上级有关精神及时调整物价。仅1963年平价商品就有716种，价格平均下调7.5%。到1965年，各种商品基本全部实行平价供应。四是开展增产节约运动。开展形式主要是开展"五好商店、六好店员"竞赛，以开展优质服务为主要内容，如延长营业时间，组织街头摊床和流动售货车等。另外，还加强商品流通管理。三年调整期间是克山县商业最好时期，主要商品销售量明显增加。如猪肉年均销售量为559吨，比1962年增长10倍以上；皮鞋年均销售量为6.56万双，比1962年增长35倍；自行车年均销量为788台，比1962年增长2倍多。

三年调整期间，加强了税收工作。农村税收机构由原来一社一员改为划片集中管理。全县共划6片，设5个税收所（有一片由县税务局直管），全县财政收入年均832万元，比1962年增长55万元，行政经费均控制85万元之内。财税的增收，保证了经济建设，特别是支援了工农业生产，发展了文教卫生事业。三年调整期间，金融工作配合经济工作也进行了适当调整。一是调整了金融机构。1963年分设了县农业银行，1965年增设了县建设银行。二是适当控制货币流通量，到1965年末，市场货币流通量比1962年减少28.6%。三是加强贷款回收工作。到1965年末，全县农业贷款比1962年末减少124.7万元。工业贷款余额比1962年减少121.7万元，商业贷款余额比1962年末减少1 736.3万元。四是加强了对农业资金的管理。1963年，在县农业银行分设前，县人委组织有关部门对全县农村生产队财务进行一次整顿，理清了19个生产队的乱账，健全了56个生产队账目，帮助222个生产队完善了财务管理制度。县农业银行成立后，在做好农业贷款工作的同时，配合县、公社加强对生产队的财务监督工作。监督的重点是生产队的生产费、公积金、公益金、储备粮积金的管理。县农业银行还承担了农村财会人员的业务辅导工作。

经过三年国民经济调整，克山县国民经济得到全面恢复和发展。年均工农业总产值达到6 777万元，比1962年增长1 633万元，工农业总产值构成比重更趋于合理。农业总产值平均占74.4%，恢复到1957年至1958年的水平，改变了1960年前后农业比重过小（1960年为58.5%）的不合理状态。党中央提出的调整任务以1957年指标作比较，克山县由于1957年农业遭受到严重自然灾害，指标较小，因此在制定调整发展经济指标时，县委提出一般以1962年做比较。按照这种做法，克山县三年调整全面完成并超额完成了各项经济指标任务。

第三章　开展社会主义教育运动

　　1962年9月，党中央召开八届十中全会。会议指出："在无产阶级革命和无产阶级专政的整个历史时期（这个时期需要几十年，甚至更长时间）存在着无产阶级和资产阶级之间两条道路的斗争。"党的八届十中全会后，"左"的倾向进一步发展。同年10月，省委召开工作会议，贯彻党的八届十中全会精神，决定在全省开展国际主义、爱国主义和社会主义教育，提出要进行阶级教育，坚持社会主义道路，反对走资本主义道路的教育。

　　为贯彻落实党的八届十中全会和省委工作会议精神，克山县委于1962年11月至1963年2月，在全县初步开展了社会主义宣传教育工作（这段工作当时也称社会主义教育）。社会主义宣传教育由县委宣传部具体组织，宣传的主要内容是国际形势、社会主义方向、集体经济的优越性、阶级斗争等。同时，还结合当地的人和事作为活教材，采取大会报告、小会座谈、登门访问、个别串联等方法进行宣传。全县受到教育的人数达到13万余人，占应受教育的90%。

　　党中央召开的八届十中全会后，决定在城乡发动一次普遍的社会主义教育运动。为此，1963年起，克山县社会主义教育运动全面展开。这次运动在城乡分别进行，在城镇进行"五反"，在农村进行"四清"。

一、城镇"五反"

1963年3月，党中央发出关于在城市开展"五反"运动（即反对贪污盗窃、反对投机倒把、反对铺张浪费、反对分散主义、反对官僚主义）的指示。4月，省委发出贯彻执行《指示》的通知。为贯彻执行党中央指示和省委通知，1963年4月，县委成立增产节约、"五反"运动领导小组，县委副书记、县长黄鹤鸣任组长、县委常委陈福俭任副组长兼办公室主任。办公室共抽调14名干部组成5个工作组，其中两个小组搞试点，两个小组抓薄弱单位，一个小组抓全面工作。

城镇开展"五反"运动，首先进行"三反"，即反对官僚主义、分散主义和铺张浪费，重点在县直机关和财贸系统进行。其做法是先从机关开始，由县委常委带头"洗澡"（检讨问题，有时也称"卸包袱"）。在干部"洗澡"时（从7月31日开始）首先学习党中央关于城镇"五反"运动的指示，在提高认识、串联酝酿、回忆问题的基础上，用6天时间检查几年来特别在1962年以后多吃多占、走后门、生活搞特殊化等方面的问题。8月31日，县委又召开了县直部门、各公社主要负责人会议。县委书记陈金荣，县委副书记、县长黄鹤鸣代表县委常委检查县委常委集体多吃多占、走后门、生活搞特殊化等方面的问题。之后，采取分组、背靠背、面对面等多种形式，帮助县委常委"洗澡"。9月，县委召开第三次全委扩大会议，对前段县委常委开展"五反"运动"洗澡"情况进行初步总结。9月16日，县委制定了《关于克服多吃多占、走后门、生活特殊化等问题的十二条规定（草稿）》，在县委带动下，县直机关也都开展"三反"运动。1964年3月，县委总结了机关"三反"情况，向地委作了汇报，于1964年7月，机关系统前期"五反"运动基本结束，在此期间，财贸系统按照县委部署，开展了以反损失浪费为中心的增产节约运动，开展专题鸣放，专题整改。全系统有67个单位，3 620名职工都参加了运动，共揭发损失浪费问题31 557件，总金额近400万元。城镇"五反"运动开始后，按照地委指示，还对财贸系统的商业、粮食、税务、财政等5个系统私设的"小金库"问题开展检查，到1963年9月，5个系统共清出私设"小金库"总额1.8万元。其他系统"五反"前期工作也以领导干部带头"洗手、洗澡"、"放包袱"为重点，进行调整摸底工作。到1964年8月，将农村社教运动扩展到城镇基层单位，从而农村"四清"与城镇"五反"结合进行。1965年，全县统一开展社会主义教育运动。

二、农村"四清"

1963年2月，党中央工作会议决定在农村进行"四清"（最初提出"四清"是在农村清理工分、清理账目、清理财务、清理仓库后发展为清政治、清经济、清组织、清思想）为主要内容的社会主义教育运动。5月，党中央制定《关于目前农村工作中若干问题的决定（草案）》（简称前十条）。决定要求各地训练社教工作干部，进行社教试点。6月，省委制定了《关于贯彻执行中共中央关于目前农村工作若干问题的决定（草案）》的计划（试行草案）指出：这次农村革命的要点是"阶级和阶级斗争"（包括人民内部矛盾），社会主义教育，建立贫下中农组织，"四清"，干部参加集体生产劳动等问题。克山县首先在生产大队搞"四清"试点。县委组织县委和公社党委领导参加的"四清"工作组，先后三次往返卫星大队开展"四清"试点工作。首先建立9个贫下中农小组，共吸收266人参加，然后经过发动群众，对生产大队、生产小队粮钱物账等进行全面清查，清查出贪污金额1 159元及多吃多占、铺张浪费、工作混乱等"四不清"问题，进而开展经济退赔和公物还家工作。工作组还协助大队党支部进一步完善各项规章制度。为搞好社队干部"洗手、洗澡"，县委于1963年10月8日至16日，在古城公社进行公社干部"洗手、洗澡"试点，共使干部放下大小"包袱"517个，多数属于多吃多占，生活特殊化和走后门方面的问题。

1963年9月，党中央工作会议通过《关于农村社会主义教育运动中一些具体政策的规定（修正草案）》（简称《后十条》）。为贯彻《后十条》，县委召开公社三级干部会议，集中学习，集中"洗手、洗澡"。为此，在古城公社进行三级干部会议试点，于1964年1月8日至23日召开县三级干部会议。县长黄鹤鸣作了题为《洗手、洗澡，卸掉包袱，轻装上阵，共同对敌》的报告，并与县委副书记武喜平带头进行"洗手、洗澡"。接着，各公社党委分别召开了会议。在这次县三级干部会议后有755名社队干部共卸"包袱"问题1.5万多个，还揭发出有阶级斗争的问题3 600多个。在古城公社进行社教试点中，县委组织187人的工作队，共揭发"四类分子破坏活动、资本主义活动、封建迷信活动"2 205起，参加"洗手、洗澡""放包袱"的大小干部715人，共卸掉"包袱"8 416个，清出犯有贪污错误的干部69人，贪污金额1.38万元，试点中退赔2 800元。

经过生产大队"四清"试点，结合公社试点，进行干部"洗手、洗澡"，从而，全县普遍以生产大队为单位，开展面上的社会主义教育运动。面、点、社教分为两批进行，第一批于2月19日至3月3日开展社教有111个生产大队，675个生产队。第二批于3月3日至16日，先后开展了97个生产大队，591个生产队。通过社教，克山镇8个街18个居民组受教育人数达到988人，面上社教共抽调县社干部506人，加上省、地工作队，共有社教工作队员599人。

面上社教把发动群众"揭阶级斗争盖子"作为一项主要工作内

容，按当时材料记载：共揭出搞各种破坏活动的"四类分子"2 880次，破坏活动7 168起。面上社教发动群众给大小队干部提出的意见达1.37万条。同时，还在干群之间、群众之间开展评功摆好活动，共摆出好事25.8万件；平均每人3.17件。全县共表扬好干部、好社员6 768名，培养了社教积极分子9 607名。

1964年底至1965年初，党中央制定《农村社会主义教育运动中目前提出的一些问题》（简称《二十三条》）下发后，系统社教运动为集中力量一次突击完成。克山县系统社教是嫩江地区第二批社教。全县社教工作固定有工作队员5 410人，其中男队员4 245人，女队员1 165人。其中有省属干部396人，地属干部128人，县属干部1 978人，其余人员来自部队和大专院校。系统社教历经6个月，以学习宣传《二十三条》入手，组织学习毛主席著作，以活人、活事、活思想、活典型教育干部、教育党员。还进行阶级和阶级斗争教育，并开展忆苦思甜；由苦大仇深的贫雇农谈身世、讲家史，举办小型阶级教育展览，进行社会主义教育。在系统社教中清理了阶级成分，清查9 600多户原来成分不清的，其中贫下中农数由原来的3.7万余户上升为4.5万余户，清出地主667户，富农862户。新戴四类分子帽子213人，重新戴上四类分子帽子153人，共批斗四类分子257人。揭发清理出各种经济问题，涉及8 077人，其中干部5 921人，经济问题总金额170.7万元，全县退赔48万余元。

在系统社教中，还对党员进行毛泽东思想及党章教育。通过给党员鉴定，对党员进行重新登记，对犯错误党员进行处理。全县系统社教前有党员5 566人，准予登记的4 877人、暂缓登记的345人、不予登记的53人、劝退党的115人、自动退党的119人，取消预备党员资格的23人，开除和清除出党的39人，系统社教全县共发展新党员3 122人。

第四章　掀起农业学大寨热潮

　　1964年2月，《人民日报》登载了山西省昔阳县大寨大队依靠自己力量同穷山恶水做斗争的报道，并发表《用革命精神建设山区的好榜样》的社论。同年，毛泽东向全国发出农业学大寨的号召，随之，克山县开始了农业学大寨运动。

　　克山县开始农业学大寨是结合学习外地其他农业先进典型经验来进行的。1964年7月，黑龙江省委发出《关于在全省农村认真学习和推广太平大队经验的指示》。《指示》："甘南县太平大队是我省农业战线上的坚持依靠群众，自力更生，壮大集体经济，大幅度增加生产，支援国家建设，使全体农民走上富裕之路的一面红旗。东北局曾号召各地认真学习和推广这个大队的先进经验。"1965年秋，县委组织有关人员到甘南县中兴人民公社太平大队等地参观，学习这个大队水土保持和科学种田等方面的先进经验，重点学习了太平大队党支部书记吕和创造的"三看三定"经验，即"看天时定作物种植比例，看雨情定播种顺序，看墒情定播种方法"。

　　1966年春，县委副书记张希文等4名干部参加省农业参观团到山西省昔阳县大寨大队，参观学习了这个大队自力更生治理穷山恶水的先进经验，此外，还到兰考县、林县等地进行参观学习。张希文回县后，县委及时将这次到外地学习的情况的报告材料及大寨、兰考、下丁家三个典型材料印发给各公社党委。

各公社党委组织广大党员、干部、社员群众开展大学习、大讨论，结合当地实际情况，对照先进找差距。然后制定规划，并迅速投入到农业生产实际中去，为在全县全面开展农业学大寨运动拉开序幕。

运动开始时，克山县委在结合学习大寨、太平大队等外地先进典型经验，还十分重视推广当地农业先进典型经验。组织全县农村干部学习县内的农业"四面红旗"的增产经验，这"四面红旗"即农业连年大丰收的北兴公社；粮食产量逐年增高，亩产200斤的西城公社心合大队；粮豆作物亩产307斤的北兴公社兴河大队；搞好水土保持、获得粮食增产的向阳公社联放大队。1966年春，一些公社还结合季节性生产，树立阶段性样板。如滨河公社以巨心大队为增施粪肥的样板。这个大队为提高粮食产量，由施满肥提高到双施肥。公社党委抓住这个样板，当即在这个大队召开了现场会，号召全公社大队都学习这个大队施肥经验。

根据上级关于搞好农业样板田的指示，结合农业学大寨运动，1965年春，县委开始抓建设样板田工作。成立了样板田领导小组，设立样板田工作办公室。各公社、生产大队也都层层设立了样板田领导小组。同时，县委还确定三个样板田建设试点，即是滨河公社巨心大队、西河公社爱国大队、古北公社东风大队。为培养和树立样板田，县委从有关部门抽调干部到样板田试点蹲点，指导样板田建设工作，各公社也都选一个大队进行样板田建设试点。

在开始学习大寨时，县委十分重视抓作业质量和推广农业新技术工作。一是重点抓常年积肥。到1965年，全县农村普遍实现"五有三勤"（五有三勤内容：牛马有棚，猪羊有圈，鸡鸭有架，家家有厕所，户户有灰仓。做到勤起、勤垫、勤打扫）。二是进一步精耕细作。为尽快提高农民种田的技术水平，县委充分利用农闲时节组织有关部门培训农村技术骨干。仅1966年，全县就集中培训两万多名农具手、技术员。1966年春，农村普遍进行精耕细作种庄稼。古城公社兴隆大队麦播整地耙地、耢地、压地共达到7次，还平两次墒沟、整地达到地平、土碎。多数生产队都做到播种前把谷茬、玉米茬和高粱茬刨净、捡光。播种前普遍进行了精选良种。小麦全部进行风选、筛选；还有的生产队进行分级选种。精选大豆种子做到粒选；种子田做到脐选；选玉米种子将玉米穗子掐头去尾，留中间粒大饱满的玉米粒作种子。播种时，有15%的种子拌了农药，播种中做到种量适宜，覆土严、格子踩得实；实现随播种，随镇压，连续作业。三是推广农业新技术。从1966年起，全县播种小麦绝大部分地块采用了新播法，即行距7.5厘米平播。普遍试用少量化肥作种肥，随种子一次施入，亩施肥用量为5~10公斤。加强了植物保护工作。1964年县内成立了植物保护检疫站，配备了专职检疫员。及时检查发现对植物有危害性的病虫、草害，严把种子、种苗等调出、调入关。建立无毒种子田进行育种。

在学习大寨中，重点进行了农田基本建设工作。1964年，农田基本建设主要以治理坡耕地和水打沟为重点。治坡是结合秋翻地改顺坡垄为斜坡垄或横坡垄，共改7 000多亩。在改垄基础上，重点在36个生产队91块耕地上修了过渡式水平梯田3 664亩，并采取修筑田埂，挖截水沟等办法控制水土流失。全县共修筑地埂866条；修截水沟313条。并在沿沟采取修筑谷坊（沟底小坝）、造林插柳等办法，实现增加控制水土流失面积近8万亩。同年11月，全县农田基本建设转入修筑防洪、排涝和小型灌溉工程。到1966年2月，共修控制水沟161条、堤防3处、小型塘坝30处、灌溉泉眼12处、土井18处，实现保护耕地近40万亩，可以灌溉旱田4 000亩。还初步开展改良土壤工作，共改土5 000余亩。1965年秋至1966年2月，全县共完成水利工程土方近110万立方米。

在学习大寨经验中，主要学习了大寨人战天斗地的精神，同自然灾害做斗争，力争灾年获丰收。1965年，县内发生严重的旱、虫、雹、冻四大灾害，受灾面积达66万亩，占总耕地面积近30%。其中，旱灾比重更大，受灾面积近67%，达44万亩。6月初，县委组织广大干部群众，以大寨人战天斗地的革命精神全力投入到抗旱保苗会战中去。坚持受灾不扔地，多补苗少毁地的原则，采取补种、移苗、毁种相结合的办法，做到补一墩是一墩，移一棵苗是一棵苗，种一垄是一垄。到6月25日，全县共补种24万亩，移苗1.6万亩，毁种10万余亩，从总体看，成活率达90%以上。经广大干部群众共同奋战，加上各行各业的大力支援，终于战胜了自然灾害，在大灾之年夺得丰收。

在结合农业学大寨中，克山县还试推行了北兴公社群众大队春耕中实行田间生产责任制的做法。为进一步探索劳动管理办法，克山县农村公社大小队普遍推行了"大寨工分法"。

1964年的农业学大寨运动，从整体看，属农业学大寨运动的前期。从1965年开始，全县才正式开展农业学大寨运动。在县委的领导下，全县人民以大寨人战天斗地的革命精神，进行大搞农田基本建设，还结合学习甘南县中兴公社太平大队等先进典型经验，因地制宜大搞科学种田，以粮食"上纲要"（亩产400斤），"到黄河"（亩产500斤）作为奋斗目标。到1965年，县内出现一批高产地块，有的达到"上纲要""到黄河"的高产指标。全县有亩产300斤以上的地块1万余亩，亩产400斤以上的地块达到900多亩，亩产500斤以上的地块有20亩。其中，玉米、大豆、谷子占高产地块的比重较大。这些高产地块分布在全县14个公社、45个大队、62个小队。1966年，全县粮豆薯总产达到23.29万吨。其中，粮食作物达到20.4万吨。

第五章　实行"两结合"方针，发展教育事业

　　1957年，毛泽东主席提出："我们的教育方针，应该是受教育者在德育、智育、体育等方面都得到发展，成为有社会主义觉悟的有文化的劳动者。"1958年10月，党中央正式提出"教育为无产阶级服务，教育同生产劳动相结合"的教育方针。为迅速全面贯彻党的教育方针，克山县委一方面组织全县各学校、企业、人民公社、机关、团体对党的教育方针开展大学习、大宣传活动；另一方面组织各学校开展教育革命，改变教育"三脱离"即"脱离政治、脱离实际、脱离生产"的教学方法，使学生一面读书，一面劳动，真正做到思想好、学习好、身体好，成为建设社会主义的优秀人才。

　　在党的教育方针指引下，为提高在职教师素质，县委、县人委认真加强对教师培训工作的领导，于1959年成立了县教师进修学校，首批培训80名教师。1959年，成立了县初级师范学校，首批招收两个班100多名学生，开设初中课、小学教材教育等课程。到1965年，全县中小学教师由1957年的867人增到1 669人。

　　为将学校办成"教育与生产劳动相结合"的新型学校，加强了对学校的管理工作。1958年人民公社成立后，各公社都建立了中心校，专门对社内中小学进行规范化管理。中心校建立后，

将原来乡镇所在地小学校长管理全公社学校改为中心校统一管理全公社学校。中心校接受县教育科和公社管委会双重领导。1958年，由于批判"一长制"改校长负责制为党支部负责制。经过一段实践，证明这种管理体制使党支部陷于日常事务之中，不便于管理好学校。1963年3月，根据上级教育部门有关指示，改"党支部负责制"为党支部领导下校务委员会负责制，党支部对学校工作起到保证监督作用。从而改变了以往一切事务都由党支部处理，致使党政不分的局面。

在开始全面建设社会主义时期，为给国家输送人才，还改进了考试制度。从1962年开始，各学校都注重平时成绩，对平时学期学年考试都按比例计算，得出全年总分。对思想进步，各学年成绩特别突出，身体健康的学生，由学校保送升入上级学校。同时，加强了招生工作。从1959年开始高初中招收新生，都以县为单位设立招生委员会，小学招收新生以公社为单位成立招生办公室。1957年至1965年全县共培养出初中毕业生4 241人、高中毕业生950人，除一部分升入上级学校外，大部分都充实到县内工、农业等各条战线，成为各条战线的骨干力量。

由于贯彻党的教育方针，克山县中小学教育发展很快，1957年至1965年，全县普及了小学教育，城乡小学学生由1957年的2.3万增至5.4万。在普及小学教育中，县委贯彻了中央两条腿走路的办教育方针，实行公办和民办，全日制和半日制并举。1958年至1963年，全县增设民办（多为半日制）小学40多所。从1964年开始，贯彻刘少奇关于"两种教育制度"的指示，大力兴办耕读小学，到1965年全县耕读小学192所。在普及小学教育中，还注重提高巩固工作。重点整顿了公办小学。1961年将城内第一小学校改名为实验小学作为教育科直属重点小学，实行"五年一贯制"，进行中小学校一条龙实验。

在发展小学教育的基础上，也大办中学教育。1958年4月，设立了县第三中学，校址在西城镇。这是农村第一所初级中学。1959年又在北兴公社所在地设立了县第四中学。1960年，为普及初中教育，在古城、河北、河南、古北、西联、北联等6个公社及国营克山农场又设立7所初级中学，即第五、六、七、八、九、十中学和红光中学。1962年至1964年，对县中学进行整顿，整顿后县属中学为5所，县城附近有3所，即一中、二中、三中；农村两所，即四中（北兴）、五中（西城）。另一方面，还发展了一所半工半读中学。1957年成立了一所群立中学，这是一所半耕半读性初级中学。1964年10月，省委第一书记欧阳钦到学校视察。根据欧阳钦提议，改称"克山工读学校"。经省教育局批准为中等专业学校。1958年"大跃进"时期，农村开始设立带有半农半读性质的中学。1960年至1964年，农村中学整顿后，除县属四中、五中外，其余都以公社名称命名。1964年群立中学改为工读学校后，农村公社所属中学都逐渐成为耕读中学。到1966年，全县有初级中学28所，完全中学1所，在校学生6 853人，比1956年增加3.1倍。

克山县不仅在发展常规教育外，还发展多种教育，即发展职工、职业、农民、特种、幼儿等教育。职业教育从1957年开始初步发展，全县有职工干部业余学校20处，114个班（高中班6个、初中班38个、小学班32个、扫盲班24个、农村干部短训班14个、共有学员500余人）。由于学员不断增多，县委、县人委对职工学校进行整顿，采取系统分散办学的办法，设有工业职工学校、手工业学校、工商联职工学校、亚麻厂职工学校、汽车修配厂职工学校、西城职工学校、北兴职工学校共8处。1959年，城内机关、工业、商业等职工学校合并为克山县职工干部学校，分高中、初中、高小、初小、扫盲四个级别，学员达3

150人。其中，干部学员746人。职工教育在"大跃进"的形势下，还创办了克山大学、师范大学、财经贸易学校、文化艺术学校等带有专业性和大中专级别的学校。由于条件所限，举办的时间不长而终止。

第六章　进行"五网一化"建设，开展爱国卫生运动

克山县在"大跃进"和三年经济调整时期，伴随工农业生产高潮的到来，卫生事业掀起了进行"五网一化"建设，开展爱国卫生运动。

一、医疗机构建设

为继续巩固和加强县级医疗卫生机构建设，县委、县人委以县人民医院、县中医院为重点，进行医疗机构建设。1962年，县人民医院新建125平方米的手术室，翻修了500平方米的门诊室，修建了600平方米的附属科室，其中制剂室100平方米，制剂室增设了塔式蒸馏器，并改进了过滤设备。检验科在能做三大常规（血、尿、便）的基础上，1960年后，又增加了电保温箱、干燥箱、电冰箱、电动离心机。增设了血肝功、血糖、谷丙转氨酶测定、血清试验、细菌培养等检验项目。到1962年，县人民医院职工达到156名，比1958年增加14名；医士20名，比1958年增加6名；护士34名，比1958年增加15名。到1965年，县人民医院设有病床140张，比1958年增加80张。在加强县人民医院建设的同时，也加强了中医院建设。1963年10月，将县人民医院的中医门诊部分划出，恢复县中医院，当时全院有职工31名。1964年修建

了70平方米的药品仓库。在加强医院建设的同时，还加强对医护人员的培训工作。培训工作以县级医院单位医护人员为重点，并重视培训县级以下的医疗单位医护人员。主要去哈医大附属医院进修学习。而哈医大也把克山县人民医院作为实习基地，发挥了培训县医院医护人员的作用。由于注重医护人员的培训，从而，医护人员医疗水平逐步提高。如县人民医院，以前只能做一些简单的手术，到1959年后，对难度较大的手术如胃切除、肠梗阻、子宫全剔、卵巢囊肿、脊柱结核病灶清除手术、缩窄性心包炎等也可以做了。内科除治疗常见病外，对一些较疑难的病症也可以确诊治疗。在县级医疗建设取得发展的同时，基层医疗机构也都相应地加强建设。1958年，人民公社化后，原乡镇卫生所改为公社卫生院。1959年，根据省提倡的"五网一化"建设，全县开始筹建生产大队卫生所。大队卫生所由1957年9个发展到1965年21个，企业部门如粮食、亚麻厂，省肉联、种畜场也都建起卫生所，从而形成医疗网。

二、卫生防疫网建设

在卫生防疫工作上，县委、县人委继续把防治地方病和卫生防疫工作当作卫生工作的重点来抓。在防治地方病中，以防治克山病为重点，并将遏制突发病情与根治相结合。在防疫工作中，以儿童防疫为重点，抓基础建设。为防治克山病，1958年，成立了克山病防治委员会，县委第一书记亲自挂帅，各级党组织把防克工作纳入日程，各公社有1名书记或社长专门负责抓，各作业区（生产大队）也有1名主任负责抓。为健全防治克山病网，各生产大队至少有1名经过培训的防治员，并备足了防克药品和医疗器械。公社卫生院固定了负责医生，还专门组织了备有快马或爬犁的抢救小组，昼夜坚守岗位。县医疗部门也组织了医疗队，实行"五包"（包责任、防治、宣传、除四害讲卫生、医疗技术指导），经常巡回农村做防治工作。真正做到"三早"，即早发现病人、早报告、早治疗。1959年，全县有14个公社、112个生产队突发克山病。县委针对这种情况，采取了做好"三道防线"紧急措施，并下发了通知。当时，县委召开了各公社党委书记参加的防治克山病紧急会议。会议由县委第一书记赵稼增做了工作部署。接着由县委书记处书记刘德胜与卫生局7名干部组成的检查团，用18天时间，深入到重病区检查指导工作。全县抽调防治医生240名，训练防治员960名。特别是重病区，还配备了抢救员，县、公社及时投放了防克药品，使病情得到及时控制。为预防疾病发生，1960年，根据省委指示，哈医大组成以于维汉教授为队长的克山病防治工作队来克山县开展防治工作。当时，县里召开了欢迎哈医大防克队及向克山病进军誓师大会。从而，哈医大防克工作队与县、公社医护人员一起，深入到主要病区开展防治工作。为预防疾病发生，根据重点治疗和一般预防相结合的精神，全县结合生产掀起"五改"（改造厕所、改良水质、改善居住条件、改变卫生面貌、改进食物营养）和"三网"（疗养网、抢救网、药品供应网）建设为中心内容的预防克山病的热潮。1958年夏，县委、县人委组织有关人员深入到克山病重灾区，对克山病发病的原因进行调查研究，发现克山病发生与饮用水有关。1963年秋，在省有关部门的协助下，县内在重点发病区开始打深水井，全县农村开始逐步饮用深层地下水，并改善了水井卫生条件。从而使县内克山病发病死亡率明显降低。1957年到1959年，全县发生克山病人数631人，死亡270人，发病死亡率为42.7%；1963年至1965年，发生克山病人217人，死亡73人，发病死亡率为33.6%，下降9.1个百分点。

三、妇幼保健网建设

县委、县人委十分重视妇女儿童卫生保健工作，适时调整妇幼保健机构。1958年，原妇幼保健医院交入县人民医院。1963年，根据妇幼事业发展的需要，重新恢复了县妇幼保健医院。加强机构建设后，积极开展妇幼保健工作。1959年，县内推行妇女经期、孕期、产期、哺乳期的"四期"劳动保护措施，并广泛宣传有关方面的卫生知识。1962年后，贯彻妇女劳动保护制度，进一步实行"三调三不调"，即月经期调干不调湿，孕期调轻不调重，哺乳期调近不调远。从1959年开始，定期培训大批新法接生员，并逐步改造了旧产婆，培养她们采用新法接生。到1965年，全县各自然屯基本上都有了新法接生员。

为保障儿童身体健康，县防疫部门认真做好儿童免疫工作。1957年至1966年全县共接种牛痘疫苗10次，其中1957年接种1.38万儿童，1966年接种12.4万儿童；为防治结核病，1958年后，重点为儿童接种卡介苗，仅1966年就接种卡介苗20.74万人次；1960年至1964年共接种百日咳、破伤风疫苗10.22万人次。1965年对7岁以内的儿童发放小儿I、II型麻痹糖丸（脊髓灰质炎疫苗）。当年共发放6.85万人。1965年还接种麻疹疫苗1.32万人。由于采取这些预防措施，仅以百日咳病发生率为例，1956年发病率为2.567‰。1960年开展白百咳三联疫苗接种后，发病率逐年下降，基本上得到控制。

第七章　贯彻"双百"文艺方针，发展群众文化事业

在开始全面建设社会主义时期，克山县委认真贯彻党的"百花齐放，百家争鸣"的文艺方针，即发挥文化领域各职能部门、专业团体的作用，又发挥"文联"等群众文化团体的作用，使专业文化和群众文化同步发展。

为了加强党对文化工作的领导，1956年6月，克山县成立了克山县文学艺术界联合会，下设作协、音协、舞协、剧协等组织。县委书记处书记王地兼任县文联主席。同年8月，县委成立文化科学领导小组，王地任组长，具体工作由县文化局主抓群众文化工作。

在全县开展"大跃进"运动时期，为了配合"大跃进"运动的开展，文化也开展"大跃进"运动。根据形势发展的需要，首先开始发展电影事业。1956年后，县委决定将电影院与电影公司合署。为加强党对电影工作的领导，1958年6月，成立党支部，电影公司下属5个电影放映队。这5个电影放映队分片常年下乡为农民放映电影，保证乡村农民每周能看到一至两次电影。随着国民经济的发展，国产电影片放映逐年增多。

在"大跃进"年代里，除大力发展电影事业外，还发展戏剧事业。1958年，县委、县人委决定对克山戏院进行全面维修。

1958年，克山县相继成立了评剧团、话剧团（后改为歌舞团，又改为实验剧团）、豫剧团、秦腔剧团。

克山县在发展群众文化事业上，还十分重视发展民间文艺工作，主要演出团体有民间艺术剧团、皮影队、书曲艺人等。

第六编 ★ 改革开放时期

　　1978年到2018年是改革开放新的历史时期。在这非凡的40年中，克山县委、县政府认真贯彻中共中央召开的十一届三中全会至十九大会议精神，把党的工作重点转移到社会主义现代化建设上来，领导和带领全县48万人民，深入进行全方位的改革，以奋发进取的斗志，全面推进全县的社会主义现代化建设。始终坚持创新务实，抢抓机遇，为"搞好二次创业，实现富民强县"而不懈地奋斗，从而使全县国民经济始终保持持续发展，城乡面貌发生天翻地覆的变化，人民生活质量不断提高，社会各业都取得快速发展。在这新的历史时期，继续发扬老区人民革命精神，以高昂的雄心壮志，在习近平新时代中国特色社会主义思想指导下奋进小康社会。

第一章　党和国家领导人
亲临克山视察

中共第十一届三中全会召开后，有两位党和国家主要领导人亲临克山县进行视察，会同省、地区、县领导座谈如何贯彻落实改革开放政策，对克山县农村改革和农业经济发展作出重要指示，并深入农业专业户家中进行访问。

1980年7月31日下午3时50分，中共中央政治局常委、国务院副总理赵紫阳、国家农委副主任李瑞山一行7人在省委书记赵德尊的陪同下，乘两架直升机来克山视察，飞机降落在西建公社的七〇五驻军农场。在县委书记潘继昌，县委副书记、县长汪家庆等人的陪同下，到北联公社黎明、建设两个大队视察，听取了黎明大队党支部书记孙浩亮、建设大队党支部书记宋家明的汇报。汇报中，赵紫阳副总理就农业机械化、现代化问题提出了一些重要意见。当汇报到黎明大队亩投资50元、基本实现机械化、麦豆产区化时，赵副总理说："机械化和作物区域化有很大关系。"汇报到大队用五分之一的劳动力搞农业，田间作业基本机械化时，赵副总理说："这是个大变化。"汇报到大队计划1985年实现人均年收入1 000美金、住房实现砖瓦化、改变食物构成、人食肉、乳，畜吃粮、口粮降到300斤时，赵副总理说："麦豆产区可以贷款，贷款要搞一个方针，先富先化、能滚雪球的地方先贷。"汇报到居民点改造时，赵副总理说："房子要商品化，盖好了房子卖给社员，逐年还。"

1982年8月16日，中共中央主席胡耀邦亲临克山县视察工作。陪同的随行人员有：中共中央办公厅主任胡启立、中央书记处农村政策研究室主任杜润生、中央警卫局局长孙永等12名同志。陪同胡耀邦视察的还有黑龙江省委第一书记杨易辰、省委书记陈俊生、王路明、嫩江地委书记张若先、嫩江地委副书记、行署专员阎景春、嫩江地委副书记王海彦等省、地领导同志。中共克山县委书记潘继昌，副书记、县长汪家庆、副书记孙昌荣、李长生、县委常委李永海、李辉、王玉、方德祥、副县长岳忠良等县委、县政府的负责同志参加了接待工作。

第二章　实施改革开放战略决策

1980年1月21日，召开中共克山县第九次代表大会。大会以贯彻中共十一届三中、四中全会精神，把党的工作重点转移到社会主义现代化建设上来为中心议题。县委书记潘继昌作了题为《坚决执行党的路线，认真贯彻"八字"方针，夺取社会主义现代化建设第一战役的胜利》的报告。报告提出全面拨乱反正，把党的工作重心转移到经济建设上来的号召。

1983年9月18日，召开中共克山县第十次代表大会，提出把党的工作重点转移到经济建设上来的号召。大会为贯彻党的十二次全国代表大会精神，县委书记潘继昌作了《进一步开创我县社会主义现代化建设新局面》报告。讨论制定县委今后三年工作任务是：深化改革，继续搞好调整，实现党的"十二大"提出的党风、社会风气和财政经济状况的根本好转，完成翻两番规划第二个4年规划任务，进一步开创社会主义现代化建设的新局面，开始全面进行深化改革。

1986年10月12—14日，召开中共克山县第十一次代表大会。县委书记吕源成作了《坚持改革，奋发进取，全面推进全县的社会主义现代化建设》的报告。其3年间出台了《关于发展和完善农村合作体制若干问题的意见》《关于农村深化改革的意见》《关于放宽农村金融政策搞好农村资金的意见》《关于进一步巩固完善农村合作社（农业服务社）工作的意见》《关于放活科技人员的实施方案》等一系列改革决策。

1989年10月16—18日，召开中共克山县第十二次代表大会。这次党代会是在党和国家制止动乱，平息反革命暴乱取得决定性胜利的重要时刻召开的。会议为落实党的十三届四中全会精神，深化改革，加速现代化建设，县委书记吕源成作了《坚定不移地贯彻党的基本路线，为繁荣和振兴克山而努力奋斗》的报告。其四年间，县委相继出台一系列决策：《关于稳定农村政策、深化改革的规定》《关于第二轮企业承包工作实施方案》《关于稳定土地承包制定几个问题的暂行规定》《关于搞活农产品流通的实施方案》《关于引进资金、引进人才、引进技术、引进项目的奖励办法》等。

1993年10月19—22日，召开中共克山县第十三次代表大会。县委书记梁继光作了《坚持创新务实，加快改革开放，努力把全县经济推上一个新台阶》的报告。其五年间，先后出台的决策有：《关于大力发展乡镇企业若干政策补充规定》《关于拍卖开发"五荒"资源实施意见》《关于加强农村宣传思想工作，加大奔小康推进力度的实施意见》《克山县延长土地承包期实施方案》等。

1998年8月7—9日，召开中共克山县第十四次代表大会。县委书记王凯然作了《深入学习贯彻党的十五大精神，解放思想，抢抓机遇，加快发展，为"搞好二次创业，实现富民强县"而努力奋斗》的报告。其五年间，县委先后出台决策是：《中共克山县委关于加快企业发展的决议》《关于下岗职工基本生活保障、失业保障救济和基本养老金发放意见》《克山县企业产权制度改革工作方案》《关于县直机关机构改革实施的意见》等。

2003年9月13日，召开中共克山县第十五次代表大会。大会讨论通过县委书记帅秀军所作的《继往开来、加快发展创新，全面建设小康社会的辉煌》的报告。其三年中，县委深化改革决策有：《克山县事业单位改革工作方案》《关于深化乡镇机构改革工作意见》等。

2006年12月5—6日，召开中共克山县第十六次代表大会。县委书记帅秀军作了《承前启后，继往开来，全面加快和谐克山的建设步伐》的报告。《报告》提出：以坚持邓小平理论和"三个代表"重要思想为指导，全面落实科学发展观，以构建和谐克山为目标，以经济建设为中心，以结构调整为主线，以改革开放和自主创新为动力，牢牢把握"立足赶超，加快发展"这个主题，大力实施"工业立县、项目强县、开放兴县"战略，积极推进社会主义新农村建设，深入实施"四个换位"，牢固树立"五种意识"，扎实推进"六个坚定不移"，坚持"一手抓强县，一手抓富民"，把"四个换位"作为强县之基，把"全党抓企业"作为富民之本，把"全民搞招商"作为活县之源，做大主导产业，做强核心企业，叫响产品品牌，建设全国亚麻名城，马铃薯深加工产业区，绿色食品产业基地，努力开创克山经济发展，政治文明、文化繁荣、社会和谐的新局面。

2011年12月15—16日，中共克山县第十七次代表大会召开。县委书记褚世民代表十六届县委常委会向大会作了报告。其后五年间，县委先后召开52次常委会议，一是主要重点抓大项目建设，重心是集中精力、人力、物力，力争每年上两个超亿元的生产加工型项目；二是抓好合作社建设工作；三是抓好新农村建设工作；四是抓好城镇建设工作及抓好作风建设等。相继出台了《克山县招商引资及项目建设目标考核办法》，制订了《克山县委开展党的群众路线教育实践活动专项整治方案》。通过路线教育，解决服务群众"最后一公里"问题，改进党群干群关系。制定《关于创办"三化"人才实训基地的实施方案》，选拔优秀人才。还制定了《克山县"党员干部进社区，服务百姓在基层"活动方案》和《关于在全县处级领导干部中开展"三严三实"专题教育实施方案》等，抓好党风、政风和民风整改落实和立规执纪等工作。

2016年12月16—18日，中共克山县第十八次代表大会召开。大会听取了县委书记吴煜向大会所作的《培育新动能，实现新发展，为全面建成小康社会而努力奋斗》的报告，从而进入全面建设小康社会的新时期。

第三章　农村改革和农业经济发展

一、农村经济体制进行深化改革

（一）实行家庭联产承包责任制

克山县实行家庭联产承包责任制经历了一番曲折过程。改革之初，在县内各级领导班子中，有些干部认为克山县农业机械化水平高，应坚持搞"社会主义大农业""大办农业机械化以化促富"的主张，要逐步向生产大队核算过渡，而不应倒退。因而，到1983年以前，包产或包干到户一直被视为禁区。1983年，中央1号文件在农村传达后，农户知道并领会到中央政策，大胆要求包产到户，从而推动家庭联产承包责任制的实行。当年春季，全县就有398个农业生产队实行包产到户，占全县农业生产队总数的30%；到年末，包产到户的农业生产队增至755个，占全县农业生产队总数的56%。这时，有少数地方干部顶着不包，激起农民连续联名上访。于是，县委对照中央文件检查，改变指导思想，深入农村，带领群众落实中央1号文件精神。1984年，中央又下发了1号文件，县委结合克山县实际情况，制定了把土地承包期延长到15年以上。当年，全县实行家庭联产承包责任制的农业生产队达到1 339个，占全县农业生产队总数的99.2%。全国农业生产先进大队——黎明大队、建设大队到1985年，在群众强烈要求下，也实行了家庭联产承包责任制，从而全县1 350个农业生产队全部实行家庭联产承包责任制。实行家庭联产承包责任制后，为适应生产需要，从1983年起，集体逐步把牲畜、车辆、农具变卖给农户家庭经营。

（二）完善统分结合的双层经营体制

把集体所有制的土地承包到农户家庭经营，仅仅改变了经营方式，而没有改变农村合作经济的性质。把土地承包给农户家庭经营后，全县7.3万户农户承包了土地，从而，家庭经营成为农业生产的基本经营单位。在生产过程中，一家一户办不了或办不好的事情仍需集体统一办理，为一家一户提供产前、产中、产后服务。1984年，县委组织调查组在西河乡调查搞试点，研究出统分结合的新型合作经营组织形式、职能和服务方法。在此基础上，全县逐步发展起社区性合作经济组织和专业性服务组织，使集体统一经营层次不断加以完善，其主要合作经济组织有以下两种形式：

建立地区性合作经济组织。全县以自然屯为单位组建914个农业生产合作社。农业生产合作社制定了《章程》，明确了宗旨，并建立了社主任责任制。其职能：一是管理自然资源，保护生态环境，管理农户承包合同及财务，收缴和管好提留款；二是协调国家同农户的关系，把国家计划和定购任务，通过签订、检查、兑现合同等形式完成，协调各服务组织同农户的关系，协调农户之间的生产互助；三是对农户进行产前、产中、产后服务。特别重点组织好农机代耕和换工插锄、为贫困户排忧解难。还组织共同受益的农业田水利、造林等基本建设，发展新产业；四是管好集体资产，增加积累。

建立专业性服务组织。由国家、集体、个人多层次创办各类服务组织，到1985年，全县初步形成5个体系。一是农机服务体系，全县创办农机联合体588个；农机专业户1 207户，为农户代耕服务；二是畜牧服务体系，从县到村形成畜牧防疫，繁育改良服务网络；三是农业技术服务体系，县有农业技术指导服务中心，乡镇有农业技术指导服务公司。全县有农业技术服务专业户551户，科技示范户1 300多户；四是经营管理服务体系，县、乡（镇）增设农业经营管理服务公司，为村民委员会和农业生产合作社管钱、用钱、记账服务；五是合作基金服务体系，成立合作基金信用站111个，拥有流动资金151万元，及时帮助农户解决生产、生活中遇到的困难。

（三）农村合作经济管理改革

1985年，克山县针对原生产队的集体积累资金如何管理问题，把生产队的自有资金折股到户，作为农户投入地区性合作经济组织的股金，实行盈利分红。全县获得股金的农户为31 688户，占农户总数的42.8%，股金1 220万元。10月，为堵塞管理上的漏洞，建立122个村级合作基金服务站。从1986年开始，又进一步完善统分结合双层管理体制，到1988年，在全省率先进行了村级财物折股到户，实行资金融通的改革，将村级合作基金服务站改为农村合作基金会。

1990年，实行财务管理"四结合方法"（即账前审计、总账控制、村务公开、集体办公）进行集体管理。1992年，按照"五条例"（《黑龙江省农村集体组织财务管理条例》《黑龙江省农村集体组织资产管理条列》《黑龙江省农村集体组织合同管理条例》《黑龙江省农民负担管理条例》《黑龙江省农村集体组织审计管理条例》）的要求，开始进行农村合作经济体制深化改革。1997年，出台了"二三四"（提留款、统筹费预算不起提，使用不超支，对统筹费实行定项限额，提留款定额包干，"两工"实行定工出劳。坚持集体办公、审计监督、经济公开）监控管理机制。1998年，按照国家出台的农村土地承包期延长30年不变的政策，坚持"五条例"的政策，完成土地承包期延长工作。1999年，又对二轮土地承包进行微调。同年，根据国家和省通知，农村合作基金于6月30日解体。2000年，开展村级财务管理，村干部审计和村级档案管理工作。2004年，按照《黑龙江省村级范围内筹资管理（暂行）办法》的通知，开展"一事一议"工作。全年筹资360万元，获得省财政厅以奖代补资金180万元。到2005年，重点抓农村土地纠纷和仲裁工作，全年处理土地纠纷12起，结案率达100%，同时获得省财政厅以奖代补资金217万元。

二、确保农村政策落实，延长土地承包期

第一轮土地承包期15年，1998年到期。根据中央把土地承包期再延长30年的指示和省市委的部署，克山县从1997年12月8日开始，到1998年1月20日全面完成延长土地承包期工作任务。全县265万亩耕地，除预留地和机动地外，应承包到户219.3万亩耕地全部包到户，土地使用权证书同时发放到农户手中。通过开展延长土地承包工作，解决了人地矛盾突出问题，共收回2.3万死亡人口的土地，解决3.5万新出生人口的土地问题，严格整顿了"两田"地，即原来的"责任田""口粮田"，全部变为承包田，从而解决了分散经营与集体经营的矛盾。通过调整，农户承包地块都在3～4块地，便于三区轮作、连片种植、机械化作业、新技术推广等，同时也提高了土地利用率。由于前15年规定树肋地只留2～5米，通过调整，多数乡村树肋地留10米，得到农民普遍赞同，有效地解决农民利益不均问题。

为了确保党在农村各项政策，尤其土地承包政策的落实，按照市委、市政府的要求和部署，自1998年4月到1999年初，县委、县政府又在全县范围内开展"延长土地承包期回头看""减

轻农民负担清理整顿工作""清理村级集体经济，狠抓壮大集体经济""大力推进党风廉政建设""加强农村基础组织建设"等5项治理工作。把土地承包期延长政策落到实处，人人都满意。

三、农业经营体制变革促进经济发展

克山县是国家重点商品粮基地县之一，又是油料、麻类和其他经济作物的综合农业区。改革开放前，县内每年平均向国家交售商品粮8.2万吨，最高年份上交18.2万吨。改革开放后，1985年，虽然上交粮食12.5万吨，但商品率却达到43.4%，比经济体制改革前的1978年增长40.4%，创历史最好水平。同年，粮、豆、薯总产量31万吨，比1949年增长77.1%。克山大豆质量尤佳，在国际市场久享盛名，年总产达8万吨，平均外贸出口4.1万吨。马铃薯品种优良，驰名全国，年总产达10万吨。在黑龙江省农业科学院克山马铃薯研究所的扶持下，克山已成为马铃薯良种生产基地县。

改革开放初期，克山是农业机械化重点县，拥有大中型农用拖拉机1 747台，小型拖拉机2 613台，各类配套农具5 627台（件）。全县机播面积占总耕地面积的88%；机械收获面积达76%，基本实现农业机减化。农业机械化试点经验得到中央和省地领导及有关部门的赞赏。外省28 200余人次来克山参观交流。

林业生产有新的突破，解除过去"光腚屯、光杆路、光板田"的局面。到1985年，全县完成农田林网化建设一期工程，造林面积78.5万亩，森林覆盖率达16.7%。实现农田林网化，村屯、路旁全绿化，被评为全国林业先进县。

畜牧业亦有新发展。1985年生猪存栏9.7万头，平均每户1.3头，奶牛存栏1 799头，比1979年增长59倍，有家禽81.7万只，羊2.4万只。总的来看，整个农业经济开始走上有计划发展的商品经济轨道。

1986年，县委认真贯彻执行"改革、开放、搞活"的方针，在农业生产上克服旱、涝、冻、虫等自然灾害的不利影响，获得丰收。全县农业总收入实现24 950万元，粮豆薯总产实现40.3万吨，向国家交售商品粮20.6万吨。全年造林111 700亩，被评为全国林业先进县。狠抓了农业基础建设，治理水土流失面积4.59万亩。同时，农业机械化程度有了很大提高，农机户达到5 735户，标准化作业面积达到131.8万亩。全省标准化和农机管理现场会先后在克山召开。乡镇企业发展较快，全口径产值实现3 790万元。1987年，农业总产值达36 523万元，农业收入达到26 697万元，粮豆薯总产达40.7万吨，农村人均纯收入达492元。1988年，在农业生产中，突出抓畜牧业生产，全县大牲畜存栏36 123头（匹），生猪存栏71 666头，农村各类企业和专业户发展到9 935户，乡镇企业总产值（全口径）达8 097万元。1989年，全县农业总产值实现38 385万元，粮豆薯总产达34.2万吨，大牲畜存栏33 580头。1990年，农业生产以实施科技兴农"255"计划为重点，实现了粮牧企业协调发展。全县农业总产值实现50 015万元，粮豆薯平均亩产180公斤，总产41.3万吨。全县大牲畜存栏34 722头（匹），生猪存栏92 511头；造林面积35 000亩，农村合作经济总收入37 872万元，农村人均纯收入603元。1991年，全县实现农业总产值54 948万元，农民人均纯收入610元。1992年与1993年，农业总收入分别为4.79亿元和5.8亿元。1994年，农村工作突出抓"三兴"战略（牛经济、麻经济、庭院经济），使全县农村经济获得全面发展，全县农业总产值达到10.92亿元。1995年到1996年，全县农业总产值分别为138 075万元和172 697万元。1999年至2000年，农村经济稳中有升，全县农林牧渔业产值分别为73 200万元和95 763万元。一是狠抓农村经济结构与产业结构调整。二是狠抓科技兴农工作。按照市委、市政府提出的"1355"工程，畜牧业生产继续走"规模十特色"的发展道路。2001年和2002年，农村经济结构调整步伐加快。全县农牧渔业产值实现6.4亿元和12.91亿元。2003年，全县农林牧渔业产值实现12.5亿元。2004年，在县委正确领导下，县委、县政府着力抓调整农村经济结构工作，推进"主辅换位"和劳动力布局换位。种植业结构调整落实麻、薯、豆、菜四大主栽面积208.3万亩，畜牧业产值实现5 285万元。转移农村劳动力，实现劳务收入2.1亿元。2005年，县委组织和带领全县广大干部和人民群众，深入实施"全党抓企业、全民招商、努力快发展、全面奔小康"的战略决策，大力推进"四个换位"，抢抓机遇，扎实工作，使各项工作取得显著成绩。全县农林牧渔业总产值实现21亿元。2006年，是全县实施"十一五"规划开局之年。在县委、县政府正确领导下，坚持以富民强县为目标，扎实推进"四个换位"，牢固树立"五种意识"，深入落实"六个坚定不移"，取得农村建设良好开局。全县扩大种植大豆面积达到197.9万亩，马铃薯28.1万亩、玉米25.4万亩。粮食总产实现58.8万吨。全县建成畜牧大村28个，培植养殖大户366户，实现畜牧产值（现价）4.4亿元。农机作业总收入实现740.5万元。全县成立劳务协会14个，转移农村劳动力12.9万人，实现劳务收入6.69亿元。2007年，贯彻落实省、市有关会议精神，扎实推进"四个换位"，使农村面貌进一步改观，农业总产值实现20.7亿元。劳动力转移13.2万人，实现劳务收入7.5亿元，畜牧业产值实现7.2亿元。2008年农业总产值实现28亿元。2009年，县委深入实施"四抓"战略，使农村经济稳步前行。全县流转耕地面积218万亩，带动转移劳动力13.4万人。农业机械化水平全面提升。在加强26个农机合作社和40个农机大户建设同时，又争取到15个超千万元现代化农业农机合作社项目，总投资超过2亿元。2010年，是"十一五"规划的收尾之年。县委带领全县广大干部和人民群众，深入实践科学发展观，继续推进"四抓"战略，着力打造"薯、豆、麻、畜、能、水、木、酒"八大产业。经过共同努力，大农业建设得到提速。全县农业总产值实现36.6亿元。粮食总产量达12.5亿斤。分别比"十五"期末增长93.1%和6.6%。2011年，县委紧紧围绕"加快发展、奋力赶超"和"兴工、强农、惠民"工程指示精神，全面实施"四抓"战略，着力培植"八大产业"。在困境中奋进，在挑战中发展。全县粮食总产突破20亿斤，创历史最好水平；全县农业总产值实现41.7亿元，同比增长17%。

第四章　工业企业改革与经济发展

一、工业企业进行转制改革

中共十一届三中全会召开后，县委贯彻执行"调整、改革、整顿、提高"的方针，按照"工业七十条"全面纠正了左的错误。从1982年开始，围绕企业不吃国家"大锅饭"，工人不吃企业"大锅饭"，全面提高企业经济效益这个核心，遵循计划与市场调节相结合的原则，对企业进行全面整顿和改革。1984年，县政府制定了《关于小型工厂放开经营实施方案》，到年末，工业局（经委）所属国营15家（除制酒厂、啤酒厂、亚麻厂外）企业、二轻工业12家企业（含农机修造厂）向放开经营方向改革。经整顿改革，企业管理中经济责任制不健全、各项基础工作不完善、财务管理混乱、产品产量低和质量不稳定等一些老大难问题得到较好解决。1985年深化改革，进一步完善经济责任制。年末，工业局系统工业总产值已达3 131万元，实现利润216.9万元。全员劳动生产率由1978年的3 683元提高到7 129元，提高93.5%。国营企业生产的电机、水泵、白酒、啤酒、乳粉、亚麻纤维等38个工业品中，有电机、水泵、亚麻纤维、酱油等11个品种分别被评为省市优质产品。

（一）改革企业领导体制

企业经整顿，改变以前由党组织包揽一切的做法，实行党、政分设，推行厂长（经理）负责制。1983年，在制酒厂、食品厂等单位试点，到1984年，有27家企业实行了厂长负责制。1985年，在全部企业中理顺了党、政、工、青各方面关系，并将一批有文化、有专业知识、懂业务、会管理的中青年干部选拔到领导班子中。

二轻工业，经过整顿改革、大力简政放权，正副厂级干部由原来19人减少到12人，行政管理管理人员由43人减少到22人，并合并企业科室。在全系统实行经营自主、干部自选、盈亏自负、分配自理的"四自"原则。自整顿改革后，县城内26个工业企业统计，生产第一线工人由3 842人增加到3 982人。

（二）推行多种形式的经济责任制

各企业围绕解放生产力，提高经济效益这个重点，打破多年吃"大锅饭"的做法，与主管局签订以利润指标为主的经济承包合同，半年初评，年终兑现；企业内部厂部对车间、车间对班组、班组对个人层层承包。从而取消了吃"大锅饭"的做法。以县水泥厂为例，采取经济承包办法后，1984年吨水泥利润比1983年提高13.3元，全部生产费用比上年减少2.1万元。

（三）开辟新的生产经营领域

在企业改革中，一些企业突破多年的封闭型经济，突破单纯生产经营方式。以糖果厂为例，1985年，该厂与苏州采芝斋糖果厂搞横向技术联合，增加新产品40多种，年生产糖果448吨，总产值达130万元。

（四）改革用人制度

工业企业改革用人制度做法是：对厂长（经理）实行民主选举，毛遂自荐，上级任命3种形式，企业内部打破国营、集体、个体界限。以县制酒厂为例，1983年实行选举厂长后，企业进行大胆改革，调动了干部工人生产积极性，扭转了连年亏损的局面。1984年，创造产值368万元，实现利润40.3万元。一跃成为省、市先进企业。

二轻工业系统实行人才招聘办法引进人才。县造纸厂从齐齐哈尔光华造纸厂聘请工程师，生产出高档卫生纸，产品不仅畅销省内外，还出口销往国外市场。

乡镇工业的改革早于县城工业，在农村落实联产承包责任制的同时就落实了多种形式的经济承包责任制。

（五）经营方式改革

1986年，县政府认真贯彻执行中央提出的"巩固、消化、补充、改善"的方针，针对全县工业企业的实际，采取简政、减员、让利等方法，下放给企业157项权利。在国营工业企业内部实行厂长负责制，各工业企业也都普遍划小核算单位，自主经营，并深入落实责任制。

1987年，以搞活工业企业为中心，在工业企业普遍实行厂长（经理）负责制，理顺了党、政、工三者关系，将经济责任制和各项生产指标层层落实到车间、班组。同年，县政府抽调经委、财政、审计、工商、银行等部门的人员组成调查组，深入到国营预算内工业企业进行清产核资，为进行第一轮集体承包经营合作制定了标底，然后采取张贴广告、电视台发布广告等办法，在社会上进行公开招标。对投标者采取自愿申请，通过论证、答辩等办法，确定投标人，认为投标者论证可行，考核有经营能力，经主管部门批准，准予承包经营。

1988年，全县工业企业开始进入第一轮集体承包，承包期定为3年。并明确规定，对集体承包经营的工业企业，一律取消职工身份，人员配制实行全员劳动合同制，并实施了竞争上岗。其原则上技术水平高的主动下岗创办个体私营企业，技术水平低的淘汰下岗，自择职业。同年，二轻企业参照国营工业承包办法，对企业采取包死基数，确保上缴，超收多留，歉收自补的办法进行经营承包，当年实现产值1 368万元，比上年增长5%。

1990年，进一步深化工业企业配套改革，按照省市的部署，对企业进行社会劳动保障统筹，并在兑现第一轮经营承包的基础上，开始进行第二轮经营承包。第二轮承包期也定为3年。1992年，全县以转换企业经营机制为重点，深化了企业改革，工业改革实现全部放开经营。

1993年，在工业企业中，实施了全民所有制工业企业结构工资和工资含量包干等多种形式方法计酬，建立并改变了社会劳动保险统筹制度。同年，贯彻执行了《全民所有制企业转换经营机制条例》，在企业主管部门、经济杠杆部门开展了"四公开"（公开下放权力、公开作废文件、公开公章、公开新职能）活动，使企业经营机制实现根本转变。

1995年，进一步推行了企业制度改革。针对工业企业受市场疲软、原材料提价、产品滞销等因素的影响，工业企业经营亏损达2 649万元，县政府对工业企业进行整顿。允许国营企业集体租赁、个体租赁等措施，来挽救国有工业企业。同年，乡镇企业经过经营承包，固定资产为1 381.4万元，总资产增加到2 425.2万元。

1998年，工业企业开始扭亏，实现利润26万元，税金1 224万元。此年，全县工业经济体制改革告一段落。

（六）工业产权制度改革

1994年，克山县产权制度改革开始，县政府对县医药原料厂、县食品厂实施了依法破产。1995年，又对县电机厂、县制酒厂、县水泥厂、县乳品厂实施了依法破产。同年，重新组建了齐齐哈尔龙宇电机（水泵）制造有限公司、齐齐哈尔鹤北春酒厂、县新星水泥厂、县山环乳业有限公司，以民有民营继续生产经营。全县工业企业通过破产，共卸掉包袱8 800万元，盘活存量13 000万元。

1997年，根据国家对企业进行产权制度改革的精神，县政府出台了《克山县产权制度改革方案》，坚持以"卸包袱、活存量"的原则，对国有、集体企业进行产权制度改革。同年，工业企业进入产改阶段，由系统举办的48户企业（除砖瓦综合厂外），因在城镇占"黄金地段"的企业相继动迁而解体。破产重组的有新星水泥有限公司，山海酱菜有限公司转为民营企业，英雄啤酒有限公司、金果亚麻原料有限公司为融资租赁，金源亚麻原料有限公司、环岳人造板有限公司、北方机械有限公司为国家参股的公司。并有11户改组为股份制企业。长城制砖厂、永兴化工厂转为股份合作制企业，县麻棉厂、脱水蔬菜有限公司对外租赁经营。县二轻系统企业通过分离经营变成18户企业，资产总额4 057万元，资产潜亏挂账2 449万元，负债总额4 393万元，资产负债率达108%。关停9户、半停产的7户。全系统有2 058名职工，下岗率达80%。针对这种现状，县政府采取先易后难的办法，将没有生产经营能力的企业进行公开出售。

1999年，随着产权制度改革，省和市属的国有中型企业齐齐哈尔肉类冷藏联合加工厂、省古城内燃机配件厂、省挂车厂下放到县级管理。同年，全县工业运行主要抓招商引资，共完成横联协作项目54项，引进国内资金1.55亿元，对外贸易额实现337万元。

2000年，县金鼎亚麻纺织有限公司被列为国家级农业化龙头企业。同年，克山县贯彻全市深化企业改革，搞活国有经济工作会议精神，把企业产权制度改革作为第二次革命来抓。采取多种措施提高企业科学管理水平，并实施了再就业工程。2001年，二轻工业在产权制度改革中，将系统内企业全部出售。2002年，县金鼎亚麻纺织有限公司兼并了县金源亚麻原料有限公司。同年，运用产改手段，先行安置了县制药厂的退休职工，同时，依托马铃薯资源优势，与投资者进行合作，此时，沃华马铃薯制品有限公司落户克山。仅3个月收购加工马铃薯20 000吨，生产精淀粉8 000吨。2004年，完成了挂车厂等7户工业企业改革，并完成"并轨"工作，"并轨"人员全部都领到经济补偿金。国企重点改造企业——古城内燃机配件厂被国务院批准为政策性破产，卸掉债务2 000万元。

2005年，国有预算内16户企业出售6户，兼并3户，租赁3户。粮食工业全部出售给个人经营。对17户农机工业采取公开招标的办法将16户（各乡镇农机站）卖给企业职工，1户（农机修造厂）对社会出售。全县除克山县肉类加工厂、齐齐哈尔英雄啤酒有限公司和精细化工厂产权未出售，县兴山印刷有限公司和县山海酱菜有限公司出售部分产权外，其余工业企业已全部出售。

二、转制工业企业经济持续发展

新中国成立后，克山县工业生产发展迅速。到80年代，全县工业生产已形成以亚麻加工、食品生产为支柱，以机械、建材、纺织、粮油加工为基础的工业生产体系。有省、市属企业11家、县营工业17个行业151家、乡镇企业也有较大发展。县营企业拥有固定资产为7 665万元，职工总数达1.4万人，占全县职工总数的38.6%、年创利税占全县财政收入的53%。1985年，工业总产值在工农业生产总产值中的比重由1949年的7.4%上升到24.4%，在齐齐哈尔市11个县中占优先地位。主要骨干企业有亚麻原料厂、啤酒厂、制酒厂、医药原料厂、水泥厂、农机厂、电机厂、乳品厂、造纸厂、皮革厂、食品厂等。主要产品有80余种，其中36种产品分别被评为省、市优质产品。市属挂车厂生产的JI851型自背长货挂车被评为国家交通部优质产品，省属内燃机配件厂生产的F195进排气门、连杆瓦等获省优质产品。县医药原料厂是省内生产片剂药和葡萄糖用淀粉的主要原料基地之一，亚麻厂生产的亚麻纤维是国家航空和人造卫星业的主要原料，在同类行业中居首。水泵厂生产的深井泵、立式电机在省内外享有盛名，建筑机械厂是国家建委定点生产建筑用卷扬机、震捣器厂家之一，服装厂生产的建设服、制帽厂生产大盖帽和警式童帽，在全国同行业中居领先地位。其他如鲤鱼牌皮鞋、少林妙传毒镖膏，乡镇企业生产的草编、柳编工艺品等产品，质高价廉，畅销省内外。同年，仅预算内工业企业总产值实现3 131万元。改革开放后，乡镇企业及个体工业迅速发展，同年，国营、集体、联合体、个体工业从业人员超万人以上。

1986年，工业生产坚持以改革为动力，狠抓革新、挖潜、改造、增强企业活力，使工业生产在减利因素不断增加的情况下，全年完成产值12 592万元。

1987年，工业生产主要面向市场需求，调整产业结构，全年开发适销对路新产品14种，新增产值172万元。实现总产值14 554万元。

1988年，工业生产克服能源短缺、原料涨价等不利因素，全年完成工业总产值16 805万元。

1989年，工业生产通过引导企业抓早务实、广开生产门路等措施，全年完成工业总产值25 383万元。

1990年，工业生产在市场疲软、资金紧张的困境中保持稳步发展，全年实现总产值23 823万元。

1991年，工业生产在完成企业二轮承包工作的同时，强化对企业的管理，全县完成工业总产值26 147万元。

1992年，工业生产稳步回升，圆满完成全年各项生产计划，实现工业总产值达到25 647万元。

1993年和1994年，工业生产依靠"三改"（企业产权制度改革、企业改组、企业技术改革），有效地促进企业发展。全年完成工业总产值分别为58 298万元和43 237万元。

1995年，工业生产重点抓亚麻纺织厂四期工程、啤酒厂三期工程和砖厂隧道窑改造工程建设。全年新增工业产值533.5万元，使全县工业总产值达到48 846万元。

1996年，工业企业进行不同形式改革，盘活存量资产1.3亿元，卸掉包袱8 800万元。全年工业总产值实现3.2亿元。

1997年和1998年工业经济运行质量有所提高，全年完成工业总产值分别为2.6亿元和2.4亿元。

1999年，工业经济持续增长，全县工业总产值完成2.5亿元，尤其是直接出口创汇取得历史性突破，仅麻纺厂直接出口创汇就达300万美元。

2000年，工业企业主要深化产权制度改革和强化招商引资工作，使企业拓宽了发展空间。全县工业总产值实现2.89亿元。

2001年，工业企业改革坚持以结构调整为重点，以强化管理和开发市场为手段，使工业经济运行质量和效益稳步提高。全县规模以上工业实现总产值1.89亿元，增加值4 589万元，销售收入28 604万元，利润4 209万元，税金2 015万元，位列全市9县（市）第三名，连续3年被市委、市政府评为工业先进县。

2002年，工业企业产权制度改革深入进行，全县163户企业全部进行产权制度改革，工业总产值实现2.23亿元。

2003年是贯彻党的十六大精神，全面建设小康社会的关键一年。工业经济蓬勃发展，全县规模以上工业企业实现总产值

46 574.3万元。

2004年，县委、县政府紧紧抓住老工业基地调整发展机遇，全力抓好工业企业产权制度改革工作，促进工业经济稳步发展。新口径工业企业实现产值6.1亿元，增加值1.9亿元，销售收入5.5亿元，税金4 600万元，利润2 198.6万元。大项目争取取得突破性进展。争取到金鼎亚麻纺织有限公司1.7万锭项目；沃华马铃薯制品股份有限责任公司5万吨精淀粉加工项目。

2005年是全面实施"十五"计划的最后一年。县委实施"全党抓企业、全民搞招商、努力快发展、全面奔小康"的战略决策，使各项工作都取得显著成绩。由于实施"工农换位"，夯实企业产业基础，全县规模以上工业企业实现增加值2.5亿元，同比增长20%。

2006年，工业经济持续攀升。新口径工业实现总产值8.7亿元。总投资1.71亿元的金鼎公司二期工程新上1.7万锭项目竣工，成为全国麻行业的龙头企业。黑龙江北大荒马铃薯有限公司投资4亿元，兴建了沃华马铃薯公司二期工程。同时，汇津啤酒、莹鑫水泥、制砖厂、龙福酒业和肉联厂的经营形势进一步好转。

2007年，工业经济迅速增长，全县规模以上工业总产值（现价）实现12.4亿元。金鼎集团实现产值达3.9元；香福油脂日处理大豆达300吨，年创税300万元。

2008年，工业经济提质增效。全县规模以上工业企业总产值（现价）实现18.4亿元，增加值6.1亿元。

2009年，全县上下把抓企业、上项目作为加快经济发展的突破口，围绕"薯、豆、麻、畜、能、水、木、酒"八大产业，加大项目争取和招商引资力度。沃华公司、北大荒薯业和昆丰油脂3家规模以上企业实施增资扩产，新增投资3.2亿元。关东王酒业、万润公司、御龙公司、兴安木业等在建项目，总投资近5亿元。

2010年，采取政策招商、亲情招商、以商招商、定向招商等方式，使四川徽记、龙源风电、母爱时光等20家企业落户克山。

2011年，工业经济实现跨越式发展。全年引进招商项目67项，实际利用内资25亿元，直接利用外资1 000万美元，有11个项目被列为市重点推进项目，总投资31.2亿元。徽记二期和蓝天建材加工2个项目建成投产，万润公司百万头生猪冷鲜肉加工，龙源二期、龙能生物质钾肥生产等7个项目顺利开工建设，龙能生物质发电和颗粒加工2个项目正在筹建中。

第五章　商贸服务业改革与发展

一、商贸服务业经营管理改革

（一）国营商业管理

1976年以后，经过拨乱反正，肃清"左"倾错误影响，国民经济恢复并不断发展。据1981年末统计，县城知青商店已有67家，大小经商户达916家。到1985年，国营商业商品总购进额达2 087.5万元，比1976年增长57.3%，商品总销售额达3 339.1万元，比1976年增长13.9%。

（二）供销合作商业管理

从1983年开始，供销合作商业实行经营承包责任制，当年纯销售总额达3 911万元，是1957年817万元的4.3倍，实现利润67.8万元。至1985年，纯销售总额达4 459万元，比承包前1982年的3 878万元增长15%。

（三）粮油管理

从1981年开始，县粮食局对基层实行"定额补贴、利润包干"的办法，对职工工资、福利费、管理费、折旧费、修理费、退休人员工资等基本费用，按各单位现状定额包干；对商品粮销售、调出、储存、晾晒及县内运输、粮油加工差价支出，根据历史经营水平和仓储条件，实行补贴，对粮油工业实行利润包干办法进行管理。采取这种办法，1981年实现利润87.9万元，是粮食加工业创利最高年。

（四）物资管理

改革开放后，县物资部门端正经营思想，从提高服务质量出发，各专业公司普遍开展预约送货活动。1985年，机电设备公司定期走访8个重点用户，上门送货达200多次，销售货款达25万元。燃料公司专门成立预约销售服务队，坚持送煤到户，仅为居民送煤就达1万多吨。其他公司也相继开展送货上门服务。1982年以后，除国拨物资执行"合理计费、合理盈亏"的作价原则外，对市场调节部分，采取随行就市的作价方法，力求"收支平衡、略有盈余"。

二、经营方式与体制改革

1986年，县委、县政府按照《中共中央关于经济体制改革的决定》精神，商贸系统经营方式改革朝着开放、多渠道、少环节的方向转变。根据上级文件精神，县商业局决定将县饮食服务公司所属的企业实施开放经营。县供销合作社对扭亏无望的车旅店、供销部实行关停并转，实施人员分流，经营方式实施承包经营。外贸系统经营方式改革将所属公司全面实行经营承包责任制。全县商贸服务业经营方式推行开放经营，全县集市贸易成交额达到1 020万元，全县社会商品零售总额达到23 432.6万元，外贸出口商业总额达到2 346.3万元。1987年，商业系统企业在实行经理负责制基础上，各企业划小核算单位，把经济承包责任和各项业务指标层层落到各个营业网点及班组。12月8日，县委常委会讨论通过《克山县1988年国营企业、集体企业承包经营意见》，县饮食服务公司将经营亏损的合作理发店、美多烫发店、群众旅社、新集体中心店予以关停。县联社将供销门市部、供销社实行联销计酬方式经营，旅店、饭店实行租赁经营。1988年，国有商业企业改革进入第一轮经营承包阶段，一轮承包定期为三年。由于推行承包经营责任制，商业系统连续三年盈利，实现利润125万元，税金550万元。

1990年，为使产业流通秩序进一步好转，在权限范围内开展整顿批发市场、医药市场、旅店业、酒类市场和重要的生产资料市场。5月4日，县委、县政府召开全县经济体制改革工作会议，制定了《克山县全民所有制工商企业第二轮经营承包实施细则》。根据《细则》，县社进行集体对外出租。1991年初，商贸服务企业第二轮经营承包开始，二轮承包也定期为3年。实行第二轮经营承包后，企业行政人员由承包前的326人，减少到250人。县联社首选推行柜台租赁承包制。以糖酒批发站、纺织品批发站、百货批发站为主：有五金公司与所属的五金一商店、五金二商店、百货公司与所属的第三百货商店、纺织品公司与第一百货商店分别建立联合体。县饮食服务公司、蔬菜公司等所属小企业全部实行集体租赁。实行租赁办法，县蔬菜公司建立了议价粮油商店。12月10日，县饮食服务公司成立了土特产商店，第二副食兴办了海鲜饭店（集体），大光明照相馆由个人承包更名为光明扩影场。县联社机关还创办了供销贸易公司。县粮食系统其所属的县饲料公司设立了鲜蛋供销部、土产日杂经销部，还有两个饮料经销部等。1992年，全县加强了集贸市场建设，全年投资320万元，新建和扩建9处乡镇集贸市场，发展了县城农贸中心市场。1993年，是商贸服务业第二轮承包的最后一年，各承包单位经过组合成立了新的企业。2月5日，县蔬菜公司成立第一分公司；2月13日，又成立了龙信粮油贸易处。9月20日，县五金公司成立了五金交电商店；县糖酒公司分设出酒类专卖管理局和烟草公司。第二轮承包，商业系统实现利润268万元。

1994年，国有商业企业所属的小型企业和物资企业开始推行国有民营产权改革。在此项改革中，县百货公司、糖酒公司、五金公司、蔬菜公司等所属企业以职工承包柜台为主的经营形式进行经营。县中市场、一百、二百商店、商业城及糖酒公司所属的副食品商店，都实行了个体经营。县饮食服务公司所属的旅店等企业全部实行个人租赁经营。同年，县政府出台《克山县产权制度改革方案》，对国营、集体企业进行产权制度改革。1995年，国有企业全面进入产权制度改革阶段。先期破产的企业有百货公司、糖酒新老公司、蔬菜公司、一百商店，并对这些企业进行重组。1996年，商贸企业进一步进行产权制度改革。对一些企业采取竞价和定价出售。由于深化改革，全县个体工商户发展到1 174户。1997年，县联社为遏制亏损，实行委托经营和承包经营。全系统有24个独立核算单位全部实行以法人代表委托经营。同年，县医药行业所属企业实行股份制。2001年，县机电公司、商贸公司、百货公司出售了部分产权。县一百商店租赁经营，金地购物中心进行整体出售。2003年，县商业大厦进行股份改造，实行民营。县中市场整体出售后，组建私营天泽购物中心。2004年，商业城被房产处收回，一旅社和商业城整体出售。2005年，二百商店整体出售。12月，已有12户企业出售。同年，县城内有中心农贸市场、商业步行街、商业城、南苑市场等商业基地。

三、商贸服务业的发展

（一）城乡网点

1986年，全县国营、集体、个体商业网点（含饮食服务业）达到2 784个。在商业网点中，饮食服务业网点715个；国营商业网点中，县城国营商业网点66个，服务业网点8个；集体商业网点中，县城有集体商业网点151个，饮食业网点15个，县城供销商业网点12个；在商业系统中，有青年集体企业网点16个，个体私营商业网点965个，农村商品零售网点1 833个。1998年，全县商品零售网点10 491个。2005年，全县商业零售网点多达两万户。

（二）专业公司

有五金公司、燃料公司、机电公司、化建公司、金属公司、木材公司、食品公司、蔬菜公司、糖酒公司、废旧物资再生利用公司。

（三）集市贸易

1986年7月，县工商局投资156.6万元，在县城西大街建立克山县农贸市场。1992年，县境内各乡镇每周都举行一次农贸大集。2003年7月，史建武投资970万元在原市场道西动工修建新市场。2005年10月，市场正式营业，定名为克龙综合贸易市场有限公司。

四、对外经济贸易的发展

（一）产品出口品种

1986年，外贸出口品种有3类24个品种。1995年，发展到12类114个品种，其中主要产品以纺织为主的亚麻纱、亚麻布、麻棉、亚麻二粗等亚麻制品。全县每年种植芸豆都在10万亩以上，年产量达万吨，并远销到印度、土耳其、南非等国家。2005年，产品出口品种仍为亚麻纱、黑白芸豆及山野菜等。

（二）边境贸易

1986年，为使产品打入国际市场，开展同世界各国的经济技术合作。对苏联出口大豆23 000吨。大豆、亚麻、芸豆等3个品种被省市定为出口产品。1990年，县麻纺厂、麻屑板厂等生产的产品在国际市场中增强了竞争力。1992年，首次向朝鲜出口，并逐步扩大到日本、韩国、菲律宾等。1995年12月，国家授予克山县进出口经营权。通过省外贸，与香港签订出口瓜子1 500吨合同，推广出口供不应求的东农42号大豆。帮助亚麻企业、个体和私营企业参与对外贸易活动，其中克山金鼎亚麻纺织有限公司的产品销往美国、日本、韩国、香港等10个国家和地区。2000年，外贸企业全部出售。

五、私营商业企业的发展

改革开放后，打破了国营、集体商业垄断市场的格局，发展私营经济。1986年，发展私营商业达到732户，注册资金总计390万元。2001年，国营、集体商业亏损严重进行破产、拍卖、股份制等产权制度改革。国有经济全方位退出转为个体私营经济。2005年，县开办饮食业209户，从业人员901人。发展服务业3 100户，从业人员达7 275人。全县私营商业有22 307户。娱乐服务业发展到109户；信息服务业10户，计算机修理业31户。全县共发展私营企业4 800户，从业人员达到20 958人，资产总额达81 943万元。其主要企业有商业大厦、天泽购物中心、丁香酒楼、嘉利盈商务酒店等。

第六章　文化体育事业的发展

一、社会文化活动

（一）文化馆、站

改革开放后，县文化馆主要侧重抓小城镇文化中心建设，普及村屯联合活动室，并加强乡镇办业余剧团及文化专业户的辅导和乡镇文化站的业务工作。馆办活动主要组织和辅导春节大秧歌、灯展、音乐会和农民文艺会演，办电子游艺、书画、摄影展览、组织报告会、读书讲演会、科普讲座。又举办文艺创作、音乐、美术、舞蹈等学习班。在县委、县政府高度重视下，将县政府大礼堂划拨给县文化馆。其建筑面积2 700平方米，内设资料、文艺创作、排练、游艺、展览、美术等专业工作室，有1 500个座席剧场。在此基础上，1980年，全县17个公社均建立文化站，设专职站长。1985年，全县有乡镇影剧场15个。村屯有文化联合活动室448个，文化专业户33个。西城镇建成小城镇文化中心。

1986年，县文化馆编制为16人。1991年增至20人。2003年，机关事业单位进行改革，文化馆编制定为14人。下设机构有行政办公室、文艺辅导部、创作调研部、美术摄影部、档案室等。1986年，全县17个乡镇都有文化站，主要任务是组织全乡镇开展社会文化活动和文化市场管理工作，日常工作是培养文化专业户。并组织群众开展文化艺术活动，抓村屯文化联合活动室建设。2001年，双河乡与滨河乡合并，2002年，向华乡与涌泉乡合并，2005年，全县有15个乡镇文化站。

（二）图书借阅

1979年10月，县图书馆二层楼房建成，面积428平方米。设有采编、图书借阅、普通阅览、儿童阅展、业务辅导及文物收购、后勤等6个组（室）。1982年，县图书馆被评为先进单位，并有《图书馆的科学管理》等6篇论文在《黑龙江图书馆》杂志上发表。1985年，县图书馆有藏书10 840种，49 181册，杂志375种。同年，到馆读者多达15万人次，全年借图书425 000册次。1998年，县图书馆晋升为国家三级馆，藏书4.5万册。

1986年，县图书馆编制为21人。1989年，恢复文物管理所，编制为3人。1996年，下乡为6个乡镇赠送图书1 000余册。1997年，帮助农村建6个村标准化图书室。1998年，县政府拨给图书馆购书款4万元，各界为图书馆捐书1.5万册。同年8月，县图书馆被文化部重新认定为"三级图书馆"。2003年4月，事业单位进行改革，县图书馆编制为7人。同年，省委宣传部、文化厅各投入20万元，新建馆为888平方米。2005年5月，又将县图书馆迁入县政府2号院，馆舍面积500平方米。馆藏图书11 475种49 000册，开馆天数355天，到馆读者达10 955人次。乡镇馆（室）7个，面积700平方米，图书32 000册，管理人员8人；村级馆（室）21个，藏书55 900册；校园馆（室）59个，藏书320 636册；社区馆（室）6个，图书16 500册；其他馆5个。

（三）电影放映

在文化活动中，电影放映起到重要作用。为此，县委、县政府对电影院建设特别重视。1970年，在南大街路西新建1 500平方米的砖瓦结构3层楼新影院。设有座席1 100个，年平均放电影达

700多场次。观众多达52万人次。1972年，电影管理站迁南头道街西。1974年后，业务活动变放映为管理。1975年，电影管理站内设业务、后勤、机修、宣传4个组。1976年，各公社相继成立电影管理站。1980年，县站改为电影发行公司。1981年，在克山第二中学处新建1座900平方米的2层楼房，附设1处新址电影院。到1985年，全县有电影放映网点194处，放映和管理人员达552人。形成县、乡（镇）、村三级电影放映网。

1986年，县电影发行放映公司内设人秘股、财务股、业务股。2004年，县电影发行放映公司解体，职工纳入社会保障。

二、体育机构设施与群众体育活动

（一）机构设施

1972年1月，恢复了克山县体育运动委员会工作。1984年2月，机构改革，体委与二农教育办公室合并，体委主任不再由教育局长兼任。

为发展体育运动事业。1985年7月，在县城西郊修建1座占地面积4.5万平方米的大型体育活动中心，建筑面积为690平方米，场地设有8条400米跑道的田径运动场，以及1 800平方米的水泥地面的露天灯光篮球场。据1985年统计，全县314所中小学校、683个自然屯绝大多数设有篮球场，全县有乒乓球台200多个、单双杠200多套。

2002年12月，投资450万元在克山第一中学院内修建1座面积为3 270平方米的青少年活动中心。2005年，县城内有体育场1座，台球房5座，田径场2个，小运动场3个，篮球场32个，城内体育设施占地面积17 000平方米，体育场地面积100 639平方米。全县农村有小运动场11个，体育场地面积为211 282平方米。

（二）群众体育运动

改革开放政策实施后，克山县城乡群众业余体育活动开展得十分活跃。城镇进入70年代后期，由县总工会统筹安排，县体委负责业务指导，各机关、企事业单位普遍开展业余篮球、排球、乒乓球等体育活动，各系统每年都举行篮球比赛。有些有条件的单位，在春、秋两季举行本部门的田径运动会。中小学校，根据国家体育教学大纲，每星期固定上2节体育课，春季各学校分别举办体育运动会，冬季重点开展冰上运动。而且城乡中小学校还坚持做早操和课间操。1978年以后，根据国家体委的要求，将城乡学校均纳入体育考核内容。农村日常体育活动，一般以篮球为主要内容。老年人体育活动由县老干部局主抓，并于1980年成立老年人体育协会。1981年6月，在县工会广场举办了首次老干部运动会。此后，每年7月举办老年人运动会已形成惯例。1981年，县妇联增设儿童保护办公室后，主抓幼儿体育活动。1982年5月，举办了全县首届幼儿运动会，1983～1985年，依例举办了第二、第三、第四届运动会，参加竞赛幼儿均在500名以上。

1986年到2005年，全县累计举办8届体育运动会。中小学生运动会每年一届。各乡镇每年都举办田径运动会和篮球比赛。县老龄委、老干部局每两年举办一次老干部运动会。

通过开展群众性体育活动，开办了县业余体校。1982年，县体委被省体委评为先进集体。1998年，在全市青少年田径运动会上，克山县摘取县（区）组第一桂冠。有6名运动员在全国榜上有名。14名运动员在全省比赛中创造佳绩，87名运动员在全市比赛中成绩斐然。

1987年，参加市体育运动比赛，获得第8名。1988年，在全省青少年运动会上，克山县运动员郑海涛、孙勇代表齐齐哈尔市分别获得1 500米第6名，跳高第4名。1996年，在省运动会上，克山县运动员李大可在少年组400米、400米栏、4×400米接力等4项比赛中获得第一名。4项比赛成绩全部打破全省纪录。2003年，参加市少年田径比赛，获得团体总分第一名。2005年，在市田径比赛中，克山县代表团获团体总分第二名。林接春在一年内参加5次国际马拉松比赛，分别在香港、青岛、北京、大连和上海参加马拉松比赛，均获较好成绩。

运动员输送。1986年至2000年，县业余体校向上级体育部门输送优秀运动员，其中送到省级1人，市级25人；送达国家一级运动员2人，达到国家二级运动员标准的有14人。2001年，输送市优秀田径运动员3名，有5名运动员达国家二级标准，有2名达国家一级运动员标准。2002年，向市输送优秀田径运动员7名，篮球运动员2名，有两名达国家二级运动员标准。2003年，向市输送优秀田径运动员12名，省4名，达国家二级运动员标准的5人。2004年，向山东鲁能俱乐部输送乒乓球选手2名。2005年，向市输送优秀田径运动员7名，乒乓球运动员2名，达国家二级运动员标准的多达7名。

第七章 医疗卫生事业的发展

一、医疗卫生体制改革

1993年，县政府印发《克山县深化卫生改革意见》，对卫生体制进行改革，即坚持和完善各种形式的责、权、利相结合的目标管理责任制，实行以集体所办为主的村级卫生管理体制；对劳动人事制度进行改革，实行技术职称内部聘用制。实行干部"双聘制"，即干部聘任制和干部聘用制，对工资奖金分配制度进行改革，实行内部工资和奖金浮动。1995年，城乡各医疗卫生单位实行"一院多制"的改革。2000年，全县医疗单位推行选择医生制，乡镇卫生院采取不保底的工资分配制度，全部施行效益工资制。2003年，对全县医院进行产权制度改革。2004年，乡镇卫生院经过实行民营经营方式后，10月又恢复到原有的国有民营所有制体制。

（一）公费医疗

从1952年起，县内实行公费医疗制度。公费医疗费列入国家财政预算，由县财政拨给县卫生科统一掌握使用。从1972年到1975年，全县公费医疗费支出为80.1万元，从1976年到1980年，共支出医疗费87.3万元；1985年，全县医疗费支出为61.8万元，比1984年多支出14.7万元，享受公费医疗待遇的人，人均可享受

73.44元。1986年，县公费医疗费用仍然列入财政预算，由县财政拨给卫生局统一管理使用。同年，县财政投入公费医疗费150万元。1994年，县公费医疗管理委员会下发《克山县公费医疗管理实施细则》，明确坚持"因病施治、合理用药、合理检查、合理医疗、防止浪费"的原则，在医疗单位设公费医疗诊室和公费医生，由专人负责。2000年到2005年，县公费医疗办纳入劳动社会保险。

（二）劳动保险与合作医疗

劳保医疗分全民所有制和集体所有制两种。1985年，全县享受全民劳保医疗的有25 861人。享受集体劳保医疗的有10 667人，经费均由本部门单位自筹。从1968年11月起，全县农村逐步实行合作医疗制度。1971年，全县已有195个生产大队建立了合作医疗站。1978年4月17日，县卫生科根据调查结果，印发了《农村合作医疗管理办法试行草案》，规定每人每年拿出1元至2元，其余全部由集体负责，到1982年，全县各大队合作医疗停办，由农民自费治病。

二、卫生保健与疾病防治

（一）卫生防疫机构

改革开放后，恢复了县卫生防疫站，配编10人，到1979年增编为20人。1985年，县防疫站有职工65人，内设防疫、食品卫生、计划免疫、环境卫生、学校劳动卫生、检验、地方病、财务等8个科室，形成规模的卫生防疫中心，为全县人民担负着卫生保健和疾病防治工作任务。

（二）传染病防治

1975年，县内在传染病防治管理工作上，按卫生部颁发的有关文件精神，加强了全县传染病防治和管理工作。从1966年开始进行麻疹疫苗接种，投口服麻疹疫苗13 200份。1970年，开展普及卡介苗接种，到1980年有207 359人接种卡介苗。1982年，全县接种白百破疫苗100 566人份，伤寒疫苗7 000人份，麻疹疫苗245 852人份，狂犬疫苗2 125人份，牛痘疫苗10 586人份。到1985年，接种麻疹疫苗47 112人份；小儿麻痹糖丸口服12 073人份，白喉类毒素接种8 821人份，伤害疫苗接种2 560人份，流脑疫苗接种78 700人份。由于采取这些防预措施，常见的传染病得到有效控制、特别是对危害人民生命的"克山病"。党和政府对"克山病"的防治和研究特别重视。改革开放后，采取改良水质、改良饮食、改善居住条件、改善环境卫生等措施，到1985年，全县有142个村吃上自来水，有66%的村17万人吃上深井水。自1981年后，境内未发现"克山病"例。

1989年，县卫生局组织县直医疗单位负责人和各乡镇卫生院长、防疫医生共54人，进行传染病的防治方法培训班，随后又深入乡镇举办6期乡镇、村医生学习班，共有500余人参加学习。2010年，建立了传染病防治网络直报系统，强化传染病报告职责，严格落实责任制，从而发挥和调动县、乡镇、村三级传染病防治网络作用。

三、整治环境与食品卫生

（一）环境卫生

从1977年开始，县政府在每年春秋两季，组织县城内机关、企事业单位和学校突击搞环境卫生建设。当年，修建厕所33 081个，集体畜圈769个，农户猪圈31 719个，钻机井259眼，改造土井1 312眼，城粪下乡8 936立方米。1979年开始，农村普遍开展以"两管五改"（管水、管粪、改良水井、改良厕所、改良畜圈舍、改炉灶、改造环境）为中心的环境卫生工作。到2005年，县城内每年春秋两季仍坚持大搞环境卫生整治工作。

（二）食品卫生

1978年到1985年，县内贯彻商业部、卫生部制定的食品卫生"五四制"，经常对"五四制"执行情况联合检查，立刻宣布对食品卫生的管理。对食品部门从业人员先后举办12期卫生知识培训班，受培训达2 475人，定时对饮食服务、食品行业、食品摊贩的从业人员进行健康检查。

1986年，全县食品企业的食品卫生安全检查，围绕贯彻《黑龙江省卫生管理条例》和食物中毒防治开展工作。到1995年，累计培训食品从业人员2.7万人次。同年，《食品卫生法》正式颁发实施后，对食品企业的经常性监督开始走上正轨。1996年，共监测地产食品895件，合格859件。1998年，对餐具消毒效果监测1 792件，合格1 712件。1999年，食品行业实行卫生许可证制度，2004年，开展食品放心工程活动，并对放心工程进行整顿，取缔3家饲料厂，停业整顿1家，并对2家饲料厂进行处罚，销毁不符合卫生标准的饲料80多箱。同年，县卫生监督所在全市食品卫生知识竞赛中获得第三名。2005年，县卫生监督所被省爱卫会授予爱国卫生先进集体。

第八章　城乡建设飞速发展

一、市政工程建设

（一）改善县城街道

　　1980年和1983年，克山县城先后开展以整修街道道路为重点，全面整顿城镇建设大会战。经过几次会战，共整修城区道路56条。从1980年起，把道路修整任务分别包到机关、企事业单位。到1985年，全城道路总长度已达38.67公里。1986年，城内道路建设以修筑白色路面为主。修筑西大街一至三段白色路面1条。1987年，修筑东大街一至三段和南大街一至三段的白色路面2条。1988年在北大街一至三段、友谊路、通达路和政府路一段修筑白色路面4条，修筑火车站广场白色路面4 467平方米。1989年投入资金24.4万元，铺装人行步道板14 769平方米。同年，在市场路、繁华路、团结路、石桥南路，政府路二、三段和南出口中修筑白色路面4条。1991年，修筑次干道5条。1993年，修筑北大街二、三段白色路面。1994年，拓宽4条主大街一段白色路面，1996年，维修白色路面5处。1997年，铺装城镇主大街路边石2 400米。1999年，整修次干道、巷道56条。2000年，维修白色路面145处。2003年，投资700万元，改造了正大街步道板工程。2004年，环城道路开通，投资428.3万元，铺设平坦舒适的主大街油渣路达10万平方米。2005年，完成道路建设9项，总投资476.86万元。2006年，先后完成二道街改造和利民河、爱民湖综合治理工程。2007年，投资780万元的惠民河治理工程完工。

2017年，城内道路施工完成一标段花园路、二标段通顺路、洪武路一段、西环北路二段、繁荣路三段，通体路及给水的雨污水管线建设。投资100.2万元，维修了武装部广场。

（二）桥涵建设

1986年，县城内桥涵建设主要以修复加固为主。1989年，县政府投资11.7万元新建火磨桥1座。1991年，维修城内桥梁2座。1993年，投资6万元，在东南大泡子南出口处建水泥钢筋桥1座。同年，对繁华路二段桥梁进行维修。1996年，维修桥1座。1999年，对东大桥110米护栏进行维修，疏通涵管457节。2000年，疏通涵管461节。2003年，疏通涵管467节。2005年，更换涵管29节。

（三）城内亮化建设

1985年，采取安装、改造等形式增设路灯110盏。1990年，安装路灯96盏。1991年，安装路灯257盏。1994年，投资70万元，对城内路灯进行改造，安装高压钠路灯100盏。1996年，安装高压钠路灯107盏。1997年，新增路灯6盏，高杆灯1盏。中心大街安装隧道路灯10盏。2002年，政府休闲广场安装水银灯11盏。2003年，安装水晶灯10盏。2004年，环城路安装路灯148盏，城南出口安装路灯17盏。2005年，政府路安装路灯6盏。2017年，投资22万元，对两湖、永安寺广场、武装部广场、东大桥广场、天源宾馆两侧进行亮化。

（四）城区供水与排水建设

供水：1973年和1979年，先后进行第二期和第三期自来水工程会战。到1985年，2处水源共有深水井10眼。北部水源有机井7眼，西部水源有机井3眼。供水进户达10 658家。其中，单位用户256家，居民用户10 402家，进户率达90%。用水普及率达100%。1986年，供水埋设主管线164.5公里，支管线15.8公里。1987年，投资10万元，新增管网8.7公里。1995年，新铺管线1 820米，到2000年，累计埋设管线22 543公里。2004年，新增主管线3 000米。2005年，共铺设干支管线2万米。2008年，完成18栋楼房外网给水管线，铺设地沟给水管线560米。维修供水主管网漏水11处。居民分支管线190余处，清洗供水管线2 000米。对27栋楼房进行更新改造分支管线3 000余米。排水：1982年和1983年中，新修南北大街，东西大街两条石砌排水沟4 000米，铺设水泥盖板1 800米；政府路新建砖砌排水沟660米，上铺水泥盖板，其余街道普遍在路口交叉处设水泥涵管。每年春秋两季整修道路时，对两侧排水沟进行疏通清淤。到1985年，共清挖排水沟5 700米，实现分流治理污水的总体规划，即两水以东西两条大沟为总干渠，由明沟排放。工业和生活污水由暗沟（道）排出。经过净化处理后排入乌裕尔河，日排水量约3 800吨。2017年，城内新打水源井7眼，敷设供水管网7 000米。2018年，投资4 150万元，实施供水管网等配套建设，城区"三间"供水问题得到初步解决。

（五）供气和供热建设

供气：1990年，经省、市建委批准，石油液化气站开始建设。总投资235万元，站区占地总面积12 500平方米，建筑面积850平方米，于12月开始试运行。1991年，续建年检测能力3万个液化气缸检站1处，贮气量达1 300吨。同年，液化气年供应量为1 145吨，占年贮量的88%；其中家庭用量1 145吨，用气户数1 1400户，用气人口3.5万人。2001年，经过整体改革，以整体出售形式，计价390万元将液化气站产权出售。2005年，由于居民家用电器灶具普及，石油液化气供气总量减少到610吨。2018年，两个液化气站正常运行。天然气储配站已建成，天然气一级管网敷设8公里，小区庭院管网铺设9公里，入户5个小区800户，已通气使用80户。供热：1981年，金顺物业公司成立，供热楼房9栋。1993年，全县开始基础供热。工程总投资427万元，建筑面积1100平方米，当年埋设送、回热水管线1400米，生活供水管700米，供热面积为42万平方米。1994年，投资130万元增设1台6吨卧式备用热水锅炉，新埋设供水管线1106米。供热面积为5.6万平方米。1996年，供热公司投资630万元，建成星火供热站（称为南站或第二热源点）。第二热源点解决十字街东南住宅区域的大部分供热。2001年，投资850万元，新建第三热源点为淮安供热站，扩大了城镇二道街以内的供热面积。2003年，投资526万元，实施供热管网并连。2004年，投资523万元，用于铺设供热管网及附属设施建设。2005年，铺设各楼区供热管网2000米，新增集中供热面4540平方米，改造管网面积21499平方米。同年，对西二道街至三道街、市场路一段沿路两侧的楼房全部实行集中供热。2018年，大热源二期工程开始建设。宇祥热电二期改造投资4.31亿元，土建工程已完成。同年，宏达小区、教师专家楼、市场家园等12个低温和管网小区改造老旧供热网35公里，新建筑网7公里。整合供热面积38万平方米。2017年，铺设和改造热网6.5公里，撤并小锅炉7个，新增集中供热19.4万平方米。2018年，投资4.3亿元，新建大热源项目，更换供热管网42公里，新建改造换热站35座，新增供热面积38万平方米。

（六）园林绿化建设

1981年，在县城西北青年水库东南侧筹建克山公园。始建时，以园代圃（苗圃），先行栽树、后植花草、整修道路，逐连万园。至1985年，县城共有行道树10万余株，绿地面积达20万平方米。1986年，开始县城街道绿化工作，到1988年，累计植街路行道树849株，实施4条主大街绿化。到1991年，城镇共植树22 330株（含城防林）。1992年，城镇植树8 481株。1993年，城镇植树3 800株。同年，在克山公园修建蘑菇亭、六角亭等景观。1996年，开展花园式单位建设活动，全县有47个单位参加花园式单位创建活动。金鼎亚麻有限公司等6个单位被评为省级花园式单位建设标兵。县城春风大街被评为省级绿化甲级街路。2000年和2001年，为绿化美化建设，依照"依路建绿，一路一绿"的规划，全面推进生态城区建设。2004年，克山县城镇被评为省级园林城。2005年，为推进庭院美化绿化建设，建设天泽社区五一广场1.65万平方米。城镇有75个单位进行庭院美化、绿化。其中有49个单位参加了创建花园式单位活动。

二、公用建筑

从20世纪70年代开始，公共建筑有电影院、第三中学、汽车客运站、克山镇政府办公楼、粮库粉楼等44栋楼房，建筑面积为55 509平方米。进入80年代，在建县政府办公楼、第二中学教学楼、县委党校教学楼、技工学校教学楼等26栋楼房，建筑面积45 518平方米。1985年开始兴建县农贸中心市场和县体育场，建筑面积1.4万平方米。到1985年末，县城已建楼房89栋，总面积124 234平方米。1986年，工业建筑主要是县酱菜厂投资18.2万元，建筑520平方米厂房；乳品厂投资48.6万元，新建138.76平方米厂房。1991年，扩建麻纺厂二、三期工程，该工程获省优金牌奖。金鼎亚麻纺织有限责任公司技改工程，建筑面积19 824平方米；1993年，远东卷材厂厂房等建筑面积11 558平方米。2000年，全县工业建筑面积为83 017平方米。相继落成两万吨生产能力的啤酒厂，投资亿元兴建麻纺厂、亚麻原料厂、乳品厂、麻屑板厂、浸油厂、水泥厂。2001年，工业企业转制，由私营工业企业进行自行建筑。1986年，县城共有公共住宅面积774 499平方米。1990年，技术监督局、师范专科学校、电业局、人民银行在规划区城内开发建设综合楼，建筑总面积14 426平方米。同年，建委办公楼、政府车库综合楼、水产站办公楼、计量局办公楼等28栋楼房相继建成，建筑面积27 806平方米。年终房地产开发共建筑楼房48栋。1991年，建筑福利院老年公寓、邮电局、法院、检察院等办公楼，建筑面积42 177平方米。1992年，投资200万元，在西大街一段路南开发建设6层3 200平方米综合楼，建筑面积6 100平方米。1993年，全县在建工程35项，其中新开发工程9项，总投资7 000万元，建筑面积12.1万平方米。同年，建筑供热热源点1处，建筑面积1 100平方米。

1995年，县政府制定房地产开发优惠政策，实行招商引资开发建设。县房产处与哈铁实业开发总公司投资联合开发建筑机电公司集资综合楼，建筑面积8 000平方米。石油公司招商齐市房屋建筑公司，开发建设石油公司综合楼，建筑面积4 800平方米。同年，第一建筑公司开发建筑3.3万平方米综合楼。1996年，第一建筑公司完成总面积28 209平方米的地税局、中医院、计生委和检察院住宅楼，扩建供热热源点1处，建筑面积1 100平方米。1997年，齐市轻工建筑公司开发扩建福利院老年公寓，建筑面积5 133平方米，总造价560万元。2000年，宏达公司完成宏达小区2#、3#、4#、5#、6#、7#、8#楼的建筑，建筑总面积57 490平方米。金龙建筑公司在"九五"期间集中开发国税综合楼。建筑面积8 400平方米。同年，又完成商业综合楼、商业城小区建筑面积20 900平方米。"九五"期间，宏达公司、金龙公司按计划相继开发完成星火小区、友谊小区、宏达小区、商业小区、中心小区、祥和小区等10个居民小区的建筑，建筑楼房27栋，总面积15.4万平方米。2001年，建筑项目11项，总投资3 420万元，完成十字街西南角综合楼3栋、西北角综合楼3栋、商业城住宅楼、移动公司综合楼的建设。2002年，建筑项目8项，总投资3 360万元。完成康政综合楼、银达小区1#、2#楼，房产处综合楼、艺苑小区1#、2#楼、邮政综合楼，技术监督综合楼的建设。总投资7 500万元，建设工程项目28项，完成技术监督局办公楼、艺苑综合楼重点工程的建设。2003年，投资5 580万元，全年共拆迁居民住房425户，拆扒总面积35 180平方米。同年，新建沃华、天泽、鹏程、远东、金鼎、嘉利盈等6个社区办公室。总面积3 441平方米；还有疾控中心、邮政大楼、宏达综合楼、建材市场、工业园区等工程建设。同年，还建筑县委、县政府办公中心楼13 344平方米、检察院办公楼。其中，党政中心办公楼共九层、高43米，成为克山县第一座标志性建筑。另外，还投资3 525万元，完成生产性建筑2项，面积为23 500平方米。远东卷材厂厂房4 500平方米，亚麻厂技改项目扩建厂房19 000平方米。2004年，建筑项目6项，总投资2 060万元，建筑面积18 408平方米。2005年，投资2 510万元，完成公共建筑和办公楼5项。福利院老年公寓4 500平方米，看守所3 000平方米，法院办公楼4 800平方米。投资70万元新建广场1处，面积10 000平方米。

三、卫生体育与商业建筑

（一）卫生体育建筑

1986年，建筑了技工学校教学楼、第一中学办公教学楼。1987年，建筑第六小学教学楼。1990年建筑克山师专宿舍楼。1995年，建成克山镇卫生院门诊楼、师专图书馆楼、三中教学楼、聋哑学校教学楼、五小学教学楼等12栋楼房。1996年，建筑曙光乡中学和西河镇中学教学楼、一中教学楼、师专附中教学楼，还建成学生公寓楼等新建10栋楼房。2000年，文教、卫生、体育建设总面积75 100^平方米。2005年，建筑项目11项，建筑一中科技教学楼、实验小学、中医院、人民医院等建筑，建筑面积35 979平方米。

（二）商业建筑

1986年，商业建筑47 726.5平方米。1988年，成立县房屋开发公司，投资487.4万元，对西大街三段路北原有的旧房全部进行拆迁改造，开发建设4栋商品楼。同年，山东省宁阳二建公司开发商品楼二栋。1989年，建筑了1#—4#房屋开发商品楼。1991年，新建房产处综合楼、食品公司综合楼、南苑综合楼等。1993年，投资1 200万元建筑商业大厦。1994年，建筑物资局综合楼。1995年，开发建筑两项，即石油公司综合楼、化建公司综合楼。1998年，建成宏达大厦。1999年，开发建设现代建筑风格的金地中心商场。2000年，建成商业城。2003年，建筑了天泽购物中心。2004年，建设项目11项，即农贸大市场、建材大市场等。2005年，建筑项目40项（含综合楼14项）。其中建有银达小区、宏达小区、阳光小区、商业城等。

第七编 ★ 走进新时代

第一章 党组织建设与廉政建设

党的十八大召开后，在习近平新时代中国特色社会主义思想指导下，为提升党的执政能力，克山县委始终坚持对一切工作绝对领导的原则，坚持以人民为中心，坚持全面深化改革，坚持新发展理念，从严管党强化党组织建设和从严治党加强廉政建设。

一、从严管党，强化党组织建设

2012年，为贯彻党的十八大精神，保障坚实有力地发展经济，县委着力抓从严管党强化党组织建设。为进一步增强广大党员干部的创先争优和执政为民意识，扎实开展了"三创"活动。为加强基层组织建设，开展农村"示范工程"、社区"四联四推"活动、"两新"组织"百日攻坚"和机关事业单位"三抓三加强"等主题实践活动，使基层党组织凝聚力进一步增强。组织部门还认真做好党员干部培训工作，重点树立党员干部正确的思想，端正风气。并制定和创新干部评价体系和标准，完善干部考核任用机制，做好目标考核工作。还注重发展生产一线党员，培养创业意识、争先意识，教育和引导广大党员干部为克山经济建设和社会发展做出新贡献。2013年，党组织建设在固本强基中不断加强。为充分发挥党组织的核心作用和党员干部为民服务意识和党员的模范带头作用，为加快经济发展提供保障，一是持续举办党员干部培训班，结合贯彻党的十八大和十八届三中全会精神，通过网络平台、专家授课等系统培训，使党员干部为民服务意识和科学执政水平明显提升；二是队伍建设进一步加强，坚持德才兼备、注重实绩、群众公认的原则，树立正确用人导向，在全县营造心齐、气顺、劲足的良好氛围；三是有效落实民主决策，认真贯彻民主集中制。凡是涉及全县改革发展、干部任免、重大项目安排和大额资金使用重大问题，都严格按照程序办事，由县委常委集体讨论决定；四是夯实巩固基层组织，选调14名优秀干部到项目办和村一线挂职锻炼。评选出"陈玉霄式"村党支部书记3名。在115个合作社建立了党支部，实现"两新"组织党的工作全覆盖；五是结合落实中央"八项规定"和党的群众路线教育，制定了《关于改进工作作风、密切联系群众实施办法》，加大了工作纪律和整顿力度，使机关效能明显提升。6月28日，克山县召开庆祝建党92周年暨"先优"表彰大会，命名表彰一批先进基层党组织、优秀党员、优秀党务工作者"陈玉霄式"村党支部书记。

2014年，党组织建设主要扎实开展党的基本路线教育，通过开展学习，教育党员干部强化宗旨意识，树立法治思维，建立廉政文化。通过查摆问题，征求意见，做到见人、见事、见思想。实现整改落实，制定了各级各类制度253项，开展23项专项治理，解决各类问题1 467个，使党风政风明显好转。基层党组织重点加强合作社、企业和机关党组织一把手服务能力建设。整治了软弱涣散党组织，圆满完成城乡党支部换届工作。并在新兴村创建全县村干部实训基地。乡村治理"新三化"做法被《人民日报》和《奋斗》杂志刊发。加强了班子和队伍建设。储备乡土人才24 669人。选调80名优秀干部到基层挂职锻炼。选派9名县级领导和4名科级干部到省、市党校专题培训；对600名正副科级干部和360名村级干部进行了集体培训。

2015年，按照党要管党、从严治党要求，为全面提高党建科学化水平。一是扎实开展"三严三实"教育。通过县领导带头讲党课，开展专题讨论等方式活动，使广大党政干部对"三严三实"要求内化于心，外化于行。通过边学边查边改，一批涉及群众切身利益的问题得到解决，一些"不严不实"问题得到整改，进一步树立起党员干部为民、务实、清廉形象。二是为夯实巩固基层党组织，建立健全了"4+1"责任体系，并向县直部门延伸，实现了权力公正负责、阳光操作。选调25名优秀干部到村担任第一书记。扎实开展了"七联七促进"活动，加强了"三好"、"六有"人才培养，创建起村级后备干部实训基地，培训30人全部走上村干部岗位。制定出台"三重一大"事项议事决策范围，使决策过程更加规范民主。在加强作风建设上，以"三化"考评机制统领全县各项工作。通过重新建立考评架构，科学设置考评项目，合理确定考评方式和强化运用考评结果等措施，把考评范围从乡镇向县直部门和122个村延伸。

2016年，党的基层组织建设和党员队伍建设，一是有效落实了党建主体责任。县委先后组织召开10次常委会议，2次专题会议，研究部署基层党建工作。县委与各基层党委、各基层党委分别与各基层党支部签订了党建工作责任状。层层落实责任，层层传导压力，推动了基层党建工作的深入开展。各级财政投入党建经费259万元，单独列支8个社区专项经费40万元，保证了基层党建工作正常运转，按标准全额拨付建党工作经费259.138万元。针对合作社党组织建设不规范的实际，推广了仁发"合作社十支部"经验，助推合作社有序发展，使全县万亩以上经营主体达到69个，推动了主要农作物全程机械化示范县建设。针对党员模范作用不强问题，选树农村党员示范典型36个，发动广大党员学习典型充分发挥先锋模范作用。能人党员孙大勇联合23个经营主体组建起克山县青年企业家协会，在协会的助推下，提高了全县种粮大户抵御风险的能力。再者，还严抓了机关党员干部"三会一课"、民主生活会等制度落实，对65%以上基层党组织的组织生活进行检查和指导。在推进党校工作上，强化科研咨政和管理职能。调整兼职教师31人，增编制5人。解决了教授水平不高的问题，拓展了"三化"考评机制和"4+1"责任体系，为实现党建规范化和制度化提供了保障。

2017年，党组织建设主要是扎实开展专题教育实践活动，圆满完成党的路线教育实践活动，"三严三实"专题教育。认真落实党建责任制，县委与基层党委、基层党委与党支部逐级签订了党建工作责任状，形成一级抓一级、层层抓落实的工作格局。及时调整完善县委、基层党组织的党建工作领导，建立县领导党建联系点8个。制发了《关于进一步压实基层党建工作责任的通知》，重点解决基层党建工作"谁来抓"的问题，结合年度具体工作任务和三次大型教育实践活动，在全县党员中开展了"听民声、恤民情、解民忧、帮民富"活动。在农村党组织中开展了"精品工程"和"五强化工程"，在机关事业党组织中开展"培树新风作表率"和"四注重"活动。在"两新"党组织中开展"双强双创"和"三保障"活动。在社区党组织中开展"六联"活动，从而全面有效地推动了基层党组织建设工作的健康发展。同年12月，启动了全县村党组织换届选举工作。

2018年，深入落实管党治党责任制，不断夯实党建工作基础。一是持续深化思想建设，把学习习近平新时代中国特色社会主义思想和党的十九大精神作为政治任务，组织县委理论中心组学习10次，开展党的十九大精神专题学习4批次，轮训1 660人，理论宣讲100余场，实现"两学一做"学习教育常态化制度化。二是不断夯实基层党组织。围绕提升基层党建质量，建立县级领导党建联系点83个，派驻第一书记35人，整治"较差"村党支部19个，择优发展党员77人。打造党建示范村28个、党建示范社区3个、党建示范学校8个、国企党建示范点2个。深入开展了"双报到、双报告、双考评"活动。全县141个驻区单位、2 396名在职党员到社区报到，服务群众3 219人次。三是巩固提升队伍建设。全年调整干部8次，变动53人。注重年轻干部培养选拔，储备35岁以下科级干部13人，一般干部458人。引进"名校优生"81人，录取人数全市第一。

二、从严治党，加强廉政建设

2012年，党的十八大胜利召开。为贯彻落实习近平总书记关于"坚持全面从严治党"的指导思想，加强廉政建设，3月22日，中共克山县委召开第十七届三次常委会议，传达了市纪委第二次全体（扩大）会议精神，对反腐倡廉工作提出必须抓好，对露头的、出问题的要严厉打击。会议讨论并通过《2012年全县党风廉政建设和反腐败工作任务分工》的决定。开展廉政教育和风险防控工作，全年查处各类案件62起，挽回经济损失156万元。

2013年，为转变党员干部工作作风，结合落实中央"八项规定"和群众路线教育活动，制定了《关于改进工作作风、密切联系群众实施办法》，使机关效能有明显提升。深入开展廉政教育和风险防控，使党员拒腐防变能力进一步增强。查处各类案件120起。

2014年，按照十八大做出的决策部署，开展党的群众路线教育实践活动，认真查摆问题，把"照镜子""正衣冠""洗洗澡""治治病"的总要求不折不扣地贯彻活动的全过程。按照"八项规定"严肃机关纪律，整治了大吃大喝、迎来送往等"四风"问题，对于顶风违纪违规的人员均予以严肃处理。全年查处违法违纪案件线索312个，立案146件，查处146人。

2015年，深入进行反腐倡廉工作，深入落实党风廉政建设"两个责任"和"一岗双责"，把党风廉政建设与经济发展同部署、同落实、同考核、逐级签订了责任状，加强了警示教育，建立健全了"五个不直接分管"等反腐机制。10月11日，中共克山县委第十七届四十五次常委会议召开，会议讨论并通过《建立健全惩治和预防腐败体系2013—2017年工作规划》实施办法。同年，共办理案件230起，查处党员干部197人，收缴违纪款91.7万元，挽回经济损失1 300万元。

2016年，按照"压实主体责任，让失责必问成为常态"的要求，以学习贯彻新修订的《中国共产党廉政自律准则》《中国共产党纪律处分条例》为契机，采取测试倒逼、研讨竞赛、督导检查、开刀祛灶等多种方式，教育、引导警示全县党员干部明纪律，知底线，守规矩，营造向善向上的党风政风和社会风气。深入落实《克山县党风廉政建设主体责任实施办法》《克山县党风廉政建设责任制责任追究办法》。由县纪委常委带队，组成6个检查组，对全县31个基层党委落实主体责任情况进行全覆盖监督检查。同年，追责案件4件、4人；责任追究案件3件、4人。深入纠正"四风"，全年查处违反"八项规定"问题36件，给予党纪政纪处分43人。查处发生在群众身边腐败问题及不正之风案件49件、65人。高压惩治腐败，本着"全覆盖""零容忍"的态度，受理信访举报案件165件，立结案230起，查处党员干部214人、大要案72件，给予党纪处分169人，政纪处分35人。

2017年，在作风建设中，深化作风整顿，开展专项整顿。制定《关于在全县开展"不作为，乱作为"集中专项整治工作方案》。查处14起"不作为，乱作为"案件14起，涉案人员44人，党纪政纪处分22人，组织处理22人，并对8起典型案件进行了通报曝光。开展公职人员勾结"黑中介"专项整治，制定《关于深入推进公职人员勾结"黑中介"违纪问题集中整治工作方案》，重点整治住房、公安交管、市场、人社等四个重点领域。并开展民生领域专项整治，制定了《开展民生领域专项整治工作方案》。开展农村医疗领域的专项整治，对全县范围内的16家乡镇卫生院的农村医保统筹等情况进行地毯式排查，发现问题线索3条，受党纪政纪处分的有8人。开展扶贫领域的专项整治，处理扶贫领域违纪党员干部66人。开展"三依、五细、两担当、一廉洁"专项整治，督查检查6次。强化执纪监督，严肃追求问责。十八大召开后共立案审查1 266起，结案1 266起，给予党纪政纪处分1 248人。查处政治纪律行为案件17件，处分17人，其中乡科级干部3人。

纪检监察机关作为政治机关，以党的政治建设为统领，一以贯之践行"两个维护"根本政治任务，着力提高政治站位，提升政治能力，严明党的政治纪律和政治规矩。在强化思想武装的同时，落实落细政治纪律。围绕打赢脱贫攻坚战、扫黑除恶等工作，自十八大后，立案查处违反政治纪律行为案件17件，处分17人。2018年，为协助各级党委推进全面从严治党的职责。纪检监察组织起草《全县党风廉政建设和反腐败工作分工》和克山县委党风廉政建设两个清单，并协助县委将具体工作任务分解各党委（党组）、县直各部门。为推进全面从严治党，夯实了"两个责任"，开展警诫约谈和发案单位警示教育。按照《中共克山县委落实全面从严治党主体责任警诫约谈实施细则》，开展警诫约谈3次，约谈10人。全面启动乡镇推行"五不直管"分权制改革，在15个乡镇启动了"五不直管"分权制改革。紧盯"微腐败"，持续进行正风反腐。十八大以来，共查处违反中央"八项规定"

精神问题111件，查处群众身边不正之风和腐败问题434件，查处扶贫领域案件148起，结案1 266起，给予党纪处分1 093人，政务处分180人，移交司法机关6人，从而起到震慑作用。同年，有2人主动投案自首。从把党风廉政建设、"两个责任"落实、"三重一大"意识形态作为工作重点，认真开展巡察工作。县委巡察办完成七轮常规巡察。对扶贫领域和人防系统腐败问题专项巡察，巡察单位92家，发现问题540个，反馈被巡察单位问题354个。对巡察过的13家党组织问题整改工作进行评估检查，检查问题整改进231项，全部整改到位。同时深入到被巡察的4个单位，对36个巡察反馈问题整改情况进行督办，以督促改，以评促改成为常态。

第二章 大力推进现代化大农业建设

一、夯实现代化大农业基础建设

2012年，为夯实现代化大农业基础建设，县委带领全县各级党组织和广大干部群众，扎实推进农村改革试验区建设，规模经营耕地面积达240万亩，占耕地总面积的80%。完善规模合作社"三种模式"，总数达到552个，新增农机合作社2个，直接经营土地的农机合作社达到25个，经营土地21万亩。新购进马铃薯专用机械43台套、玉米专用机械85台套、田间综合机械化程度达97.8%；实施高效节水灌溉工程，新打抗旱水源井166眼；安装各类喷灌设备158台套，辐射耕地6万亩。重点锁定马铃薯、玉米和大豆当家品种20个；确定520块24万亩标准方田；建设种薯繁育基地20个，面积7.5万亩。举办首届中国（克山）马铃薯节，成功获得国家地理标志证明商标。通过订单销售、专列直销、超市配送等形式，成功向哈尔滨、广州、武汉等大城市销售马铃薯36万吨。全年粮食总产达8亿斤。

2013年，克山县在现代化大农业改革探索中进行扎实推进，实施"一化带四化"战略，各类合作社发展到587个，入社农户达到8.77万户。推进土地规模经营面积达257万亩，占耕地总面积的85%。加强了农业机械配套建设，购进农用直升机两架，完成施肥、防病、灭虫等航化作业400万亩。新建现代农机合作社2个，新购马铃薯和玉米机械232台套；新安装大型喷灌设施64套，喷灌面积达10万亩。

2014年，克山县现代化农业建设又有新成效。全县组建各类合作社达到682个，吸纳9.4万农户；培育国家级示范社1个，省级示范社1个，省级规范社10个；培育经营土地1万亩以上合作社41个，带动规模经营270万亩，占耕地总面积的89.4%；围绕"两区两带"，实施科技包保工程，包保地块亩均增产30%；开发水田5000亩，总面积7.6万亩。金融创新、合作社建设和社会化服务体系等工作，不仅得到中央、省、市领导充分肯定，还为中组部、农业部等全国、全省性培训班和现场会提供高标准典型现场，并在全省现代化农业改革现场会上介绍经验。有25个省和162个市县1万余人深入克山考察学习。同时，克山县还被农业部确定为全齐齐哈尔市唯一的国家现代化农业示范区。

2015年，围绕效益提升，稳步发展现代化农业，把握被国家确定为现代化农业示范区的有利机遇，推动土地、资金、技术和机械等要素优化配置，实施合作化经营，共发展整合各类合作社600个。其中农机合作社46个，培育国家级示范社13个，省级规模社20个。"仁发模式"在全国推广。仁发合作社于同年实现纯收入4 400万元。社员每亩分红634元。比一般农户均增收200元。推进规模化生产，培育经营土地1万亩以上合作社45个，带动规模经营面积270亩，占耕地总面积的89.4%；成功举办中国（克山）马铃薯高峰论坛，开通中国马铃薯交易网，建成马铃薯交易市场，销薯200万吨，销售区域拓展到俄罗斯等3个国家。

2016年，克山县为推进农业现代化建设，一是着力推广农业科学技术，全县形成县有农技推广中心，乡镇有农技推广站，村有农技推广员，组有科技示范户的农技推广体系。二是进行农业结构调整，重点向优势农作物上调，扩大了马铃薯、甜玉米、豆浆豆等高效农作物种植。为加强农业基础建设，同年，购进大型农机设备338台套，机械化作业覆盖面积达199 866公顷；田间综合机械化程度达到99.2%；深耕整地面积列全市第一，荣获首批"全国基本实现主要农作物生产全程机械化示范县"。

2017年，克山县认真贯彻落实省、市、县委农村工作会议精神，围绕农业增效、农民增收目标，深入推进农业结构调整，大力发展农业重点产业，深化农村配套改革，促进农业现代化建设发展。围绕"薯、豆和鲜食玉米"三大主导产业，大力实施政府购买农业公益性服务改革，扶持建立公益性服务平台5个。进行农民创业培训10次，培训2 000人次。针对市场需求，加快推进"北菜南销"项目建设，制定《克山县扶持标准化绿色蔬菜生产基地贷款担保暂行办法》，确定了仁发、兴隆、新兴等7家为"北菜南销"项目经营主体，项目总投资1.275亿元，贷款手续已办结。

2018年，以实施乡村振兴为统领，围绕农业供给侧结构性改革，紧扣现代化农业高质量发展主题，大力发展乡村产业，即发展鲜食玉米、庭院菜园、旅游休闲、农业采摘等特色产业，助力乡村振兴发展。其中，发展鲜食玉米产业，被确定为全国玉米（鲜食玉米）绿色高质高效创建示范县，获科技奖补资金380万元。发展一村一品，重点培育马铃薯、鲜食玉米、苗木花卉、棚室蔬菜、食用菌种植等一村一品村24个，实现经济效益1.7亿元。同年，发展了克山镇东山植物园、河北新民"智慧农场"等旅游观光和采摘农业园，实现观光采摘收入15万元。

二、奠定马铃薯产业发展基础建设

黑龙江省农科院克山分院，拥有全国一流的马铃薯高端研发专业队伍，研发培育的"克"字号系列品种现已申请注册全面、立涛、仁发、华彩等马铃薯著名商标6个。"克山马铃薯"已成功申获国家地理标志证明商标。2010年，克山县被命名为"中国马铃薯种薯之乡"。

全县规模经营土地达到272万亩；拥有千万元以上现代化大型农机合作社34个，马铃薯生产全部实现规模经营，节水增粮项目全部配备在马铃薯种薯产区，马铃薯播种、管理、收获实现全程机械化，为种薯的田间管理、防疫灭病和收获贮运创建了良好条件。

推动马铃薯成为大产业。2013年，克山县成功研发早熟高淀粉品种"克新"26号和"克新"27号，市场供不应求。同时，又引进高品质、高干物质、高淀粉含量的荷兰专用薯品种5个，干物质量在25%~28%之间，平均高出国内品种5个百分点，从而缩减了加工成本，年可生产微型薯1 000万粒，繁育原料用种5 000亩。

5年来，克山县连续实施科技包保工程，包保地块亩均增产50%。立涛合作社最高亩单产达4.35吨。推广节水灌溉技术，扶持合作社、种植大户，通过农机补贴和农民自筹相结合方法，保证马铃薯专业合作社大机械作业需要。2017年，重点推广新技术，种植的尤金品种马铃薯亩单产达到3.5吨。

在马铃薯种植上观念有了新转变，由"种得好"转变为"卖得好"。将马铃薯销售关键环节紧紧抓住，结合马铃薯产业特点，全方位探索销售途径，确保渠道畅通，优质高价。推进"互连网+"模式，带动全县电商网店500余家，实现马铃薯销售线上线下良好互动。通过利用哈洽会、上海新春大联展，成功与上海签署了《马铃薯主食化项目战略合作框架协议》，确定作为上海市唯一马铃薯外延基地。

为深度开发"原字号"产业项目，克山县在县城南侧黄金地段，高标准建设占地7.45平方公里的马铃薯产业园。园内已入驻种薯繁育企业2家，加工企业21家，加工能力达到50万吨，园区年产值达到15.7亿元。因而，克山县马铃薯产业园已被批准享受省级开发区政策，未来3～5年计划新引进新建马铃薯加工和下游配套企业15家，形成年加工原料300万吨全链条生产能力。

科学规划，促进马铃薯产业做大做强。一是打造东北区域脱毒原原种供应中心。依托国家级马铃薯改良中心，围绕新品种研发和脱毒马铃薯种薯繁育，扩大优质种薯繁育规模，每年生产脱毒原原种2亿粒，辐射带动华东、华南、华北等经济圈。二是打造全国绿色农业发展示范基地。全面构建"周年深松+秋季整地+节水灌溉+绿色防治+耕种机械化作业"的标准化生产体系，推广"十二字"方针，深入实施"三减"和秸秆还田，到2022年，全县马铃薯标准化种植将达到95%，"三品一标"占比达95%以上，农产品优质率提高5~10个百分点。三是打造全省马铃薯产业整合叠加中心。加快建设以种薯繁育为核心的生产体系；以鲜薯销售为核心的营销体系；以薯条、薯泥、薯块和全粉等半成品生产为核心的加工集群；以主食化制品开发为核心的马铃薯食品加工集群；推动马铃薯由单一食物供给向多功能复合型产业转变，促进第一、二、三产业整合发展。

三、打造鲜玉米产业生产加工基地

克山县土地有机质和微量元素含量高，土壤团粒结构好，通透性强，是理想的鲜玉米种植带，为鲜玉米产业发展提供最为优质的加工原料基地。克山县高起点制定鲜玉米产业发展规划，并出台一系列政策。先后出台了《主导产业实施方案》《克山县支持重大产业项目优惠政策》，探索实施土地经营权等"四权抵押"融资模式，政府出资5 000万元设立雨露担保公司，为企业争取扶贫再贷款。并与中科院东北地理研究所合作，建立全省首家黑土地保护院士工作站。2015年，黑龙江长明食品贸易公司正式投产鲜玉米加工生产。2016年，又有两个鲜玉米加工项目上马。第一项是投资7 500万元的齐齐哈尔仁发食品加工有限公司甜玉米加工，年生产糯玉米1 000万穗，冷冻甜玉米粒及冷冻玉米穗1万吨、青豆1 000吨，实现销售收入6 000万元。第二项是投资8 000万元的新兴立成食品有限公司甜玉米加工。2017年，该公司生产优质冷冻甜玉米粒8 000吨；代加工甜玉米罐头10万件，速冻青豆700吨，实现销售收入4 000万元。

2018年，全国鲜玉米大会在吉林省长春市召开。县委书记刘国文在大会就克山县甜玉米产业发展进行了专题招商推介，克山县"鲜食玉米产业合作社+企业运营模式"造就的崛起，在业内引起轰动效应。在此基础上，又有3家企业签署落地协议：即杭州大宏集团与克山县新兴立成食品有限公司成功签署股权转让合同；嘉禾盛甜玉米加工项目，总投资5 000万元；引进甜玉米生产线3条；仁人和公司投资的甜玉米加工项目，新投资3 000万元。建设每小时5吨甜玉米粒生产线2条。在县委、县政府正确领导，如今，克山县已打造成东北地区最大鲜食玉米产业生产加工基地。

四、农业经济保持持续发展

2012年，克山县种植业生产重点锁定马铃薯、玉米和大豆当家品种20个，确定520块24万亩标准方田。在产业上，种植高蛋白大豆100万亩，全年加工能力达20万吨；在薯产业上，培育繁育主体7家，生产原原种5 200万株，外地销售马铃薯36万吨；在畜产业上，扶持发展500头以上养猪大户140个，100头以上肉牛养殖大户30个，万只以上养鸡大户11个。完成造林任务3.5万亩。同年，全县粮食总产达8亿斤，农业总产值实现25.4亿元。

2013年，种植业生产大力推广大豆垄四、玉米垄双和马铃薯大垄等先进技术。玉米和大豆平均增产超过30%；马铃薯增产超过50%。在畜产业上，组建生猪养殖合作社14个，发展年出栏1 000头养猪大户35个，全县生猪存栏达42.8万头；发展100头以上黄牛养殖户34个，黄牛存栏6.5万头。林业生产抓绿色生态建设，完成造林2万亩，占全年计划任务133%。

2014年，围绕提档升级，做大做强优势产业。薯产业依托马铃薯大市场销售薯30万吨，豆产业种植非转基因"两高"大豆100万亩。畜产业新建"两牛一猪"养殖合作社14个，引进飞鹤乳业，发展500头以上养猪大户84个，百头以上肉牛养殖场8个，万只蛋鸡场10个。

2015年，推进规模化生产。共培育经营土地1万亩以上合作社45个。带动规模经营土地面积270万亩。薯产业生产：商品薯种植45万亩。玉米产业生产：引进长明食品和新兴立成2个甜玉米深加工项目，年转化原粮玉米90万吨。豆产业生产：全年大豆年加工能力达到90万吨。畜产业生产：建成"两年一猪"养殖合作社65个，培育百头牛、千头猪、万只鸡养殖大户（场）120个。瑞信诚万头奶牛牧场完成基础建设。

2016年，全县农作物播种面积201 803公顷，粮食播种面积201 704公顷，粮食总产实现720 073吨。畜牧业生产以"粮头食尾"、"农头工尾"为抓手，突出"两牛一猪"标准化规模养殖和延长产业链，提升价值链的努力方向，不断转变发展方式。畜牧业生产初步建成现代畜牧业发展格局。生猪存栏达到231 187头，奶牛存栏18 315头，黄肉牛存栏77 533头，羊存栏158 248只，家禽存栏2 200 026只。全县农业总产值达到57亿元。

2017年，种植业结构调整成效明显。围绕稳粮、优经、扩公司的目标，采取宣传引导、注重典型示范、合作社带动、龙头企业牵动等措施，引导农民向高效、绿色上调整种植结构。全年种植玉米85.46万亩、大豆185.9万亩、水稻6.24万亩、杂粮1.21万亩。畜产业生产，以优化结构、提质增效、保障安全为目标，加快发展方式的转变，促进农民持续增收。生猪存栏达到34.2万头，奶牛存栏1.86万头，黄肉牛存栏6万头，羊存栏19.6万只，家禽存栏222.4万只，出栏生猪26.5万头，黄肉牛8.8万头，羊10.9万只，家禽343.6万只（其中大鹅出栏20.6万只）。畜产业产值达到8.9亿元，增加产值达到10.9亿元。

2018年，按照稳大豆、调玉米，增高效作物的思路，全县种植大豆144.9万亩，其中高蛋白大豆115万亩；玉米130万亩，其中鲜甜玉米12万亩；马铃薯10.45万亩；水稻6.56万亩；其他作物10.79万亩，优质高效作物种植面积占全县耕地总面积的44%以上。畜产业生产，以优化结构、提质增效、保障安全为目标，加快发展方式转变，推进第一、二、三产业融合发展。全县生猪存栏达到23.4万头，奶牛存栏0.91万头；黄肉牛存栏3.5万头，羊存栏12万只，家禽存栏163.5万只。出栏生猪33.3万头，黄肉牛2.8万头，羊10.6万只，家禽209.7万只。实现产值达到21亿元。

第三章　引进大项目，推进工业经济发展

2012年，县委带领全县各级党组织和广大干部群众，深入落实县第十七次党代会精神，大力实施"兴工强县"战略，推进经济快速发展。全年引进国内项目112项，到位资金35亿元。天维、北方水泥、马铃薯交易市场等一批项目落户。11个项目被列为市级重点推进项目，21个新建续建项目开工建设。15个项目建成投产，完成投资16.9亿元。园区建设以城南工业新区为核心，建设马铃薯园，园区框架基本形成。全县规模以上工业企业实现总产值30.7亿元，增加产值8.6万元。2013年，坚持把抓企业上项目作为加快新型工业发展的突破口，强势推进实现工业经济跨越发展。项目储备优化充足：围绕"薯、豆、麻、畜、能、水、木、酒"八大产业及稻米、陶瓷、物流、农机具制造等产业，精心谋划储备市场前景，发展潜力大的产业项目200个，重点包装145个。引进招商项目80个，到位资金45亿元。佐源木糖醇、北方水泥、帝泰百货、龙黔酒业等一批亿元以上大项目成功落户，园区建设初具规模，入驻企业18家。全县规模以上工业企业实现总产值36.9亿元。2014年，招商引资有新进步，重点围绕"两豆一水"，新引进亿元以上大项目5个。向上争取政策性项目138个，到位资金7.6亿元；投入1.6亿元加强园区建设，新入驻企业

5家，总计达20家。项目攻坚有新起色，确定5 000万元以上重点产业项目17个。工业经济有新发展，规模以上企业完成增加值12.3亿元；销售引资3年引进亿元以上项目12个，投资5.5亿元的瑞信诚万头奶牛牧场项目成功落户；投资5亿元的中荷马铃薯全产业链项目开工建设。投资5 000万元的麦瑞琳亚麻制品加工等6个项目成功签约；投资15亿元的中粮集团玉米乙醇加工等8个项目跟踪洽谈。向上争取粮食仓储、饮水安全、棚户区改造、道路升级等政策性项目817个，到位资金37.52亿元。规划建设的7.45平方公里的马铃薯产业区，享受省级开发区政策，累计投入基础建设资金4.1亿元。开发面积2.1平方公里，入驻企业20家，投产14家。2016年，完成续建项目分别是翰沃国际家居建材城项目，瓮福金泰30万吨粮食仓储物流交割项目，水之源30万吨苏打水加工项目。新开工项目分别是哈克仁发万吨马铃薯全粉加工项目、东山植物园生态旅游项目、北二里生物有机肥加工项目；麦瑞琳年加工2万吨亚麻、汉麻原料项目、巨能燃气项目和华创麻纺织品产业基地建设项目。2017年，共引进招商项目25个，引进资金27.2亿元。其中，亿元以上项目6个，分别为投资5.66亿元的哈克仁发全产业链项目；投资2.9亿元的瑞信诚奶牛标准化养殖项目；投资2.8亿元的宇祥热电联项目；投资1.4亿元的瑞福尔种薯繁育项目；投资1.2亿元的嘉禾盛种薯繁育项目；投资1.2亿元的力维康优贝乳业原生态奶牛养殖项目。

第四章　交通运输事业高速发展

"十二五"期间交通工程建设

1.升级改造通村公路。 "十二五"期间，完成升级改造通村公路295.2公里，总投资10 332万元，建设标准20厘米厚、3.5米宽水泥混凝土路面，实现通村公路全硬化。

2.完成省道黑河至太平镇公路克山至拜泉界段扩建工程。2013年至2015年7月，完成17.81公里的省道联兴至昌五公路克山至克拜界段扩建工程，一级公路标准总投资31 689万元。

3.完成克农公路改建工程立项。2015年，完成克山至克山农场公路57.7公里改建工程项目立项，2016年建设完工，建设标准为铺装7~8厘米厚，7米宽沥青混凝土路面。

4.实施危桥改造和破板维修工程。"十二五"以来，争取危桥改造资金1 600万元，改造和平、鳌龙沟子、农场一桥、新农、宏伟等20座中型危桥，改造水毁桥梁8座。建设标准全部为上部结构空心板梁，下部结构钻孔桩基础，投资650万元。修复破损路面4.5万平方米。

5.实施北安至富裕高速公路克山段建设项目征地拆迁。2015年3月至9月，完成北安至富裕高效公路克山段建设项目征地拆迁工作，投入资金2.4亿元，确保县境内投资22.4亿元主线44.3公

271

里，连接线16.4公里的高速公路如期开工。

6.完成国道普查和县道规划工作。2015年，完成省道169公里普查，规划升级县级公路280公里。

7.完成交通运输物流中心项目建设。2012年至2013年，完成一期工程建设，总投资3 500万元。2013年至2014年，完成二期工程建设，总投资6 500万元。

8.完成4个农村客运站项目，投资45万元，新建农村客运站3个。

2016年，北安至富裕高速公路克山段建设项目主线全长44.3公里，批复总投资74.9亿元；计划工程为2015年10月至2018年10月完工。已如期完成施工任务。

一是通村公路建设进度好，质量好。完成通村公路工程建设75公里，窄路面加宽项目105公里，重建桥梁3座。

二是克山至克山农场公路大修工程全面完工。大修工程建设里程40公里，投资5 600万元。

三是齐齐哈尔至北安铁路克山段道口平改立工程15个，总投资2.2亿元。

四是北富高速公路城南新区连接线至马铃薯产业园区段新建工程开工建设。工程建设里程5.176公里。总投资6 110.4万元。

五是实施县汽车客运中心站建设项目正式动工，投资2 700万元。

2017年，投资2 010万元，完成窄路加宽项目134公里；投资7 320万元，完成通村工程项目122公里。新开辟2条公交路线，新上纯电动公交车15台，开辟克山至古城城乡公交一体化试点线路1条，新上纯电动公交车4台。北富高速公路克山段建设项目于该年10月交工验收，两条连接线已通车。克山县公路客运站新建项目于同年12月完成主体工程。农村公路改建工程，改建通村公路

122.8公里。10月20日全部完工，通车投入使用。北富高速公路城南新区接线至马铃薯产业园区段新建工程5.176公里，于10月交工，通车投入使用。克山至克山农场公路大修工程，改建里程40公里，10月，完成水泥稳定基层和沥青混凝土面层40公里及附属工程，通车投入使用。2018年，完成窄路面加宽项目145公里。完成通村工程项目80公旦；投资3 700万元的公里枢纽站将投入使用；投资1 000万元的公交首末站主体工程开工建设。

第五章　精准扶贫，实现精准脱贫

2016年11月25日，克山县扶贫开发服务中心建立。按照中央和省市关于精准扶贫，精准脱贫的总体要求，将扶贫工作作为一项严肃的政治任务和第一民生工程狠抓推进。年度全县有5个贫困村脱贫出列，有2 635户，6 000余人实现脱贫。

一、精准施策

以合作社带动为载体、整乡带动贫困户脱贫。仁发现代农机合作社、立涛马铃薯专业合作社和润丰蔬菜专业合作社等3个经营主体共承担3个乡镇1 407户整乡贫困户脱贫任务，全年兑现扶贫效益资金109万元，户均分红775元。以产业带动为重点，解决贫困户脱贫。针对有的贫困户信息不灵、就业门路窄，增收渠道少的问题，多渠道实施产业扶贫。在产业项目带动上，以棚菜生产、马铃薯种植、畜禽养殖，甜玉米生产等四大产业发展壮大为重点，安置贫困劳动力1 898人。投资1 000万元，建成古北龙泉村棚菜生产基地，年实现效益12万元。以真帮实扶，解决就学、就医、住房、包保、金融脱贫。1.就学：整合教育、工会、团委等专项助学基金，加之县财政匹配三项教育专项资金，共资助贫困学生1 170名。2.就医：整合县内医疗资源，创新服务方式，新建贫困村卫生所19所；在提高医保补助上，县财政出资62万元为3 850名贫困群众参保。3.住房：为全县300多贫困户修复住房。4.帮扶：向19个贫困村分别派驻扶贫工作队，并抽调25名优秀机关干部、9名省市下派干部配合乡村抓脱贫工作。

二、精准退出

一是严把标准：按照国家和省确定的贫困户退出标准，即国家贫困户人均年收入必达到3 146元以上，省级贫困户人均收入必须达到3 743元。2016年全县共有5个贫困村出列，2 635户，6 000人成功脱贫。

2017年，在县委、县政府正确领导和省市下派扶贫干部精心指导下，通过开展精准识别，精准退出"回头看"，全县重新识别建档立卡贫困户6 713户，14 120人，其中脱贫2 203户，4 232人。

2018年，按照习近平总书记"真扶贫、扶真贫、真脱贫"的指示精神，把脱贫攻坚作为压倒一切的政治任务和一号民生工程来抓。同年，全县投入资金9 421万元，改善贫困村基本设施条件，使贫困群众生活质量得到进一步提高。1.在改善住房条件上，改造农村住房完成1 577户。在全国第五个扶贫日来临之际，由齐齐哈尔中瑞医药公司投资50万元，和县房屋改造补贴40.7万元，共同建设河北乡新农村6 000平方米的幸福大院。其中有10户贫困人家喜迁新居。2.在改善饮水条件上，争取到2 015万元省级资金，重点实施农村饮水安全巩固提升工程。解决饮水不安全村屯30个，人口有20 414人。3.产业带动成效突出。实现扶贫收益990万元。4.扶贫政策全面落实。在医疗保障上，投资500.5万元，全县贫困患者享受医保待遇，11 319人次，报销3 341万元。在教育保障上，发放贫困学生补助金118.425万元。在住房保障上，全县投入房屋改造资金2 040万元。在兜底保障上出台《克山县定点驻村"一帮一"扶贫工作实施方案》。落实"县领导包乡、部门包村、干部包户"帮扶机制。在结对帮扶上，全县2 409名帮扶干部与6 755户贫困户结成帮扶对子。累计为贫困户送技术5 200余次，提供就业岗位1 500余个；开展"送温暖"4万人次，捐款58万元，捐衣物1.1万余件。在社会帮扶上，出台了《关于动员和鼓励社会各方力量参与脱贫攻坚爱心扶贫工作实施方案》，共为贫困户解决就业岗位180个，"送温暖"1 620人次，捐款25.1万元。同时，在19个村设立"爱心超市"，随时接纳和发放各界捐赠的钱款和生活用品，形成帮扶工作的常态化。同年，全县扶贫对象动态管理工作贫困退出、贫困识别工作已经完成，共脱贫1 057户、2 214人。返贫0户、0人，贫困发生率为0.7%。这一年9月29日，省政府正式批复克山县省级贫困县脱贫摘帽。

第六章　老区乡村开拓快富路

一、新兴村：引领老区农户迈向大农业

在抗日战争年代，北联镇新兴村群众经受战火的考验，积极主动地为抗日联军部队与日伪反动派作不懈斗争，为革命事业做出卓越贡献，创造了不朽的业绩。而今，新兴村的群众不忘历史，继承革命先烈的遗志，在村党支部书记宋金贵的带领下，努力建设美好的新生活；尤其是发扬先辈的创造精神，在这块黑土地上搞创新，探索出一条快速致富奔小康的康庄大道——小农户迈向大农业。

2002年末，黑龙江省政府为新兴村无偿投入价值100万元的大型农业机械。在省政府投入的基础上，村委会与村民共同集资98万元，将农户每亩地出资3元为股金，成为农机作业合作社共同的经营者。经民主协商，组建起标准化农机作业合作社。

按照省、市、县的要求，农机作业合作社要在基础设施配套建设上本着标准化、规范化的原则，全面提升档次。新兴村农机作业合作社总占地面积7 808.8平方米；建筑面积1 356.6平方米。其中，车库312平方米；零件库100平方米；修理间90平方米；库棚660平方米；主副油库1座。从而达到标准化、规范化建设的目标。拥有大型农机具36台套；机务员工19人。

农机作业合作社本着以质量创信誉，以作业量争效益的原则，实行科学管理。一是结合全省大豆振兴计划，有目的组织农户连片种植大豆1万亩；秋整地完成作业量21 300标亩。二是主动跨区作业和包地9 664标亩，实现收入131 400元。三是开展多种经营，在"通县工程"推土筑路搞创收。仅2003年，农机作业合作社纯效益达50.6万元，当年，农户每股分红6元。农机作业合作社引领农户迈向大农业取得的创新经验，引起媒体高度关注。2004年4月，中央电视台一套《新闻联播》记者，专程对新兴村进行采访报道。

经过多年打拼，如今新兴村美丽乡村建设已初见成效。举目可看到水泥路笔直平整，绿化带绿树成荫，一个个别致的路灯和小巧的垃圾箱站立在路边。树木掩映处，一排排独门独栋二层小别墅十分美观而醒目。在合作社场院里，比那座三层办公楼更气派的是高大的机车库棚和排列整齐的各种农机具，最抢眼的是一台黄色"巨无霸"大农机，身高1.7米的人站在它旁边，其高度仅达它的车轮。这是美国产的世界上最大最先进的玉米联合收获机，每天能收获400亩甜玉米，总价值近千万元。此机合作社已有两台。而今，合作社已有69套农机具；拥有固定资产5 700多万元。仅此，合作社就能完成4 004万亩土地的耕种经营能力。

现代化大农业建设需求农机合作社扮演更为重要的角色。2018年，黑龙江省启动了现代农机合作社建设，合作社投资1 000万元，进行现代化建设。要求合作社达到技术先进、机制灵活、土地连片，大部分装备采用世界上先进智能化、信息化农机具，实现从种植到收获全程机械化。新兴村抓住这一机遇，顺势提升为现代农机作业合作社，以大机械、大农业的生产方式起步。仅经过两年，新兴村相继成立了粮食贸易公司、食品公司、生猪养殖公司。通过多元化经营而发展壮大，集体资产已达到2.1亿元。

"修完路、栽完树、接着盖别墅。"这对新兴村来说不是句玩笑话。从2009年到2018年，新兴村已累计投入自有资金525万元，修建了村巷道、休闲广场和农民文化活动室。又投资为农民建房补助资金1 541万元，新建别墅131栋，一般住宅183栋，多层住宅楼4栋。特投资70万元，为五保户修建公寓住宅9栋，并承担全村村民的合作医疗费用。村里还自建专业清洁队和消防队。而今的新兴村已成为黑龙江省新农村建设五星级示范村。

二、李凤玉：开拓富路奔小康

他原是革命老区村的地地道道农民。他，戴上"全国十佳农民""全国先进工作者""第十二届省委候补委员""中共十九大代表"等桂冠。他是克山县河南乡仁发村党支部书记、克山县仁发现代农业农机合作社理事长李凤玉。

2006年，李凤玉任村党支部书记，开始整天琢磨"总不能让村民肚皮里打官司"。他想道："土地面积是有限的，如何使土地给农民带来更快更高的经济效益，走上快速致富之路。"自认为自己年轻时是村里一名拖拉机驾驶员，知道拖拉机耕地又深又松散，一耕一大片，种主稼产量高；要搞土地连片规模种植，一亩地可多打一二百斤粮食。

2007年，国家出台《农民专业合作社法》。此时，李凤玉心头一亮，认定办农机作业合作社，为村民种好地肯定能行。

2009年，李凤玉联合6户村民，以入股形式集资850万元，争取到国家投入1 234万元的补贴，购置农机设备，组建起总投资2 084万元的仁发现代农业农机专业合作社，担任理事长。

有了大型农机具先进设备，使李凤玉如虎添翼。开始，没想到随之难题出现了。2010年，合作社从农民手中以每亩240元的价格租赁1 100亩耕地种植大豆。由于租赁的是一家一户耕地，垄与垄之间不能连成片种植，大型农机具根本不能发挥功能。到秋后一算账，合作社提取折旧费后，却赔了187万多元。刚起步就陷入困境，此时，有不少社员提出退社。"那时，一听敲门声，自己心里直翻个儿，头一次尝到躲债的苦滋味。"急得李凤玉没法，满嘴起大水泡。当时，他甚至萌动了分机的念头。

在省、市、县农业部门的指导下，李凤玉认真反思，终于找到症结所在：合作社缺乏与农户的合作，没抓住土地利用和农业生产的核心要素，没有形成经营规模，没有发挥现代农机功能，自然就没有经济效益。

行动在于实践。深思熟虑之下，李凤玉带领社员开始探索创新之路，以每亩350元作为保底分红，高于当地农户自行转包土地每亩110元底线。激励村民入社。入社成员不分先后，年终盈余按入股资金同等比例分红。国家补贴资金产生的盈余部分按成员平均分配；入社成员仍享受国家投放的粮食综合补贴。采取重大决策事项实行1人1票；入社自愿，退社自由。原则承诺推出后，一下子吸引农户的眼球，相邻的3个村1.5万亩耕地都加入合作社，当年，社员达到314户。

随后，李凤玉采用结合种植结构调整和农业技术应用方法，将入社的1.5万亩土地按作物品种分成300亩至500亩不等的42个网格，采用110厘米大垄双行栽培技术，种植玉米1.3万亩；应用90厘米大垄栽培技术，种植马铃薯0.2万亩。按照"八统一"种植标准进行耕种。到秋季收获玉米单产高达617公斤；马铃薯单产高达2 353公斤。年终算账，2011年合作社总收入达到2 763.7万元。

2011年春节，李凤玉有位在哈尔滨麦肯公司工作的亲属来串门，听说合作社产的马铃薯卖不出去。通过这位亲属牵线搭桥，他赶到哈尔滨找到麦肯公司与老板通过商谈，双方一拍即合。从那，合作社连续4年与麦肯公司签订马铃薯供销订单。2014年，订单量扩大到1.2万亩。

仁发村马铃薯销路打开后，随之，又与北大荒薯业和海伦鲜玉米加工厂开展合作，年向两家企业销售大西洋马铃薯3 780吨；鲜玉米4 000吨，纯收入达800多万元。

从2014年起，仁发合作社开始打品牌，建销售网络，先后注册"龙哥""龙妹""仁发绿色庄园"等；在哈尔滨建立黑龙江仁发农业科技开发有限公司；还建立"仁发特卖"网络营销平台。并与阿里巴巴、一号店、京东商场等知名电商合作，推进绿色有机产品上线销售。2015年，合作社生产的1 000亩有机高蛋白豆浆豆，通过电商平台直接销往上海超市，平均每公斤售价26元。亩均纯效益达到1 200元，比普通大豆价高出10倍多。同年9月，合作社与荷兰夸特纳斯集团荷兰阿理曼特公司签订合作协议，计划用5年时间投资46亿元，建设占地1平方公里的马铃薯产业链示范园，开展种薯繁育、全粉和薯条加工三大项目。

鉴于"如没有加工，粮食再多再好也只能以原料的形式卖掉，大量的利润被加工企业拿走"的理念，李凤玉考虑到单凭自己合作社人力、财力和精力都是有限的，必须引进粮食加工项目。于是，仁发合作社牵头组织5家农机合作社成立联合社。2015年，公司投资1亿元开始建设30万吨粮食仓储库项目。达产后，实现销售收入1.5亿元。

通过土地规模经营，仁发合作社与许多带地入社农民腾出身子，在合作社或外地企业打工，在合作社，临时用工人数多达1 200人，并成立劳务输出工作站，在北京、天津、大连等城市建基地11个，转移劳动力1 520人，年人均工资性收入多达两万元以上。

2018年，仁发合作社社员已发展到1 014户，拥有固定资产5 789万元；规模经营土地5.6万亩。其中，带动入社面积2.5万亩；建马铃薯组培楼1 800平方米；阳光温室3 000平方米；日烘干500吨和1 000吨玉米烘干塔1座；机械设备132台套。合作社人均收入提升到两万元以上。

沧桑40年，在现代农业改革的浪潮中，仁发现代农机专业合作社在李凤玉的带领下，先后获得"全省粮食生产大户""全市十强现代农机合作社""全县优秀农机合作专业合作社""先进农业合作社和土地规模经营先进村"等诸多美誉。

三、古城镇：打造大型牧场造福老区乡亲

在克山县古城镇政府西2公里处，举目可见有一处大型牧场，这是镇政府招商引资项目——克山瑞信诚牧业有限公司。公司为推动中国奶源模式变革，打造一流奶源生产基地，投资兴建了这个现代化牧场。牧场配备"国际顶级设备"，遵循"业内超前理念"，采用领先技术而打造的科技现代化的生态型园区、奶业园区建成，为老区乡亲开拓出一条快速致富奔小康之路。

2014年4月，县委、县政府实施招商引资战略，推进大项目建设。经过招商引资，原生态牧业总公司来古城镇区域内考查。认为镇域内土地肥沃，气候适宜，农作物种植以大豆、玉米、甜菜为主，能为养殖奶牛提供优质、丰富的饲草饲料资源，是非常理想的奶牛养殖基地。同年，项目计划建设投资55 508.06万元，占地面积1 459.31亩；建筑面积972 878.2平方米的牧场。截至2015年底，累计完成投资额1.7亿元，建有奶牛舍11栋，青贮窖7座，干草棚3座，挤奶厅、综合办公楼、机械库、消毒更衣室、氧化塘、固液分离池、沉砂池、沉淀池等主体工程。到2016年，项目建成达产后，奶牛存栏可达12 000头，成母牛9 600头，后备牛2 400头。

2016年是万头奶牛牧场项目建设的关键之年。公司成立专

门组织，安排专人负责、科学规划、统筹推进，截至年末，累计完成投资3.8亿元。同年11月从外场转入荷斯坦奶牛1 000头和肉牛1 100头。公司在日新村种植青贮玉米1.27万亩，全株青贮3万吨，湿贮玉米面粉3 300吨。

2017年，在主体工程及附属设施全部建成后，又将重点进行水、电、粪污、挤奶设备安装及验收工作。为完善产业链条，带动畜牧业发展，公司勇于探索生态型奶牛养殖模式，形成集有机肥生产、饲草饲料种植、奶牛养殖、粪污循环利用于一体的完整产业链，开创种养结合、畜农互促的新局面。同年，完成青贮饲料的种植面积达到3万亩。而且还为镇区村民提供就业岗位，招聘员工达50多人。截至年末，又提供就业岗位200多个，促进当地村民增收致富。

2018年，原生态物业总公司旗下的克山瑞信诚牧业有限公司，以生态型规模化奶牛养殖为主营方向，遵循科学发展和废物减量化、资源化、无害化与生态化的原则，采用干湿分离生产有机肥料供应农业种植公司，使牧场粪便及污水得到有效处理，达到污染治理、资源再利用的多重目的，构建起种养循环经济体系。同年，牧场奶牛总存栏量8 800头，其中，泌乳牛2 800头，月产鲜奶90余吨。公司快速发展，为邻近村屯灭除农田遗存下的玉米、大豆秸棵数万吨，为打响净土保卫战起到净化作用。为助推产业升级，推进产业保持持续发展。

四、孙立涛：让克山种薯香飘全国

孙立涛是克山县双河镇农民，由一个农民企业家成为中国作物学会马铃薯专业委员会委员、黑龙江省人大代表、克山县第16届人大代表、齐齐哈尔市第15届人大代表、市十佳民营企业家。2014年获得"鹤城创业骄子"荣誉。2015年获得中国马铃薯大会

"突出贡献奖"。2016年8月25日，全国马铃薯主食加工产业联盟暨马铃薯主食开发技术协作组戴小峰所长评价孙立涛是中国马铃薯脱培育苗种薯第一人。2010年，黑龙江兴佳薯业有限责任公司领办黑龙江立涛现代农机合作社。2017年，成立黑龙江立涛马铃薯研发中心有限公司，任理事长。经十余年的打拼，公司已拥有占地面积6万平方米，大型先进组培中心2 100平方米，智能化温室2 016平方米，种储窖1.2万平方米，防虫网棚89 000平方米，拥有马铃薯种植收获机80台套，实验仪器设备100余台。成立克山县、内蒙古乌拉盖管理区两个马铃薯基地，为克山县革命老区马铃薯产业的发展壮大奠定了坚实基础。

早在2004年，与黑土地打了10多年交道的孙立涛，听说克山县申请到"中国马铃薯种薯基地"金字招牌，使他萌生了繁育马铃薯种薯的念头。开始几年，他先小打小闹，先种几十亩，后到上百亩，再到几百亩，认为收益可观。到2008年，由于他长期繁育的种薯出现退化，种植的马铃薯只能按商品薯的价格出售。这样，让爱动脑的孙立涛陷入了深深的思考。"用什么办法能控制马铃薯种薯退化呢？"于是他上网查资料，请教农业专家，经多方联系，大兴安岭地区农科院为他提供了马铃薯种薯繁育的良方——培育脱毒抗病性好的原薯和种薯。2009年，孙立涛承包邻村　3 600多亩耕地，创建起黑龙江兴佳薯业有限责任公司，开始了他的创业之路。公司以大兴安岭地区农林科学院为技术依托，负责提供马铃薯试管苗，兴佳薯业则负责繁育马铃薯脱毒原原种、一级原种和二级原种。为把公司做强、做大，孙立涛为公司的种薯注册了"立涛"和"全面"牌商标，建起组织培养室，盖起温室，搭起高标准防虫网棚，挖了种薯贮藏窖。

2010年，孙立涛承包了村里5 700亩土地，全部按标准化生产。耕地通过调串连片，让大型农用机械有了用武之地。使土地再次散发出它的魅力，平均亩产原薯2 000多公斤，最高亩产达3 500多公斤。公司的马铃薯丰收了。为了打开外埠销售市场，县委、县政府帮助他推广、销售，来自全国各地的客商闻讯后，纷纷来找他购买种薯，不用与外埠联系，在地头上就把种薯抢购一空。

孙立涛繁育良种马铃薯成功了，可他并没有止步。他用超前的经营理念，超常规的发展模式让兴佳薯业羽化成蝶，凌空展翅，开始了跨越式发展，已发展成集脱毒种薯科研、生产、开发于一体的大型种薯企业，种薯规模扩大到1.2万亩，成为名副其实的马铃薯种薯基地。

不忘众乡亲，无偿传授新技术。企业把几年成熟的"深松、大垄、良种、防病、测土、喷灌"等技术措施进行无条件推广，使企业和农民种马铃薯产量提高到亩产3吨以上。此技术通过实际应用，克山县马铃薯亩平均增收1 000斤左右。2011年，公司成为全省农民企业示范基地；2013年，成为省重点联系企业、八一农垦大学经济管理学院就业实习基地。同时也是福建农科院和东北农业大学的种薯繁育基地。

投资研发新品种，叫响商标品牌。以克山分院、大兴安岭农林科学院为技术依托，引进尤金、费乌瑞它、早大白、克新13号、中薯5号、兴佳2号等优良品种进行繁育，同时还与西北农林科技大学陈勤教授合作研发4个马铃薯彩色系列，其中红玫瑰和紫玫瑰采薯已获得初步成功；还与东北农业大学石瑛老师合作研发东农系列品种，也取得了比较好的成果；现在公司已拥有自己的一个马铃薯品种专利权——东农308、"立涛""全面"等9个商标。其中"立涛"牌已成为黑龙江省著名商标，"全面"为齐齐哈尔市知名商标，都是绿色标识。而且双河镇联心村500亩有机地块已经得到了有机认证。公司还掌握马铃薯脱毒试管苗到原原种、原种的繁育技术规程。带动推广新品种、新技术，通过规模经营，种植面积不断扩大，所生产马铃薯脱毒种薯通过订单，销往辽宁、河南、河北、山东、浙江、陕西、安徽、甘肃、福建、贵州、内蒙古等省市和地区。中央电视台4套、7套、黑龙江电视台卫星频道分别就黑龙江兴佳薯业、立涛马铃薯专业合作社种薯的收获、销售、储藏进行了多次报道。

为满足高质量马铃薯的正常繁种需要，2018年秋季，通过克山县扶贫办扶持，又建成一座9 000平方米的智能化防虫网棚，研发中心已经开始繁育脱毒马铃薯种薯试管苗。

不忘老区众乡亲，攻坚扶贫走在先。2016年至2018年，合作社入社社员达676户，土地规模种植达18 000亩，合作社承担2个贫困村、456户、1 597个贫困人口的脱贫任务。入社农民每元回报率达0.3486元，社员每亩地分红795.77元，比没入社的农民每亩地多收入300多元；同时将300万元国投农机产生的纯效益全部用于双河镇扶贫；每年孙立涛都会对当地的贫困户、五保户等进行物资或资金的帮助，每年都以"百善孝为先"为主题对员工进行中华传统文化教育活动。2013年，甘肃定西地区地震，次年春耕缺少马铃薯种薯，孙立涛在当年种薯十分紧张的情况下为灾区的岷县和漳县捐赠了两个挂车的种薯76吨，折合人民币20余万元，雪中送炭，解决了当地农户春耕生产的缺种子的难题。

安排劳动力让农民增加收入。合作社不仅流转了大部分土地，还转移大部分劳动力，农民除将土地入社外，还可以到企业来打工，平均每年安排就业农民500余人。2013年最多安排就业1 200余人，每人每年平均增加收入10 000元以上，总计每年创造社会效益500万元以上。到2018年为止，合作社经营收入达4.21亿元，安排就业人员合计为5 000余人，创造社会效益5 000万元。

五、北兴镇：向水稻产业挺进

北兴镇地处克山县与讷河市及五大连池市交界处，距县城58公里。昔日是抗日重镇，而今已成为"鱼米之乡"。

抗日战争时期，这里是东北抗日联军第三路军西征洮南、甘南，北进嫩江，迂回德都（今五大连池市），往返朝阳山根据地的必经之路。同时还是中共讷河中心县委的地下党员经常活动的秘密联络地点。日伪统治者为了维护其统治，在这里设有伪警察署、监狱、自卫团、日军警备队，并修筑了坚固的防御工事，派大批日伪警察和卫兵把守，戒备森严。为夺取这个战略重地，1939年8月，中共讷河中心县委在北兴镇建立了地方武装——青年救国会，在北兴镇一带开展抗日游击活动。9月至10月，又在北兴镇建立抗日救国会和中共克北工作委员会。从而，北兴镇成为克北地区民众进行反满抗日的根据地。

在地下党和地方武装的支援下，1939年8月22日，东北抗日联军第三路军六军二师一部在冯治刚、王钧率部夜间突袭北兴镇；1940年3月，抗联三路军三支队队长王明贵、政委赵敬夫、参谋长王钧率200余名战士，采取调虎离山计，引诱敌人上钩，痛击了日军的"讨伐队"，并将"讨伐队"打得人仰马翻。并迂回北兴镇，乘深夜攻打了北兴伪警察署，抄袭了"讨伐队"的老窝。打开牢房救出50多名抗日爱国人士和抗日群众。

改革开放以来，在县委、县政府的领导下，北兴镇党委和镇政府结合本地实际，充分发挥地缘和资源优势，实施振兴经济战略，引导农户迈向大农业，已形成以种植业为主，"种、养、加、运、建、服"多业并举发展经济的新格局。2004年，全镇总收入达16 910万元，农业收入7 368万元，财政收入实现320万元，人均纯收入2 382元，全镇农村住房砖瓦化率达80%。自1997

年，经国家立项开发讷谟尔河北河套，总面积3.77万亩，开发种植水稻面积达2万多亩，占全县水稻种植总面积的50%；改造中低产田0.74万亩，开发宜农荒滩2.03万亩，修筑灌溉分干渠7条，17.7公里，支渠31条28公里，斗农渠1 263条，314公里。建支渠以下建筑物84座田间建筑物1 427座，农田路92公里。

十八大以来，北兴镇始终坚持把发展经济作为第一要务，理清思路、聚焦发力，大力推进大农业建设，实现主要经济指标高位增长，截至2017年末，地区生产总值增加到3.51亿元，人均收入增长到12 450元。

为加快农业产业化结构调整步伐，北兴镇依托水稻加工龙头企业，推进水稻产业化建设。在讷谟尔河畔，坐落有兴旺村、红星村和保卫村。为充分利用讷谟尔河丰富的水资源，这3个村种植水稻面积3.2万亩，种植水稻品种有高产良种、龙精31、龙精39。由于采取先进种植技术，亩产都在1 000斤左右。为扶持种植水稻，镇政府投资200多万元，建起水催芽车间一栋，拥有水稻育苗大棚1 010栋，均是钢管架结构；还购置水稻插秧机械650台，联合收获机32台；实现种管收全程机械化。为保证3.2万水稻用水，均引入讷谟尔河地表水自流灌溉。由于属于无污染水源，而生产出的水稻品质上乘，不仅满足北兴镇老区乡亲吃上优质大米，而还销往省内及国内各地。

昔日抗日重镇的老区人民不忘初心，仍保持老区革命精神，在新的历史时期，向新征程奋进。

六、田洪武：帮扶老区小村创新业

2012年，党的十八大提出"到2020年全面建成小康社会"的宏伟目标，县委为加速资源优势转化为产业优势和农民"市民化"进程，推进产业化建设。田洪武认识到引领农民奔小康，决不能让他们束缚在传统作物种植上，自己作为全国"三农"人物，帮扶农村创新业应负必要的义务。有一次，他到曙光乡全富村（张老道窝堡屯）调研中，知道这村原是抗联抗日游击根据地。在他的要求下，一位年岁较大的村民向他讲述抗联部队驻扎这小村的往事……

在抗日战争时期，抗联三路军三支队和九支队以朝阳山为后方基地，转战嫩江、讷河、克山、克东、拜泉、依安等地。战斗间隙经常来到张老道窝堡屯驻扎、休整、补充部队。最令人难忘的是1940年秋，部队为了攻打日本侵略者宣传的模范县——克山城，抗联三支队和九支队又一次来张老道窝堡会师。为防止敌人发现给村民带来麻烦，部队决定不进村，驻扎在村外的庄稼地里。爱国村民们知道后，被抗联部队这种爱民行为所感动，村民都主动地为部队送水送饭。有几个年轻妇女还特意用平时舍不得吃的白面包饺子，送到部队给战士吃。村民的爱军行动激励着部队战士忍受着炎热和蚊虫叮咬，秘密地在庄稼地里研究攻打克山县城的作战方案。方案决定三路军政委冯仲云任攻城总指挥，三支队队长王明贵任攻城军事指挥。9月25日，抗联部队夜袭克山县城取得震惊日伪、名闻关东的重大胜利……田洪武听到老人的回忆，激动万分。认为自己是黑龙江省第11届、12届、13届人大代表；2011年又被评为感动龙江人物，不能眼看着村民仅靠种有限的承包地，这样何时才能致富，过上小康生活？左思右想，决心向老区村奉献爱心，帮扶老区村创立新业。于是，在2012年，他投资4 500万元在张老道窝堡（今全富村）建立了洪武马铃薯种薯合作社，承包村民450亩耕地，培育马铃薯种薯。并建有办公区、种薯研究种苗培育区、网棚区、智能温室和占地6万平方米的仓储窖等。

克山县是中国马铃薯种薯之乡，拥有亚洲最大的马铃薯种薯资源库的国家马铃薯改良中心，并且，黑龙江省农科院克山分院坐落在克山。凭借这些得天独厚的优势，洪武马铃薯合作社聘请研究马铃薯种薯的专家为合作社研发培育马铃薯种薯，每年都产马铃薯种薯2 000多万斤。而且合作社又投资2 000万元组建了全富农机专业合作社，不仅为繁育马铃薯进行机械作业，而又为村民代耕服务。使全富村村民种地从种到收全部实现机械化。并吸收21户农户带地入社。合作社在农业生产期间，还聘用剩余劳动力前来务工挣钱，每人年均收入多达1.5万元以上。田洪武为这个老区小村创办新产业，增加了村民收入，使这个村摘掉了贫困帽子，但是，这并没想满足他帮扶老村小区目的，又想到"让村民摆脱贫困后，还应让村民有个舒适的宜居环境。"2012年10月，田洪武与曙光乡党委、全富村村委会反复协商，决定对全富村进行泥草房改造。为村建造16万元建筑面积106平方米的9栋别墅式的村民样板房。当时，村民高兴地敲锣打鼓喜迁新居。2013年，田洪武无意中赶上村里一家3间房着火。他考虑到全乡村农户家门前都堆有一垛垛柴草，一旦失火，不仅一两家人财产遭受损失，而且还可能株连多家或一趟街农户，甚至蔓延到邻近村屯。为保护村民财产和生命安全，2014年7月，他个人出资580万元，在全富村建立了民办义务消防队，购置了消防车。建队后出警100多次，为村民挽回经济损失700多万元。因而他被老区村民誉为"保护神"。

一颗火辣辣的慈善心，时刻心系着老区人。"慈善人必有好报"。2013年，田洪武被评为第八届中华慈善楷模、黑龙江省十佳道德模范；2014年，被评为"全国爱心十大人物"之一；2015年，荣获全国道德模范提名奖和全国劳动模范光荣称号。田洪武真心帮扶老区人创新业，在老区人的心中树立了金光闪闪的丰碑。

附 录

一、毛岸青纪念馆简介

毛岸青纪念馆坐落于克山县城西郊的爱国主义教育基地（原烈士陵园），占地面积2.6万平方米，建筑面积1 669平方米，于2008年10月9日落成，并于11月23日毛岸青诞辰85周年之际开馆。

纪念馆内展厅面积1 200平方米，共设"苦难童年""赴苏砺炼""荼火日月""光彩人生""革命家庭""老区精神"6个展区，展示毛岸青同志1947—1948年在克山县参加全国土地改革试点工作的光辉业绩及平凡而伟大的一生；同时展示以伟人毛泽东为代表的革命一家人的伟大历史风范；以及革命老区克山县近些年来在政治、经济、社会等方面所发生的日新月异的变化和取得的丰硕成果。在开馆10周年以来，累计接待国内外观众达90多万人次。

纪念馆内已收藏出国家三级文物53件；展出照片600余幅；展板面积近400平方米；大型浮雕1幅，泥塑、铜塑等作品7件；克山远景规划大型沙盘1个。

纪念馆建筑为中俄合璧风格，正面为俄式风格二层楼混凝土结构，里面正厅为北京四合院建筑，寓意为毛岸青在俄罗斯学习治病数年并一生从事俄文翻译工作。北京四合院为毛岸青在北京工作生活多年的住所。纪念馆二楼为近200平方米的多功能厅。

二、爱国主义教育基地简介

克山爱国主义教育基地（原烈士陵园）由人民英雄纪念碑及广场、革命烈士纪念墙、苏联红军烈士纪念碑、无名烈士纪念碑、邵均冲烈士墓碑，抗联烈士王万俊烈士纪念碑和毛岸青纪念馆组成。园内植树50余种近10万株，绿化面积达80%以上，亭台楼榭、绿荫如盖、庄严肃穆、令游人肃然。

毛岸青纪念馆

烈士纪念墙

三、克山病的"克星"于维汉院士

克山病的"克星"于维汉院士

送走瘟神
造福后人

1995年10月18日，在克山病发现地——克山县西城镇光荣村（原张云圃屯、202号村）隆重举行了克山县送走克山病瘟神建所立碑

　　克山县是革命老区，也是中外闻名的"克山病"的发现地。新中国成立70年来，克山县委、县政府把"克山病"等重大疾病的防治工作作为重点工作来抓，全力保障了全县人民的身体健康。什么是"克山病"？"克山病"有哪些危害？"克山病"现在防治如何？就这些问题，最近我们进行了调查，解开"克山病"的神秘面纱。

四、什么是克山病

克山县位于黑龙江省西部，地处小兴安岭向松嫩平原的过渡地带，地势呈漫岗状丘陵。全县辖区面积3 186平方公里，辖15个乡镇，122个村，总人口50万人。盛产大豆、马铃薯、小麦、玉米、亚麻、甜菜，素有"黑土明珠"之誉，是国家重点商品粮基地县。

1935年冬，在克山县张云圃屯（今西城镇光荣村）发现一种不明病因的"奇病"。该病症状是胸闷、恶心、吐黄水、血压下降、呼吸困难、发病急、死亡率高，被当地称为"快当病"，有的地区称"攻心翻"。由于病因不明，当时考察研究此病的日本侵略者和伪满洲国的医务人员就以地命名为"克山病"。

五、克山病的危害

据《克山县志》记载，"克山病"发病的历史，早于1935年。在1907年王福堂屯（今北联镇建设村）就有此病的发生。从1907年至1945年的38年间，全县先后有5次"克山病"较大流行。第一次发生在1918年。仅刘大柜屯（今向华乡新政村）就死亡百余人。第二次发生在1923年。张云圃屯（今西城镇光荣村）共有13户人家，一个冬季有12户死亡48人。第三次发生在1935年。张云圃屯43户286人，当年冬季死亡73人。第四次发生在1941年。仅王显屯（今北联镇政治村）等12个村屯死亡216人。第五次发生在1945年。流行范围遍及县城北部村屯，仅据曙光太胜等4个村统计，就有70余人死于"克山病"。

"千村薜荔人遗失，万户萧疏鬼唱歌。"新中国成立前，克山人民不但受着"三座大山"的残酷压迫，同时还受到"克山病"的威胁。由于"克山病"的猖獗，许多村屯被称为"瘟人沟""死人岗"，变成无人村。许多农民在"克山病"的威胁下，背井离乡，流离失所。当时流行着"一到月亮泡（今河北乡新启村），两眼泪滔滔。来时大车拉，走时一担挑。"；"进了王显屯（今北联镇政治村），挑了灶火门，妻死儿女散，落个单身汉。"的民谣，就是当时"克山病"危害的真实写照。

日伪时期，一些日本专家、教授多次来到克山，对"克山病"进行实地考察。在张云圃屯设立"北满奇病研究所"，通过对病因、病理、临床做的一系列研究，判定"奇病"属于心肌病，有急型、痨型、潜在型3种临床形态。其特点是心脏扩大，不正脉、心音不纯和低血压。提出病因学的多种看法，但始终不能确定其病因。

六、克山病的防治

新中国成立后，党和政府对"克山病"防治工作十分重视，建立防治研究所，组织防克专业队伍。20世纪50年代初，以哈医大于维汉教授为代表的医学专家学者们相继对"克山病"开展研究。他们多次深入克山病区，抢救"克山病"患者，考察研究"克山病"的病因，探索防治"克山病"的有效方法。国务院总理周恩来对此十分关注，责成卫生部进行有效防治。1971年，中央派卫生部副部长黄树则率北京医疗队，进驻"克山病"的发现地西城镇光荣村防克治病一年之久。国家和省先后成立"克山病"研究协作组；多次召开全国"克山病"病因座谈会；召集一系列国际学术研讨会。多年来，从事"克山病"研究的专家、学者达1 000多人，取得了可喜的研究成果。现已查明："克山病"是一种以心肌病变为主要表现的地方病，与病区硒缺乏、水土、营养等综合因素有关。该病发病区域在我国分布很广，全国16个省、自治区309个县有此病发生。病区人口多达1.24亿人。而且拉美、亚洲、非洲等外国亦有此病发生。

为根治"克山病",克山县积极贯彻早发现、早报告、早治疗的"三早"原则,坚持以预防为主,在孕妇、哺乳期妇女、学龄前儿童中推行投服亚硒酸钠等补硒方法。把住"防""管""抢"三道防线,在农村落实"三防"(防烟、防寒、防潮),"两管"(管水、管粪),"五改"(改良水质、改善膳食、改善居住条件、改善环境卫生、改善厕所条件)为主要内容的综合预防措施。

改良饮用水质。从20世纪60年代开始,全县实施饮水安全工程以来,打防病改水百米以上深井635眼,建自来水595处,自来水普及率92.7%以上,其中过去的"克山病"重点病区村屯普及率达到100%。改变了喝泉眼水、浅井水、地表水的历史,使病区人民饮水困难和安全问题得到有效解决。

改善膳食结构。从1958年起,根据防克专家的建议,在病区推广膳食多样化,多吃新鲜蔬菜和豆制品,饮用豆浆,适当增加营养等改善饮食结构的有效预防方法。改革开放以来,随着人们生活水平的不断提高,口粮也由单一的以小米、玉米为主转变为以面粉、大米为主,辅以豆制品、新鲜蔬菜和肉、蛋、奶、鱼等,从而提高了人们的身体素质和抗病的能力。

改善居住条件。从50年代开始,全县各级政府着手规划,改建病区居民住房,逐步改善人们的居住条件。农村实行联产承包责任制以来,随着经济的发展和收入的增加,以及国家资金的投入,病区群众纷纷兴建砖瓦房、楼房和别墅,使病区低矮、潮湿、阴暗、寒冷的地窖房、马架房、土草房难觅踪影。到2018年末,全县农村住房砖瓦化率达到91.6%,人均住房面积23.6平方米。

改善卫生环境和厕所条件。多年来,坚持防病治病,加强卫生环境基础建设和环境保护工作,病区村屯植树造林、种花种草，铺设水泥路，修建文体广场，家家户户建起标准化厕所、垃圾箱、猪圈和牛舍，防止空气、土壤和水源污染，治理脏乱差，美化了村容村貌和家庭卫生工作，为防病治病提供了良好的生活环境。全县涌现出省、市、县卫生文明村76个，美丽乡村示范村33个，美丽乡村示范家庭100个。

由于积极预防和科学的治疗，以及人民生活水平的提高和居住环境的改善，使"克山病"的发病率和死亡率逐年降低，到1981年，已无急型"克山病"发生，肆虐横行半个世纪的"克山病"得到了根治。从1981年至2018年，已有37年没有"克山病"发生，"谈克变色"的时代一去不复返了。"克山病"已被克山人民彻底根除，克山县从此结束了"克山病"猖獗的历史。

为了不忘过去，启迪后人，1995年10月18日，克山县人民政府在"克山病"的发现地——克山县西城镇光荣村（原张云圃屯202号）隆重举行了克山县送走"克山病""瘟神"建所立碑揭幕仪式。中央地方病领导小组副组长、黑龙江省委书记、省人大常委会主任孙维本在纪念碑上题词"送走瘟神，造福后人"。

新中国成立70载，克山病区万木春。克山县的"克山病"防治工作在党中央、国务院和省、市领导关怀下，在有关科研单位的支持和帮助下，经过广大医务工作者和人民群众的艰苦拼搏，终于送走了"瘟神"。克山县经济社会得到快速发展，2018年实现地区生产总值73.0亿元，比1949年增长了37倍。当前，全县人民深入贯彻十八大、十九大以来的路线、方针和政策，富民强县，农村五谷丰登，六畜兴旺，人民安居乐业，到处呈现一派和谐幸福、欣欣向荣的景象。

（王珠林　邱　宏　张玉龙　魏　东）

编后语

　　《中国革命老区发展史》（克山分册）与广大读者见面了。《克山县革命老区发展史》是克山建县百年以来参与以全国名义正式出版的一部史书。它的出版发行，是为新中国成立70周年和中国共产党建党百年献上的一份珍贵礼品。

　　编纂《克山县革命老区发展史》是根据习近平总书记的指示和中办发〔2015〕64号文件的要求及中国老区建设促进会的部署，取得县委、县政府领导同意和支持，由克山县革命老区建设促进会具体负责组织编纂的。

　　为编纂好这部精品史书，我县于2017年6月正式启动。先由县老促会研究制订《克山县革命老区发展史编纂方案》，然后开始组建编纂委员会和编辑部。2018年9月，为保证史书编纂质量及进度，特邀请县委党史研究室原副主任、《克山县志（1986—2005）》执行主编周宝玉同志撰写。编者凭有多年从事史志研究和写作积累的经验，克服年迈等多种困难，不辞辛苦地工作，历时半年余，六易其稿，按时完成了编纂任务。为提高史书编写质量，由编委会全体成员从严把关，对史书文稿逐章逐节、逐段逐句进行缜密审阅。2019年6月16日，在史书编写过程中，按照《中国革命老区发展史》丛书编纂工作座谈会精神，对文稿或大纲的时段比例和编纂内容又进行重新审视调整。为着力把改革开放40年来，特别是党的十八大召开以来，革命老区克山县发展的巨大变化和取得的宝贵经验展示好，为此，县委领导主持召开多次县直有关部门和单位领导参加的会议，各部门为编纂史书提供了大量翔实资料，从而充实了史书内容和提高了编纂质量，达到真实反映出克山县在改革开放新时期发生的翻天覆地变化。

在史书编纂过程中，县委办、政府办、组织部、宣传部、纪委、党史办、民政局、财政局、档案局以及各乡镇都给予了大力帮助和支持。在此表示衷心感谢！

史书初稿形成后，县老促会派人专程把史书初稿送往省、市老区建设促进会，呈请有关专家进行审阅。按照专家提出的指导意见又进行修订，并编印装订成样书，呈请县委主管领导和编委会成员审阅。

编纂《克山县革命老区发展史》，由于涵盖年代久远，史料繁多，加工整理任务十分繁重，再者，编纂人员水平有限，虽然尽力按照上级老区建设促进会和县委领导的要求，力求达到精编质量，虽通过多次修订，仍有差距，难免出现漏编和贻误之处，敬请专家学者及广大读者予以批评指正，表示由衷感谢！

《克山县革命老区发展史》编委会

2019年9月